CICÉRON

DISCOURS

SECONDE ACTION CONTRE VERRÈS

LIVRE II : LA PRÉTURE DE SICILE

COLLECTION DES UNIVERSITÉS DE FRANCE
publiée sous le patronage de l'ASSOCIATION GUILLAUME BUDÉ

CICÉRON

DISCOURS

TOME III

SECONDE ACTION CONTRE VERRÈS

LIVRE II : LA PRÉTURE DE SICILE

TEXTE ÉTABLI ET TRADUIT
PAR
H. DE LA VILLE DE MIRMONT

Deuxième tirage
de la deuxième édition

PARIS
LES BELLES LETTRES
2002

Conformément aux statuts de l'Association Guillaume Budé, ce volume a été soumis à l'approbation de la commission technique, qui a chargé M. J. Martha d'en faire la révision et d'en surveiller la correction en collaboration avec M. H. de la Ville de Mirmont.

95 boulevard Raspail, 75006 Paris
www.lesbelleslettres.com

Première édition 1936 - Deuxième édition 1960

ISBN : 2-251-01054-8
ISSN : 0184-7155

PRÉFACE

Ce troisième volume des *M. Tulli Ciceronis orationes* contient le *Liber secundus actionis in C. Verrem secundae*, c'est-à-dire la quatrième *Verrine*, généralement intitulée *De Praetura Siciliensi*.

En outre des mss. déjà indiqués, le *P V*, le *p*, le *q*, le *r*, le *Paris*. 7786, etc. (1), il faut prendre en sérieuse considération un des *deteriores*, le *Lagomarsinianus* 42 (*Lg*), du xve siècle, qui est très important pour la constitution du texte du *Liber secundus*. Déjà, en 1861, Kayser (2) estimait que ce ms., récemment découvert par Baiter en Italie, supplée utilement le palimpseste du Vatican dans les nombreux passages que le palimpseste ne donne pas et fournit souvent des leçons meilleures dans les passages donnés par ce palimpseste. La première leçon du copiste (Lg^1) a été souvent modifiée par le copiste lui-même et remplacée par les leçons des mss. *p*, *q*, *r*, de la famille *y*, d'après lesquels la vulgate s'est constituée. Le *Lg* est une copie du *ms. Cluniacensis* 498, ainsi désigné dans le catalogue de la bibliothèque de l'abbaye de Cluny rédigé entre 1158 et 1161 : « Volumen in quo continetur Cicero in Catillina et idem pro Quinto Ligario et pro rege Dejotaro et de publicis litteris et de actione idemque in Verrinis. » W. Peterson a retrouvé le ms. nº 498 de Cluny dans le ms. nº 387 de la biblio-

(1) Voir tome II, *Préface*, pp. VII-X.

(2) *M. Tullii Ciceronis orationes* recognovit C. L. Kayser. Vol. I, Lipsiae, 1861. *Prooem.*, p. VIII.

thèque de Holkham, déjà signalé par Léon Dorez (1). Mais le *Holkhamicus* 387 n'est qu'une partie du *Cluniacensis* 498, qui ne donnait lui-même, pour les *Verrines,* que le *Liber secundus* et le *Liber tertius*. Le *Liber tertius* a disparu tout entier du *Holkhamicus*, où il ne reste que quelques parties du *Liber secundus* (§§ 1-30 Multa mihi... cum sua cohorte; 112-117 ac magnificentissime... cupidissimumque ; 157-183 Iam dudum enim... certe manifestum). Le *Lg* est une copie qui a été faite alors que le *Cluniacensis* n'était pas encore mutilé (2). R. Ellis soutenait qu'il n'est pas permis d'identifier le ms. de Holkham avec le ms. décrit dans le vieux catalogue de Cluny (3). Mais, en s'appuyant sur l'autorité de Léopold Delisle et d'Henri Omont, Peterson maintenait que le ms. de Holkham est bien le n° 498 du vieux catalogue de Cluny : on lit, d'ailleurs, au premier folio : « d' cōuētu clun' », ce qu'il est facile d'interpréter « de conuentu Cluniacensi » (4).

Le *Holkhamicus* n'est pas le seul ms. qui se confonde avec le *Cluniacensis* (*C*) que Peterson identifie avec trois autres mss. que l'on croyait perdus :

1° Le *Nannianus* (*N*), ainsi nommé du Hollandais Nanning ou Nanninck, dit *Petrus Nannius*. Né à Alkmaar en 1500, mort en 1557 à Louvain, où il était professeur de latin au Collège des Trois-Langues, Nannius avait publié en 1548 des *Scholia et Castigationes* où il donnait, d'après un « uetustissimus codex », bon nombre de leçons du *Liber secundus* et du *Liber tertius*, qui s'écartent des leçons de la vulgate fondée sur les *mss.*

(1) La *Paléographie des classiques latins* d'É. Chatelain en reproduit un folio (*Pl.* XXVII a).

(2) W. Peterson, *The Cluni Codex of Cicero* (*Classical Review*, vol. XVI, novembre 1902). Cf. W. Peterson, *Collations from the Codex Cluniacensis seu Holkhamicus* (*Anecdota Oxoniensia*, IX, 1901).

(3) R. Ellis, *Classical Review*, vol. XVI, décembre 1902.

(4) W. Peterson, *The Cluni Codex of Cicero* (*Classical Review*, vol. XVII, avril 1903).

deteriores. Charles Estienne a utilisé ces *Scholia et Castigationes* pour constituer son texte de 1555 ; il les a publiées dans l'*Appendix* du vol. II de son édition.

2° Le *Fabricianus* (*F*), ainsi nommé de Frantz Schmidt, originaire de Düren, près d'Aix-la-Chapelle, dit *Fr. Fabricius Marcoduranus* (1), qui envoya à Lambin, après que celui-ci avait publié sa première édition de Cicéron (1566), un certain nombre de leçons du *Liber secundus* et du *Liber tertius* extraites d'un « codex uetustissimus » : ces leçons différaient notablement de sa vulgate. Dans sa seconde édition (1573), qui est une édition posthume — on sait qu'il mourut en 1572 des suites de l'épouvante que lui avaient causée les massacres de la Saint-Barthélemy — Lambin corrigeait souvent le texte du *Liber secundus* et du *Liber tertius* d'après le *F* dont plusieurs leçons sont données en marge.

3° Le *Metellianus* (*M*), ainsi nommé de Jean Matal, dit *Ioannes Matalius Metellus* (1520-1593), qui, après la mort de Schmidt (1574), avait communiqué ce ms. à Ianus Gulielmius (2). Gruter, qui a utilisé pour son édition publiée en 1618 les leçons empruntées par Gulielmius au *Metellianus*, soupçonnait l'identité de ce ms. avec le *Fabricianus*.

Dès 1861, Kayser (*Prooem.*, p. VIII) remarquait la très grande ressemblance des trois « codices nunc deperditi aut latentes », le *Nannianus*, le *Fabricianus* et le *Metellianus*, avec le *Lg* 42. En 1894, C. F. W. Mueller regrettait encore de ne rien savoir de précis au sujet de ces trois excellents mss. (3). Les précisions sont aujour-

(1) Une « M. Tullii Ciceronis Historia, per consules descripta, et in annos LXIV distincta, per Franc. Fabricium, Marcoduranum » occupe les pp. 1-51 des *Ciceronis opera omnia* de C. Schrevel (Amsterdam, 1661).

(2) Pour Ianus Gulielmius, voir tome I, *Préface*, pp. XI-XII.

(3) *Adnot. crit.*, p. XLI : De aliis codd. optimis, *Fabriciano, Metelliano, Nanniano*, moleste ferimus nihil nos scire, nisi quae Lambinus, Gruter, Nann. ex iis protulerunt.

d'hui données par le dernier éditeur des *Verrines*, Peterson, qui établit que ces trois mss. se réduisent à un seul, le *Cluniacensis*, dont le *Lg* 42 est une copie plus ou moins fidèle et dont le *Holkhamicus* fournit un certain nombre de fragments pour le *Liber secundus*. Le texte du *Liber secundus* doit donc se fonder d'une part sur le *Lg* 42, copie du *Cluniacensis*, d'autre part sur le *Holkhamicus*, qui n'est autre que le *Cluniacensis* (*C*), et, pour les très nombreux passages qui ne sont pas donnés par le *Holkhamicus*, sur les leçons que l'on connaît du *Nannianus*, du *Fabricianus* et du *Metellianus* (*c*).

Le *Lg* 42, le *C* et le *c*, qui, mieux encore que le *D* pour les trois premières *Verrines*, représentent la famille *x* pour le *Liber secundus* et le *Liber tertius*, dispensent de recourir aux mss. inférieurs de cette famille. Comme certains mss. de la famille *y* « retiennent souvent les bonnes leçons, et, comme tels, peuvent être utiles (1) », on met encore à profit pour le *Liber secundus* et le *Liber tertius* le *p*, le *q*, le *r*, le *b* et, de plus, un ms. du XIIIe siècle, d'une lecture difficile, le *Parisinus* 4588 (*k*), qui occupe une place intermédiaire entre le *p* et les *deteriores*, et, pour quelques leçons, un ms. du XIVe siècle, le *Parisinus* 7786, et l'*Harleianus* 5428, qui a été écrit en 1469.

Je ne connais ni édition particulière, ni commentaire du *Liber secundus*. Mais il est un ouvrage récent qui donne d'utiles éclaircissements pour l'intelligence du *De Praetura Siciliensi* ; cet ouvrage, qui traite magistralement de la loi de Hiéron (2), est le commentaire indispensable du *Liber tertius* ; il fournit aussi des précisions pour le *Liber secundus* : je lui dois, en particulier, d'avoir conservé « Centuripinum magistratum » (LXVII, 162), leçon de la plupart des mss. et de la vulgate ; la

(1) É. Thomas. Voir tome II, *Préface*, p. IX.

(2) Jérôme Carcopino, *La loi de Hiéron et les Romains*. Paris, 1919.

leçon du *C* et du *Lg*, « Centuripinorum magistratus », adoptée par Klotz, Kayser, Mueller et Peterson, est un véritable contre-sens historique.

Parmi les corrections et les conjectures mentionnées dans l'apparat critique, il en est qui appartiennent à des érudits dont les *Préfaces* des deux premiers volumes ne donnent pas les noms :

Siesbye, *Op. phil. ad Madvig.*, p. 237 ; — R. Schöll, *Archiv für lateinische Lexikographie und Grammatik*, I, 1885, p. 534 ; *Philologus*, XXV, p. 174 ; — J.S. Speijer, *Mnemosyne*, XIX, 2, 1891 ; — O. Hirschfeld, *Hermes*, VIII, p. 471 ; — J.J. Hartmann, *Mnemosyne*, XXXIX, 4, 1911 ; XL, 2 et 4, 1912.

On ne trouvera pas, à proprement parler, de corrections nouvelles dans mon texte du *Liber secundus*. Je me borne à écrire § 53 Bidis oppidum est tenue sane non longe a Syracusis. Hic [longe] primus ciuitatis est Epicrates quidam. Le second *longe* me semble une répétition fautive du premier, due au copiste et non à l'auteur. A trois mots de distance, Cicéron n'aurait pas employé *longe* au double sens de « non loin de Syracuse » et de « de beaucoup le premier ». D'autre part, on sait que dans les mss. les mots grecs sont généralement écrits en caractères latins. C'est ainsi que les mss. donnent § 50 — comme ceux de Pline, *N. H.*, XXXVI, xv, 100 — *buleuterium* que les éditions critiques des *Verrines* écrivent βουλευτήριον. Mais ces mêmes éditions conservent § 129 la leçon exaeresimos des mss., ou la modifient en exhaeresimos : j'écris, comme la vulgate, ἐξαιρεσίμους. Enfin, toutes les éditions conservent § 154 les leçons SOTERA et SOTER des mss. : Cicéron ne peut avoir vu à Syracuse une inscription grecque en caractères latins ; j'écris donc ΣΩΤΗΡΑ et ΣΩΤΗΡ.

H. DE LA VILLE DE MIRMONT

Bordeaux, 14 juin 1922.

M. TVLLI CICERONIS
ACTIONIS IN C. VERREM SECVNDAE

LIBER SECVNDVS

DE PRAETVRA SICILIENSI

NOTICE

Le titre du discours

Dans la *Division* du premier discours de la seconde action, Cicéron annonçait qu'après avoir passé en revue les crimes de Verrès questeur, légat et préteur urbain, dans la quatrième partie de son accusation il s'occuperait des crimes commis par Verrès pendant sa propréture en Sicile (1). Il le répète dans le deuxième discours de la seconde action, où il arrive aux affaires de Sicile : c'est la conduite de Verrès dans le quatrième acte de cette vie d'improbité (2) qui va faire l'objet des quatre dernières *Verrines*.

Les grammairiens ont donné des titres inexacts et incomplets aux cinq *Verrines* rédigées après la condamnation de l'accusé (3). Le pseudo-Asconius dit que, pour ce qui est de l'accusation concernant les crimes commis par Verrès en Sicile, Cicéron a publié quatre livres : le premier sur la manière dont Verrès a rendu la justice, le deuxième sur la question du froment, le troisième sur les statues et le quatrième sur les supplices (4). D'où le

(1) *Verr.*, (II), I, XII, 34.

(2) *Verr.*, (II), II, VI, 18 :... in quarto actu improbitatis. — *Cf. Epist. ad Quintum fr.*, I, I, XVI, 46 :... ut hic tertius actus imperi tui tanquam perfectissimus atque ornatissimus fuisse uideatur. La propréture de Q. Tullius Cicero, qui dure un *triennium* comme celle de Verrès en Sicile, se divise donc en trois actes : le troisième, c'est-à-dire la troisième année de son administration, doit être le plus parfait et le plus beau. La vie administrative de Verrès se partage en quatre actes dont le quatrième, c'est-à-dire la propréture de Sicile, est le plus fécond en crimes de tout ordre.

(3) Voir tome II, p. 118.

(4) *Argumentum Pseudo-Asconi* : Vbi uentum est ad causam ipsam et Siciliensia crimina, quattuor libros edidit, unum de iuris dictione, alterum de frumento, tertium de signis, quartum de suppliciis, in qua distributione non ordo temporis, sed facinorum genera et momenta seruata sunt.

titre *De iuris dictione Siciliensi*, qui ne correspond qu'à une partie du livre, les chapitres VII-XLVII. Les éditions récentes adoptent un autre titre, *De Praetura Siciliensi*, qui est beaucoup trop général : car les faits incriminés dans les discours sur la question du froment, sur les statues et sur les supplices ont été accomplis eux aussi par Verrès agissant en qualité de propréteur de Sicile. Cicéron lui-même compte sept livres dans son *Accusatio*, quand il y comprend la *Diuinatio* et l'*Actio prima* (1) ; quand il ne considère que la seconde action, il y distingue cinq livres dont il ne désigne aucun par un titre particulier. Ainsi, quand il dit « le quatrième livre », il entend le discours que nous appelons le *De Signis* (2) ; et c'est du *De Praetura Siciliensi* qu'il parle quand il fait allusion à la « prose nombreuse » qu'il a employée pour l'éloge de la Sicile qui se trouve dans le deuxième livre de l'*Accusatio*(3).

L'exorde C'est, en effet, par un éloge de la Sicile que commence le deuxième livre de la seconde action.

La Sicile, dit Cicéron (I, 2), s'est, dès le principe, attachée à l'amitié et à la loyauté du peuple romain. L'alliance avec Rome, sinon de toute la Sicile, du moins d'une de ses cités, date, en effet, de la première guerre Punique dont elle fut la cause. Les Mamertins, anciens mercenaires d'Agathocle, qui étaient Italiens d'origine, s'étaient emparés par surprise de Messine (472/282), d'où ils infestaient la Sicile entière. Hiéron, roi de Syracuse, s'était allié contre eux aux Carthaginois, qui occupaient une grande partie de l'île ; les Mamertins firent alors à Rome un appel qui fut entendu (489/265). Les légions passèrent en Sicile et s'emparèrent de soixante-sept villes qui appartenaient, soit aux Carthaginois, soit au roi de Syracuse.

(1) *Orator*, XXIX, 103 :... in Accusationis septem libris.

(2) *Orator*, XLIX, 167 :... ut illa sunt in quarto Accusationis ; LXII, 210 :... ut in quarto Accusationis de Hennensi Cerere ... diximus.

(3) *Orator*, LXII, 210 : Adhibenda est igitur numerosa oratio si... laudandum est aliquid ornatius, ut nos in Accusationis secundo de Siciliae laude diximus.

Celui-ci s'empressa de faire avec les Romains un traité de paix qui ne lui laissait que les territoires de Syracuse et de quelques autres cités (491 / 263). Hiéron resta fidèle à ce traité pendant près d'un demi-siècle ; il mourut en 538 / 216. Cependant, à la suite de la bataille navale des îles Aegates, Q. Lutatius Catulus, vainqueur des Carthaginois, leur imposait le traité de paix qui mettait fin à la première guerre Punique : Carthage abandonnait la Sicile et les petites îles voisines (513 / 241).

Pendant la seconde guerre Punique, le petit-fils et successeur du fidèle Hiéron, Hiéronyme, se laissait entraîner par Hasdrubal à une alliance avec Carthage ; il se formait contre lui un complot où il était tué (539 / 215). Les meurtriers proclamaient la liberté de Syracuse ; mais Syracuse n'usait de cette liberté que pour tomber dans l'anarchie. La Sicile entière était en proie au désordre. Rome envoya dans l'île le célèbre M. Claudius Marcellus (542 / 212), qui s'empara de Syracuse (1) : c'est pendant le pillage de la ville qu'Archimède fut tué par un soldat, au grand regret du vainqueur (2).

Les Carthaginois se maintenaient encore dans quelques places dont la principale, Agrigente, fut livrée par la trahison du chef carthaginois Muttines au consul M. Valerius Laeuinus (544 / 210). La chute d'Agrigente entraîna celle de toutes les cités qui résistaient encore à Rome : vingt places furent aussitôt livrées, six prises d'assaut, et quarante firent volontairement leur soumission (3). Les Carthaginois durent quitter la Sicile pour ne plus y revenir.

C'est le consul M. Valerius Laeuinus qui eut la charge de faire de la Sicile une province (4), la première de toutes

(1) *Verr.*, (II), I, xxi, 55.
(2) *Verr.*, (II), IV, lviii, 131.
(3) Tite-Live, XXVI, xl, 14.
(4) Le sens primitif du mot *prouincia*, qui vient probablement de *uincire* (cf. *obligatio*), est celui de « charge, tâche imposée, obligation ». La *prouincia* fut spécialement la tâche administrative imposée au magistrat romain chargé de constituer un territoire conquis, et le nom de *prouincia* devint par extension le nom de ce territoire constitué et rattaché à l'État romain par le lien de la sujétion.

les provinces sur lesquelles Rome a exercé son empire (1). Proconsul de Sicile en 545/209 et en 546/208 (2), il eut deux années pour pacifier définitivement la province et pour l'organiser. Les colonies d'esclaves que Rome avait envoyées dans l'île pour exploiter les richesses que le pays possédait en minéraux et en céréales s'étaient révoltées. La guerre Servile, durant plusieurs années, dévasta toute la province. Maîtres d'Henna, au centre de la Sicile, les esclaves répandaient la terreur de Messine à Lilybée. Enfin, le proconsul P. Rupilius écrasa la révolte et le Sénat le chargea en 623/131 de préparer avec le concours de dix légats qu'il lui adjoignait un *decretum*, qui est généralement appelé la *lex Rupilia* (3). Cette *lex*, qui améliore et complète les règlements imposés par M. Valerius à la province en 546/208, est la charte constitutionnelle accordée par Rome à la Sicile.

Du jour où elle fut organisée en province par M. Valerius Laeuinus, la fidélité de la plus ancienne des provinces romaines ne se démentit jamais. Elle fournit loyalement à Rome les productions de son sol, les produits de son industrie, les ressources de ses ports, pendant la troisième guerre Punique et pendant la guerre Sociale (4). D'autre part, pendant la seconde et dernière guerre Servile, qu'il termina en 654/100, le proconsul M'. Aquilius — le futur client de l'orateur Antoine (5) — dut prêter du froment aux cités de la Sicile réduites à la famine (6). C'est que la situation était alors des plus critiques : de la Campanie le mouvement insurrectionnel avait passé dans l'île où il se propageait. Un chef de brigands de Cilicie, fait prisonnier par les Romains et envoyé en servitude dans la région de Lilybée, Athénion, s'était déclaré roi des esclaves fugitifs (7). Le propréteur L. Licinius Lucullus dut se retirer en 652/102; son successeur, Seruilius, mon-

(1) *Verr.*, (II), II, I, 2.
(2) Tite Live, XXVII, VII ; XXII.
(3) Sur la *lex Rupilia*, voir *Verr.*, (II), II, XIII et suiv.
(4) *Verr.*, (II), II, I, 3 ; II, 5.
(5) Voir tome II, p. 8.
(6) *De leg. agr.*, II, XXX, 83 ; *Verr.*, (II), III, LIV, 125 ; V, II, 5.
(7) *Verr.*, (II), III, XXVI, 66 : Athenio rex fugitiuorum.

tra une lâcheté et une incapacité qui le firent condamner à l'exil ; quand M'. Aquilius vint prendre la direction de la guerre, Athénion était réellement le roi de la Sicile. La province avait passé par les pires épreuves ; Athénion et ses bandes de brigands l'avaient mise à feu et à sang : et cependant, dit Cicéron (1), une trentaine d'années après la seconde guerre Servile, elle eut à souffrir plus encore du fait de Verrès et de son entourage ; Timarchide, le misérable affranchi du propréteur, exerça pendant trois ans une tyrannie plus cruelle que n'avait pu l'être celle d'Athénion. Avant Verrès, la Sicile avait accepté sans se plaindre les plus détestables gouverneurs que Rome lui envoyait ; elle avait même supporté « cette pénible année » (2), l'année 673/81, où le propréteur M. Aemilius Lepidus se rendit odieux par sa tyrannie : les deux frères Metellus, Celer et Nepos, lui intentèrent une accusation dont la faveur populaire qui protégeait Lepidus empêcha le succès. Les Siciliens avaient supporté enfin le poids du pouvoir sans bornes que M. Antonius exerça en 680/74, l'année qui précéda le commencement de la propréture de Verrès (3).

Cet éloge de la fidélité de la Sicile à la République romaine n'est pas démenti par l'histoire. Mais il est un point de cette « numerosa oratio » où Cicéron se contredit lui-même. Il n'épargne pas, en effet, les éloges aux vertus des Siciliens, si différents des autres Grecs — les Grecs de Lampsaque, habitués à une vie parfaitement inactive, les Grecs en général de Phrygie, de Mysie, de Carie et de Lydie, qu'il juge absolument méprisables, quand il plaide pour Flaccus, tout au moins faux et légers, quand il recommande à son frère Quintus, propréteur en Asie, de ne pas se lier avec eux (4). A entendre l'orateur des *Verrines*, les Siciliens sont des modèles de laborieuse activité, de simplicité, d'économie, de force morale ; on retrouve

(1) *Verr.*, (II), II, LIV, 136 ; cf. X, 27.
(2) *Verr.*, (II), II, III, 8 ; cf. III, XCI, 212.
(3) Pour M. Antonius Creticus, voir tome II, p. 67, note 2.
(4) *Verr.*, (II), I, XXIV, 63 ; *Pro Flacco*, XXVII, 65 ; *Epist. ad Quintum fr.*, I, I, V, 15.

en eux les vertus des Romains de la vieille roche (1). Tout autre est le langage du moraliste des *Tusculanes* et du *De Finibus*, qui rappelle avec quelle sévérité Platon blâmait les festins de Syracuse (2). Depuis que la Sicile était devenue province romaine, s'était-elle convertie à la sobriété, à la simplicité, à l'économie ? Mais le nombre et la richesse des objets précieux que les *Verrines* accusent le propréteur d'avoir pillés dans les maisons des Siciliens semblent prouver qu'ils étaient toujours habitués à tous les raffinements du luxe. Rappelle-t-il par sa stricte parcimonie et sa simplicité les mœurs austères des Romains de la vieille roche, ressemble-t-il à un contemporain du fameux M. Cato le Sage, cet opulent citoyen de Thermes, Sthenius, que Cicéron connaît si bien? Questeur à Lilybée, en 679/75, il a été son hôte et son ami (3) ; en 682/72, quand Sthenius a dû se réfugier à Rome, il a été son défenseur devant le collège des tribuns (4) ; il a pour son hôte, pour son ami, pour son client une très grande affection et une estime particulière. Il doit cependant reconnaître que Sthenius est possédé de la même passion que Verrès pour les objets d'art ; sans doute, ce n'est pas par des rapines, c'est à ses propres frais que le Sicilien a formé ses collections. Mais, dès son adolescence, il a mis — Cicéron doit en convenir (5) — un peu trop de passion à se procurer des tableaux et de la vaisselle en airain de Délos et de Corinthe ; son argenterie est d'un bien grand prix pour un Sicilien de Thermes. Sthenius ne connaît pas cette économie qui, au dire du panégyriste de la Sicile, est une des vertus fondamentales des Siciliens. Au demeurant, si Sthenius est un amateur d'objets d'art trop prodigue, cela ne l'empêche pas d'être un honnête homme et un bon citoyen.

Mais, parmi les Siciliens qui jouent un rôle dans le quatrième acte de la vie d'improbité de Verrès, combien

(1) *Verr.*, (II), II, III, 7.
(2) *Tuscul.*, V, XXXV, 100 ; *De Finib.*, II, XXVIII, 92.
(3) *Verr.*, (II), II, XLVII, 117.
(4) *Verr.*, (II), II, XLI, 100.
(5) *Verr.*, (II), II, XXXIV, 83.

n'en trouve-t-on pas qui manquent de toute espèce d'honnêteté! Un concitoyen de Sthenius, Agathinus, homme noble de Thermes, est son ennemi. — On peut noter en quelle mésintelligence ces vertueux Siciliens vivent entre eux : Sopater d'Halycie, Épicrate de Bidis, autres victimes de Verrès, ont eux aussi des ennemis qui les calomnient (1). — Pour faire leur cour au propréteur, Agathinus et son gendre Dorotheus s'empressent d'intenter à Sthenius une accusation mensongère de faux en écriture publique. La fille d'Agathinus, mariée à Dorotheus, Callidama, est une femme d'une grande beauté : le père et le mari trouvent tout naturel que Callidama devienne la maîtresse de Verrès (2). Philodamus, Grec de Lampsaque, avait une fille, aussi belle que Callidama, dont il savait au péril de sa propre vie défendre l'honneur contre les tentatives de Verrès (3). Mais, à Syracuse même, Verrès trouvait des maris tout aussi complaisants que Dorotheus. Nicé, femme de Cléomène, et Pipa, femme d'Aeschrion, étaient les suppléantes provinciales de Chelidon. Celle-ci mourut en instituant Verrès son héritier ; Nicé était fort belle, elle succéda à Chelidon (4). Les maris, gens à tout faire pour Verrès, s'ingénient à lui donner le moyen de dépouiller Héraclius de son héritage ; ils organisent le pillage des objets d'art de Syracuse ; ils dirigent les ateliers où l'on fabrique pour le propréteur des tapis de lit brochés d'or et teints en pourpre (5). En récompense, la dîme du blé pour le territoire d'Herbita est adjugée à Aeschrion (6) ; et, quand Nicé devient la maîtresse en titre de Verrès, Cléomène reçoit le commandement de la flotte (7). Cléomène et Aeschrion avaient comme collaborateurs pour le pillage de Syracuse Théomnaste et Dionysodore ; Théomnaste encore, pour les ateliers de

(1) *Verr.*, (II), II, XXII, 54 ; XXVIII, 68.
(2) *Verr.*, (II), II, XXXVI, 89-90.
(3) *Verr.*, (II), I, XXIV-XXVI.
(4) *Verr.*, (II), II, XIV, 36 ; XLVII, 116 ; III, XXXIII, 77 ; V, XXXI, 81-82.
(5) *Verr.*, (II), II, XXI, 50 ; IV, XXVI, 59.
(6) *Verr.*, (II), III, XXXIII, 77.
(7) *Verr.*, (II), V, XXXI, 82.

tapis : en récompense, la dîme pour le territoire de Mutyca est adjugée à Théomnaste (1), que Verrès fait en outre élire, par des procédés scandaleux, prêtre de Jupiter à Syracuse (2).

Ce ne sont pas seulement des individus mais des collectivités qui manquent de la manière la plus grave aux lois de l'honneur. Pour permettre à Verrès de s'emparer de l'héritage échu à Héraclius, les administrateurs de la palestre de Syracuse portent un faux témoignage ; dans l'affaire d'Épicrate, les administrateurs de la palestre de Bidis agissent de même (3). Pendant trois ans, tous les candidats à toutes les fonctions municipales dans toutes les cités de Sicile font marché avec Verrès pour être investis de leurs fonctions. Les enfants de seize ans, les hommes frappés d'indignité, deviennent sénateurs, du moment qu'ils ont payé Verrès. Tous les censeurs achètent leur magistrature (4). Les victimes elles-mêmes de Verrès n'échappent pas à cette démoralisation générale qui pervertit la province dont Cicéron vante les vertus publiques et privées. Le défenseur de Sthenius ne trouve qu'un seul reproche à faire à son client : c'est d'avoir reçu Verrès dans sa maison en hôte et en ami (5). Il ne reproche pas à Sopater d'avoir fait une tentative de corruption sur le magistrat chargé de le juger, d'avoir remis quatre-vingt mille sesterces à Verrès pour obtenir un jugement favorable (6).

Cette *laudatio* des vertus privées des Siciliens n'est autre chose qu'un développement d'avocat habile (7) ; elle semble aussi peu sincère que cette *laudatio* des vertus de Verrès par les habitants de Messine, que Cicéron tourne

(1) *Verr.*, (II), III, XLIII, 101.
(2) *Verr.*, (II), II, LI, 127.
(3) *Verr.*, (II), II, XIV, 36 ; XXII, 54.
(4) *Verr.*, (II), II, XLVIII-L, LIII-LIV.
(5) *Verr.*, (II), II, XLV, 110.
(6) *Verr.*, (II), II, XXVIII, 69.
(7) Dans l'*Introduction* de son édition du *De Suppliciis* (pp. 20-23), É. Thomas a noté les procédés d'avocat qui déparent l'argumentation des livres IV et V : c'est peut-être dans le livre II que ces procédés sont le plus sensibles.

en ridicule. Alors que tous les Siciliens — qui étaient loin de justifier dans la circonstance leur réputation de gens avisés et prudents jusqu'à la défiance (1) — avaient la naïveté de souhaiter la prompte arrivée du successeur de Verrès, L. Caecilius Metellus, qui devait se faire le champion de son prédécesseur, exercer une violente pression sur tous les témoins à charge, retenir par l'intimidation ou même par la force les délégations qui avaient la mission officielle d'aller porter à Rome le témoignage des cités victimes de Verrès (2), une seule cité, que Cicéron a soin de désigner par le nom de « cité des Mamertins » (3), pour rappeler que cette cité est un ancien repaire de brigands, Messine, avait envoyé une délégation pour faire l'éloge de l'ancien propréteur : éloge curieux auquel le chef de la délégation associait une plainte personnelle contre Verrès qui l'avait dépouillé de ses biens et de ses dieux Pénates (4). Cicéron s'écriait : « Admirable manière de louer que celle où les délégués s'acquittent à la fois de deux missions, en faisant un éloge et en adressant une réclamation contre un vol ! » Il est permis de trouver étrange la manière de louer d'un orateur dont l'exorde attribue à l'ensemble des Siciliens toutes les vertus que les développements du discours montrent que la plupart d'entre eux ne possèdent pas.

(1) Voir tome II, p. 57, note 1.

(2) *Verr.*, (II), II, v, 14. — Cf. III, LIII, 122 : L. Metellus... multos in istum testes imperio et potestate deterruit.

(3) *Verr.*, (II), II, v, 13.

(4) Syracuse s'était, comme Messine, abstenue de demander à Cicéron d'accuser Verrès de concussion (*Diu.*, IV, 14) ; mais, dans son voyage d'enquête en Sicile, l'accusateur désigné du concussionnaire avait été reçu à Syracuse avec les plus grands honneurs et muni de tous les documents et de toutes les preuves nécessaires (*Verr.*, (II), IV, LXI-LXXII) : il n'était donc plus question d'un éloge décerné à Verrès par la cité des Syracusains, même dans les termes ambigus de la *laudatio* des Mamertins. Et les quelques Syracusains qui déclaraient être venus pour apporter à Verrès un témoignage d'éloges étaient, en réalité, les complices de ses exactions, qui avaient fait le voyage moins pour prononcer ses louanges que pour savoir à quelle somme serait taxé ce qu'ils auraient à payer en commun avec lui à la suite du procès (*Verr.*, (II), II, XVIII, 45).

Difficultés du sujet Quinze ans après la rédaction des *Verrines*, Cicéron faisait dire par l'orateur Antoine : « Il faut proportionner les exordes aux causes, comme on proportionne les vestibules et les entrées aux édifices et aux temples » (1). Dans le *Liber secundus*, l'exorde n'est certainement pas au discours ce que le vestibule doit être à l'édifice. Mais, à la fin de sa carrière, dans l'ouvrage même où il montre une telle complaisance pour la « numerosa oratio » de sa *laudatio*, l'auteur des *Verrines* se bornera à déclarer, sans parler de la proportion à établir entre l'exorde et le discours, que l'orateur doit créer de beaux vestibules et des entrées lumineuses conduisant à la cause (2). En composant cet exorde *extra causam* — presque *contra causam*, — il crée évidemment un beau vestibule qui invite à entrer dans l'édifice : il pouvait craindre avec raison que, sans les promesses de cette entrée lumineuse, on eût hésité à y pénétrer.

On se rappelle les paroles de cet interlocuteur du *Dialogue des Orateurs* qui se demandait si quelqu'un pourrait avoir la patience de lire jusqu'au bout les cinq *Verrines* de la seconde action (3). É. Thomas, qui n'a publié avec la *Diuinatio* que le *De Signis* et le *De Suppliciis*, déclare de son côté : « Ce serait beaucoup que d'oser, de nos jours, proposer à qui que ce fût la lecture de toutes les *Verrines*. Qui ne croirait à un pensum ? Les érudits invoqueraient le témoignage d'Aper. A supposer qu'on trouvât un éditeur disposé à en publier de nouveau toute la série, au seul aspect du volume, le lecteur, fût-il du métier, avocat ou professeur, croirait, rien qu'en l'ouvrant, montrer un robuste courage. Ménageons une telle délicatesse. Ne proposons aux esprits studieux que le commencement et la fin de ce grand procès » (4). Le *De Signis* et le *De*

(1) *De Orat.*, II, LXXIX, 320 : Sed oportet, ut aedibus ac templis uestibula et aditus, sic causis principia pro portione rerum praeponere. — Cf. *Verr.*, (II), II) LXVI, 160 :... in primo aditu uestibuloque templi.

(2) *Orat.*, XV, 50 : Vestibula nimirum honesta aditusque ad causam faciet illustres.

(3) Voir tome II, p. 118.

(4) *Diuinatio. Introduction*, p. 1.

Suppliciis ont joui de tout temps d'une juste célébrité. Pour les lecteurs modernes, « de toutes les *Verrines*, la moins ornée, la plus nourrie, la plus précieuse, par conséquent, pour l'historien, celle qui le fait pénétrer, sans phrases vaines, au cœur même de la réalité, c'est le troisième livre de la seconde action, le *De Frumento* » (1). Pour les lecteurs contemporains de Cicéron le *De Frumento* avait ce qu'on appelle aujourd'hui un intérêt puissant d'actualité : l'approvisionnement de Rome en blé était la préoccupation constante des simples citoyens qui s'inquiétaient fort d'être nourris, aussi bien que celle des pouvoirs publics qui avaient la charge de les nourrir. Le *De Praetura urbana* lui-même échappe à la monotonie, parce qu'on y suit l'évolution de la carrière criminelle de Verrès, depuis la questure jusqu'à la préture, parce qu'on y voit le lieu de la scène changer constamment. Les narrations vont des escroqueries du questeur en Gaule aux forfaitures du préteur à Rome ; le lecteur passe du festin scandaleux de Rubrius à Lampsaque à la maison de Chelidon à Rome, du pillage du sanctuaire d'Apollon à Délos à l'histoire des colonnes du temple de Castor à Rome, de l'exécution inique de Philodamus de Lampsaque à la criminelle condamnation du tribun de la plèbe Q. Opimius.

Toute l'action du *De Praetura Siciliensi* est en Sicile et tous les faits incriminés par l'accusation se ressemblent beaucoup ; ils sont innombrables : Cicéron ne les cite pas tous, loin de là. Qu'il s'agisse des enquêtes judiciaires de Verrès sur des faits entraînant la peine capitale, ou des affaires qu'il a instruites et jugées, ou des formules judiciaires qu'il a délivrées, l'accusateur annonce qu'il se contentera de donner quelques exemples (2). Pour les illégalités commises dans les nominations des sénateurs des cités de Sicile, pour les témoignages portés contre Verrès par ces cités, l'accusateur déclare également qu'il n'énumère pas toutes les cités où ces illégalités ont été

(1) J. Carcopino, *ouvr. cité, Avant-Propos*, p. XIII.
(2) *Verr.*, (II), II, XXVIII, 68 ; XLVIII, 118.

commises et toutes celles qui ont porté témoignage (1). Parmi les actes criminels du propréteur il laisse de côté ceux qui sont trop honteux ou trop peu croyables (2).

Mais il y a presque identité dans les exemples choisis pour caractériser chacune de ces catégories d'iniquités ou de mauvaises actions.

C'est ainsi que l'affaire de Dion d'Halèse est exactement la même que l'affaire de Sosippe et de Philocrate d'Agyrium. Dans la première action, Cicéron avait parlé du procès intenté par Verrès à Dion ; il avait interrogé les témoins ; par cet interrogatoire il avait démontré le bien fondé de ses chefs d'accusation, il s'était abstenu de faire une longue narration, qui n'aurait produit sur les juges aucune impression (3). C'est maintenant que l'accusateur de Verrès fait cette narration, qui aurait ennuyé le juge pressé d'arriver aux conclusions de l'avocat, mais qui intéresse les lecteurs des *Verrines*, qui ont le loisir d'apprécier les développements de la seconde action (4). Dans le cas des deux frères Sosippe et Philocrate, comme dans celui de Dion, il s'agissait d'une question de testament. Les Siciliens professaient une dévotion particulière pour la déesse Vénus qui avait un temple sur le mont Éryx (5). Une clause de la plupart de leurs testaments prévoyait que l'héritier coupable de quelque infraction à quelqu'une des dispositions testamentaires devait être dépouillé de l'héritage au profit de Vénus Érycine. Verrès mettait en campagne des agents chargés de s'assurer si les héritiers ne s'étaient pas rendus coupables de quelque infraction ; ces agents trouvaient toujours matière à quelque mauvaise chicane et Verrès en profitait pour faire

(1) *Verr.*, (II), II, LI, 125 ; LXV, 156.

(2) *Verr.*, (II), II, LXXIII, 180.

(3) *Verr.*, (II), I, X, 27-29.

(4) Cet exemple indique avec précision la différence qui sépare le discours de la première action, qui a été réellement prononcé devant la *quaestio de pecuniis repetundis*, et les livres de la seconde action, qui ont été rédigés pour être lus par un public avide de se rendre compte, grâce à des faits authentiques, de ce qu'était l'administration d'un gouverneur de province appartenant à l'aristocratie.

(5) Voir tome II, p. 67, note 1.

lui-même main basse sur ce que le droit ne permettait pas d'attribuer à Vénus (1).

Les affaires d'Héraclius de Syracuse et d'Épicrate de Bidis ont également, l'une et l'autre, pour origine une question de testament. Dans l'une ce sont les administrateurs de la palestre de Syracuse, dans l'autre les administrateurs de la palestre de Bidis (2), que Verrès produit comme plaignants se disant aptes à réclamer les successions échues à Héraclius et à Épicrate. Dans les deux actions qu'il fait intenter aux deux défendeurs, Verrès viole de la même manière les prescriptions de la loi spéciale aux Siciliens.

C'est conformément aux règles énoncées dans son édit (3) que le préteur à Rome, le propréteur en province, devait rendre la justice. Pour la question des testaments, Verrès n'avait pas osé reproduire dans son *edictum Siciliense* certaines dispositions de son *edictum urbanum* (4). Et Cicéron s'écriait : « As-tu estimé que les habitants d'une province sont plus dignes que nous d'avoir en usage chez eux un droit équitable, ou bien l'équité est-elle autre à Rome, autre en Sicile (5) ? » Mais le propréteur avait moins de liberté pour l'*edictum Siciliense* que le préteur pour l'*edictum urbanum*.

Si le préteur pouvait en principe prendre des dispositions tout autres que celles de l'édit de son prédécesseur et réduire au minimum la partie fixe et immuable qui était transmise d'un préteur à l'autre et qui constituait l'*edictum translaticium* (6), le propréteur de Sicile était forcé de se conformer plus exactement aux lois établies par une sorte d'*edictum perpetuum*, par cette charte que le proconsul P. Rupilius avait octroyée à la province en vertu d'un sénatus-consulte, d'après l'avis des délégués du Sénat (7). Cette législation, qui portait le nom de

(1) *Verr.*, (II), II, VIII, 22.
(2) *Verr.*, (II), II, XIV, 36 ; XXII, 54.
(3) Pour l'*edictum*, voir tome II, p. 179, note 1.
(4) *Verr.*, (II), I, XLIII, 112 ; XLV, 117.
(5) *Verr.*, (II), I, XLVI, 118.
(6) Cf. *Verr.*, (II), I, XLIV, 114 ; XLV, 117.
(7) *Verr.*, (II), II, XXXVII, 90.

lex Rupilia, conservait beaucoup des institutions particulières au code national des Siciliens, œuvre du roi Hiéron II, qui portait le nom de *lex Hieronica* (1). Le propréteur était obligé de respecter les règlements judiciaires qui provenaient de la *lex Hieronica* aussi bien que de la *lex Rupilia.* Verrès lui-même avait dû incorporer dans son édit les articles essentiels du code de Rupilius (2). Mais, dans l'exercice de sa *iuris dictio,* il s'arrangeait de manière à violer aussi bien les lois de Hiéron conservées par Rupilius que les lois particulières au code du législateur romain. Par son édit il avait réduit en son pouvoir toutes les instances judiciaires (3). En effet, le juge était lié par la formule que le préteur avait délivrée au demandeur ; il ne pouvait rendre un jugement autre que celui qui était prévu par la formule (4). Ce juge unique, qui doit être agréé par les parties, si elles se sont mises d'accord, ou tiré au sort par le préteur sur une liste dressée par lui, Verrès l'impose à sa fantaisie, sans se soucier du libre choix des parties ou sans recourir au tirage au sort. Il ne prend pas les juges dans l'*album iudicum* où sont inscrits les noms des citoyens romains qui appartiennent au ressort judiciaire (*conuentus*) ; il se garde de désigner les grands négociants qui forment l'élite du *conuentus*; le tirage au sort des juges conformément à la *lex Rupilia* n'a lieu que lorsque le propréteur n'a aucun intérêt personnel dans l'affaire qui va être jugée. On comprend comment, dans ces conditions, pourvu de juges à sa dévotion, Verrès, tout en semblant observer les prescriptions de la

(1) J. Carcopino (*ouvr. cité,* pp. 45 et suiv.) établit que l'auteur de la *lex Hieronica* est Hiéron II, l'allié des Romains depuis 491/263, et non Hiéron I, qui avait régné de 276/478 à 287/467.

(2) *Verr.,* (II), II, XXXVII, 90.

(3) *Verr.,* (II), II, XIII, 33.

(4) *Verr.,* (II), II, XII, 31. — Ainsi que dans le *Pro M. Tullio* (XII, 29), où il se mettait en scène comme étant lui-même une des parties, Cicéron, pour donner un exemple des formules délivrées par le propréteur de Sicile, imagine une cause fictive où les deux parties sont deux des juges de Verrès, P. Seruilius Isauricus (*Verr.,* (II), I, XXI, 56) et Q. Lutatius Catulus (*Verr.,* (II), III, XC, 210). Nous ne savons rien du *iudex,* L. Octauius Balbus, cet homme qui a une si grande expérience du droit et du devoir.

lex Hieronica et de la *lex Rupilia*, avait facilement réduit en son pouvoir toutes les instances judiciaires, aussi bien en matière criminelle qu'en matière civile.

Sûrs d'être condamnés, Héraclius et, après lui, Épicrate vont chercher un refuge à Rome. Dans l'affaire de Bidis, Verrès avait remis au théâtre la comédie qu'il avait déjà fait jouer avec succès à Syracuse (1) ; mais il y ajoute un acte nouveau : il fait accuser Épicrate d'avoir commis des faux en écriture publique. C'est la même accusation de faux en écriture publique qu'il fait intenter à Sthenius de Thermes pour arriver à le dépouiller de ses collections d'objets d'art ; et, comme Héraclius et Épicrate, Sthenius va, lui aussi, chercher un refuge à Rome.

Les épisodes

Cicéron s'efforce de rompre la monotonie de ces comptes rendus de procès dont l'origine, les péripéties et le dénouement sont toujours à peu près les mêmes. Le sujet est un ; il fait des prodiges d'habileté pour y mettre de la variété. L'avocat agit ici comme le poète didactique qui intercale des épisodes dans son poème pour donner de l'agrément à une matière ingrate. Après l'exorde, qui invite à entreprendre la lecture du plaidoyer, ce sont des digressions, des portraits amusants, des descriptions de scènes plaisantes qui encouragent à la continuer. Quintilien, qui donne à ces sortes d'épisodes que les Grecs appelaient παρέκβασις le nom d'*egressus* ou d'*egressio*, n'en cite qu'un exemple dans le *De Praetura Siciliensi*, l' « éloge de la Sicile » (2).

Les fêtes en l'honneur de Verrès

Ces épisodes ne sont pas toujours amenés de la manière la plus heureuse. L'affaire d'Épicrate vient très peu de temps après celle d'Héraclius (3). Mais, comme les deux affaires sont identiques, l'avocat en sépare le récit par une digression sur les fêtes de Verrès, — ces fêtes en l'honneur du gouverneur romain instituées par la servile adulation

(1) *Verr.*, (II), II, XXIV, 56.
(2) Quintil., *I. O.*, IV, III, 12.
(3) *Verr.*, (II), II, XXII, 53.

des Siciliens, comme leur juste reconnaissance avait institué les fêtes en l'honneur de Marcellus et celle des Asiatiques, les fêtes en l'honneur de Q. Mucius Scaeuola (1). Cicéron rapproche lui-même la célébration de ces fêtes de l'érection des statues dorées de Verrès offertes par la confédération des cités de Sicile (2). L'histoire des statues que Verrès s'était fait élever par les censeurs des cités de Sicile, par les cultivateurs, par les négociants, enfin par la confédération des cités de Sicile, fournit à la fin du discours le sujet d'un long développement (3), dans lequel, semble-t-il, aurait dû se fondre l'histoire de ces *Verria* que Verrès avait fait instituer en son honneur.

La cohorte de Verrès

Par contre, les escroqueries que le propréteur fait commettre à son profit par des agents, personnages de sa suite, donnent à Cicéron l'occasion d'une longue et intéressante digression sur la cohorte de Verrès (4). Beaucoup des lecteurs des *Verrines*, ceux surtout qui étaient déjà entrés ou qui se préparaient à entrer dans la carrière des honneurs, pouvaient en tirer grand profit. En 694/60, dans son *Epistula prima ad Quintum*, où il rédige à l'usage de son frère le manuel moral et administratif du bon gouverneur de province, Cicéron reprend, en employant souvent les mêmes termes, plusieurs passages de ce développement où il faisait le portrait du mauvais gouverneur dont il convient d'éviter les pratiques.

La *cohors praetoria* était en principe la troupe d'élite qui formait la garde du *praetor*, chef d'armée, lequel était dans les provinces un proconsul ou un propréteur. Verrès,

(1) *Verr.*, (II), II, xxi.

(2) Cicéron traduit littéralement par *commune* le grec κοινόν, qui désigne la confédération de cités qui, tout en gardant chacune sa part d'autonomie, ont une communauté de gouvernement, d'administration, de politique et de culte religieux. Cf. *Verr.*, (II), I, xxxviii, 95 : Commune Milyadum. — Le *commune Siciliae*, dont l'origine est antérieure à l'occupation romaine, avait été respecté par la *lex Rupilia* et subsistait encore au temps de la propréture de Verrès.

(3) *Verr.*, II, (II), lv-lxix-168.

(4) *Verr.*, (II), II, x-xi.

questeur du consul Cn. Papirius Carbo, qui fait campagne en Gaule à la tête de l'armée consulaire, verse — on l'a vu (1) — pour la solde, pour le froment, pour les légats, pour le proquesteur, pour la cohorte prétorienne, un million six cent trente-cinq mille quatre cent dix-sept sesterces. En janvier 704/50, Cicéron, proconsul de Cilicie, écrivait à Caton que sa cohorte prétorienne était à Épiphanée pour la défense de la ville (2). Mais on considérait depuis longtemps comme appartenant à la *cohors praetoria* bien des personnages de rang et d'ordre divers qui ne faisaient en rien partie de la garde du préteur (3).

C'était, d'abord, un état-major composé d'amis personnels, qui venaient partager les honneurs et exploiter l'influence du gouverneur de province, et de jeunes gens de l'aristocratie, désireux de s'initier aux affaires publiques et surtout de s'enrichir en pillant le pays. Le poète Catulle, qui avait à ce titre fait partie de la *cohors* de C. Memmius, propréteur de Bithynie en 697/57, se plaignait à son retour à Rome de n'avoir rien gagné : la province était trop pauvre pour qu'on trouvât moyen de s'y enrichir ; et le préteur, qui se souciait peu de sa cohorte, ne lui procurait aucune occasion de profit (4).

Au-dessous de cet état-major se placent le personnel du bureau et la maison du gouverneur de province, les scribes de l'administration, les interprètes, les médecins, les haruspices, les huissiers, les affranchis du préteur, ses familiers, ses gens de confiance pour les missions délicates et secrètes. C'est de ces derniers que faisaient partie les agents qui avaient mission de dépouiller l'un Dion, l'autre Sosippe et Philocrate : P. Naeuius Turpio, éclaireur et

(1) *Verr.*, (II), I, xiv, 36.

(2) *Epist. ad. Famil.*, XV, iv, 7 :...a cohorte praetoria, quae erat Epiphaneae praesidi causa.

(3) *Epist. ad Quintum fr.*, I, I, iv, 12 :... qui quasi ex cohorte praetoris appellari solent.

(4) Catulle, x, v. 9...... nihil neque ipsis
Nec praetoribus esse nec cohorti,
Cur quisquam caput unctius referret,
Praesertim quibus esset irrumator
Praetor, non faceret pili cohortem.

émissaire de Verrès, le pire de toute la réunion de délateurs de métier qui l'entouraient (1),et l'ignoble Volcatius, qui, lui, était chevalier romain (2). Ce n'est pas seulement en Sicile que Verrès admettait dans sa familiarité ces misérables qu'il appelait lui-même « ses chiens » et que son accusateur appelle « les mains du préteur » (3) : *chiens* de chasse, quand il s'agit de flairer et de dépister quelque gibier bon à prendre ; *mains*, quand il s'agit de s'emparer de ce gibier. L'influence corruptrice de la province (4) était un lieu-commun où on cherchait des circonstances atténuantes pour les administrateurs qui avaient failli : ils avaient cédé aux tentations de tout genre auxquelles ils se trouvaient exposés ; le spectacle du luxe grec et le relâchement des mœurs provinciales avaient corrompu bien des proconsuls et bien des propréteurs. Pour ce qui est de Verrès — Cicéron le déclare et le prouve (5), — il n'a pas été corrompu par la province ; on l'avait vu à Rome tel qu'il se montra en Sicile. A Rome, en effet, le préteur urbain, à qui sa charge ne conférait pas une *cohors praetoria*, entretenait déjà, ou plutôt faisait entretenir une meute de chiens de chasse par les plaideurs qu'il rançonnait (6). Mais, à Rome, le préteur urbain avait un collègue, le préteur pérégrin, qui faisait obstacle, quand il le fallait, à ses décisions injustes et illégales (7) ; il pouvait craindre l'intervention des tribuns de la plèbe (8). A Rome, enfin, la *iuris dictio* du préteur ne concerne que la justice civile ; en province, le *summum imperium* du propréteur lui donne l'autorité judiciaire absolue, justice criminelle comme justice civile ; le tribunal du gouverneur est à la fois la justice de paix, le tribunal civil, le tribunal correctionnel, la cour d'appel, la cour d'assises, la cour de cassation. Le pouvoir du proconsul ou du propréteur à qui la *iuris*

(1) *Verr.*, (II), II, VIII, 22.
(2) *Verr.*, (II), II, XXIV, 58.
(3) *Verr.*, (II), II, X, 27.
(4) *Epist. ad. Quintum fr.*, I, I, VI, 19 : ... tam corruptrice prouincia.
(5) *Verr.*, (II), II, XVI, 39.
(6) *Verr.*, (II), I, XLVIII, 126 ; LI, 133.
(7) *Verr.*, (II), I, XLVI, 119.
(8) *Verr.*, (II), I, XLVII, 122.

dictio est dévolue ne connaît pas de limites : nul recours s'il agit contre le droit et contre l'équité (1). Ses arrêts sont sans appel pendant tout l'exercice de sa magistrature ; seul, son successeur peut les casser : Metellus devait casser les arrêts de Verrès (2), comme Verrès avait cassé les arrêts de Sacerdos (3).

Si le gouverneur de province a un pouvoir absolu, il est seul responsable de tout ce qui peut se commettre d'injuste dans sa province. Alors que le dictateur Sylla était seul à diriger la République et à gouverner l'univers, on n'avait pas le droit de s'étonner si ses affranchis commettaient quelques mauvaises actions qu'il ignorait, qu'il aurait désapprouvées s'il les avait connues (4). Le proconsul ou le propréteur, dont le gouvernement se limite à une seule province, n'a le droit de rien ignorer de ce que font ses agents ; il est comptable de tous les actes de sa *cohors praetoria*. Cicéron insiste : c'est un avertissement précis qu'il donne à tous ceux qui pourront être appelés à gouverner une province. On doit être très sévère dans le choix des amis ou des subalternes qu'on emmène avec soi. Il cite des faits, il donne des exemples. Les chevaliers romains briguaient les commandements militaires et les emplois administratifs désignés par le nom de *praefecturae*, qui, décernés par le proconsul ou le propréteur, étaient inférieurs aux fonctions de questeur ou de légat. On sait qu'Atticus, à qui des *praefecturae* avaient été offertes par des proconsuls et des propréteurs, les accepta à titre honoraire, mais s'abstint d'aller s'enrichir en province dans l'exercice de ses emplois (5). Cicéron dit quelles fins de non-recevoir Scipion, le second Africain, opposait à un de ses amis qui le sollicitait de l'emmener comme préfet dans sa province (6). Vingt ans après la rédaction

(1) *Verr.*, (II), II, xii, 30 :... praetor improbus cui nemo intercedere possit. — Cf. *Epist. ad Quintum fr.*, I, I, vii, 22.

(2) *Verr.*, (II), II, xxvi, 63.

(3) *Verr.*, (II), II, xxviii, 68 ; xxxiii, 81.

(4) *Pro Sex. Roscio*, xlv, 130-131.

(5) Cornelius Nepos, *Atticus*, vi, 4.

(6) *Verr.*, (II), II, xi, 29.— Dans les *Verrines* de la seconde action (I, iv, 11 ; II, ii, 3 ; IV, xxxiii, 73), Cicéron se plaît à mettre en

des *Verrines*, en février 704 / 50, Cicéron, proconsul de Cilicie, écrivait à son ami Atticus, qui n'avait pas voulu s'enrichir dans les préfectures, qu'il avait refusé lui-même d'agréer comme préfet un familier de son ami Brutus, qui lui était spécialement recommandé : ce personnage, M. Scaptius, était un homme d'affaires et le proconsul lui avait répondu qu'il n'acceptait pas comme préfet un homme qui faisait des affaires (1). Dix ans après la rédaction des Verrines, Cicéron rappelait à son frère Quintus, propréteur d'Asie, qu'il ne lui suffit pas d'avoir lui-même les vertus nécessaires à un gouverneur, mais qu'il lui faut veiller sur les actes de ses subordonnés dont il doit répondre comme de ses propres actes ; qu'il est responsable des faits et gestes, des paroles même de tous les subalternes, scribes, interprètes, huissiers, puisque c'est lui qui les a choisis, puisqu'il exerce sur eux un pouvoir direct (2).

Les proconsuls et les propréteurs d'une intégrité éminente savent se choisir une *cohors praetoria* digne d'eux. L'auteur des *Verrines* cite volontiers l'exemple de ce Q. Mucius Scaeuola, en l'honneur de qui la reconnaissance de sa province avait institué des fêtes, ce Mucius dont il oppose constamment la haute vertu à l'infamie de Verrès (3), ce Mucius dont il devait lui-même, quand il fut appelé

parallèle les actes de bienveillance de Scipion pour la Sicile et les crimes de Verrès.

(1) *Epist. ad Attic.*, V, xxi, 10 : Scaptius ad me in castra uenit... praefecturam petiuit : negaui me cuiquam negotianti dare.

(2) *Epist. ad Quintum fr.*, I, I, iii, 10 ; iv, 12 ; cf. *Verr.*, (II), II, x, 28. Remarquer dans ces trois passages l'emploi du même mot *praestare*. *Verr.* :... nostros comites *praestare* debemus ; *Epist.*, 10 :... ut ... non te unum sed omnes ministros imperi tui sociis et ciuibus et rei publicae *praestare* uideare ; 12 :... horum non modo facta, sed etiam dicta omnia *praestanda* nobis sunt. Le gouverneur doit fournir la garantie, prendre la responsabilité de l'intégrité de tous ceux qui font partie de sa *cohors praetoria*. On peut encore rapprocher *Verr.*, xxiii, 57 : Quid enim debuit praetor... et *Epist.*, iv, 13 : Denique haec opinio sit non modo iis qui aliquid acceperint, sed iis etiam, qui dederint, te inimicum, si id cognoueris, futurum.

(3) *Diu.*, xvii, 57 ; *Verr.*, (II), II, x, 27 ; III, xc, 209. — C'est en 655 / 99 que Mucius avait obtenu la province d'Asie où il ne devait rester que neuf mois (*Epist. ad Attic.*, V, xvii, 5).

au proconsulat de Cilicie, prendre l'*edictum Asiaticum* pour modèle de son propre édit (1). La *cohors* de Mucius était composée de gens d'honneur et de mérite : et pourtant Mucius n'avait pas coutume de désigner comme juges les personnages qui en faisaient partie (2). Verrès, lui, ne procède pas au tirage au sort, conformément aux prescriptions de la *lex Rupilia* : c'est par des gens de sa *cohors*, par ceux qui y occupaient le rang le plus infime, par son scribe, par son médecin, par son haruspice, qu'il fait juger et condamner Sopater (3). Ce sont ces gens-là qui jouissaient de la faveur du maître : dans une *contio*, Verrès décernait publiquement à son scribe administratif l'anneau d'or, insigne des chevaliers (4). Aussi, le gendre de Verrès, qui était un honnête homme, s'empressait-il de rentrer à Rome : il n'était resté qu'un an dans la *cohors praetoria* de son beau-père (5). L'exemple donné par le mari de la fille du préteur était suivi par tout ce qu'il pouvait y avoir de gens d'honneur dans l'entourage de Verrès ; deux de ses trois légats l'abandonnaient et, dès le commencement de la seconde année de son administration en Sicile, il ne lui restait qu'un seul légat, P. Tadius, que des liens de parenté retenaient peut-être auprès de lui (6).

Les portraits

L'entourage de Verrès fournissait à Cicéron une matière abondante pour ces portraits qui constituent des épisodes intéressants dans un long discours. Si les maris complaisants, Dorotheus, Cléomène et Aeschrion sont rapidement esquissés, si le chevalier indigne Volcatius (7) et Pacilius, homme léger et sans consistance (8), sont décrits sommairement, on a le portrait parlant de C. Claudius, fils de Caius, de la tribu Palatina : « Vous voyez ce personnage à la chevelure lé-

(1) *Epist. ad Attic.*, VI, I, 15.
(2) *Verr.*, (II), II, XIII, 34.
(3) *Verr.*, (II), II, XXX, 75.
(4) *Verr.*, (II), I, LXI, 157 ; III, LXXX, 185.
(5) *Verr.*, (II), II, XX, 49.
(6) Voir tome II, p. 189, note 2.
(7) *Verr.*, (II), II, X, 26 ; XXIV, 58.
(8) *Verr.*, (II), II, XXXVIII, 94 ; XL, 98.

gèrement crépue, au teint basané, qui nous regarde de l'air d'un homme qui se croit doué d'un esprit très pénétrant ; —ce personnage qui tient des tablettes, qui écrit, qui donne des avis à Verrès. Ce personnage, c'est C. Claudius (1). » Timarchide, l'affranchi de Verrès, qui joue en Sicile le même rôle que Rubrius à Lampsaque (2), est représenté en pied dans le *Liber secundus*, comme Chrysogonus, l'affranchi de Sylla, dans le *Pro Sex. Roscio* (3).

Le successeur, l'ami maladroit de Verrès, à la fois hésitant et brutal, L. Caecilius Metellus, n'est pas épargné lui non plus. Il méritait certainement quelque dure raillerie dans le goût de celle que Scipion, le second Africain, avait adressée à son arrière-grand-oncle C. Caecilius Metellus Caprarius (4). Cicéron s'amuse à faire un portrait peu flatté de ce personnage de comédie.

Quand Verrès est définitivement remplacé, les Siciliens attendent Metellus aussi impatiemment qu'ils attendaient, à la fin de la première année de l'administration de son prédécesseur, l'arrivée du propréteur désigné, Q. Arrius, qui ne devait jamais prendre possession de son gouvernement (5). Avant son départ de Rome, il avait envoyé aux cités de Sicile des lettres par lesquelles il déclarait qu'il procéderait à l'adjudication de la dîme du froment suivant la loi de Hiéron que Verrès avait toujours violée (6). Quand il part de Rome, il ramène avec lui Héraclius et Épicrate ; dès son arrivée en Sicile, il casse les arrêts qui les concernaient l'un et l'autre, il annule les actes illégaux de son prédécesseur, il ordonne l'arrestation des sénateurs de Syracuse qui avaient été ses complices ; il défait tout ce qui a été fait pendant la propréture de Verrès (7) ; les Siciliens se croient délivrés de la tyrannie, ils renversent les statues que Verrès les avait contraints d'ériger en son honneur. Au moment où il va faire son enquête

(1) *Verr.*, (II), II, XLIV, 108.
(2) *Verr.*, (II), I, XXV-XXVI.
(3) *Verr.*, (II), II, LIV ; *Pro Sex. Roscio*, XLVI.
(4) *De Orat.*, II, LXVI, 267.
(5) *Verr.*, (II), II, IV, 10 ; XV, 37.
(6) *Verr.*, (II), XXVI, 63 ; III, LII, 121.
(7) *Verr.*, (II), II, XXV, 62 ; XXVI, 63.

en Sicile, Cicéron peut espérer qu'il trouvera dans le nouveau propréteur l'auxiliaire le plus puissant et le plus dévoué. Mais, à peine a-t-il débarqué, les deux questeurs de Verrès, qui sont restés dans la province après son départ, se présentent, munis de leurs faisceaux; les deux questeurs de Metellus font cause commune avec eux ; toute la cohorte prétorienne est inféodée à Verrès (1). Metellus lui-même parle de ses relations d'amitié et de parenté avec Verrès, déclare qu'il agira en tout dans l'intérêt de Verrès. Il met, en effet, tous les obstacles possibles à l'enquête ; il demande aux cités des témoignages publics d'éloges en faveur de Verrès ; il a recours à la violence pour empêcher les dépositions des témoins à charge (2). Il veut que les anciens administrés de Verrès manifestent dans leurs *laudationes* la plus entière approbation pour ses décrets : mais, ces décrets, il les désavoue lui-même en ordonnant le rétablissement du taux du cens fixé par le propréteur Sex. Peducaeus et arbitrairement modifié par Verrès. Il destitue les cent-trente censeurs des cités de Sicile qui avaient acheté leurs charges ; il les remplace par des censeurs élus régulièrement. L'ennemi le plus acharné de Verrès n'agirait pas autrement que ce nouvel ami qui vient de se trouver avec lui des liens de parenté (3). D'autre part, Metellus prend des mesures rigoureuses pour empêcher que les cités continuent de renverser les statues de son prédécesseur. Il va même jusqu'à adresser des injonctions à la cité de Centuripe, l'une des cinq cités privilégiées qui jouissent d'immunités à l'égard de la dîme. Il convoque le magistrat de Centuripe (4) avec les dix premiers citoyens de l'ordre sénatorial ; et tout ce qu'il obtient, c'est que les statues sont remises en place : mais

(1) *Verr.*, (II), II, IV, 11-12.
(2) *Verr.*, (II), II, XXVI, 64 ; LVI, 139.
(3) *Verr.*, (II), II, LVI, 138.
(4) *Verr.*, (II), II, LXVII, 162. — Le *magistratus Siculus* est le magistrat que, conformément à la *lex Hieronica*, la cité désigne en vertu de ses coutumes et de ses lois propres pour surveiller sur l'étendue de son territoire le recouvrement de l'impôt d'État. Voir J. Carcopino, *ouvr. cité*, p. 33.

les décrets pris par la cité de Centuripe et motivant la destruction de ces statues ne sont pas annulés.

Pourquoi Metellus, qui — dit Cicéron avec une ironie qui équivaut à la dure plaisanterie de Scipion — « est un homme de bon sens », a-t-il fait pareille sottise ? Parce que les instructions qu'il reçoit de Rome le forcent à faire des sottises. Ses frères, Quintus, consul désigné pour l'an 685/69, et Marcus, désigné pour la préture urbaine et la présidence de la *quaestio de repetundis*, grands amis l'un et l'autre de Verrès (1), lui ont envoyé un certain Laetilius, agent de Verrès, porteur de lettres qui imposaient au nouveau propréteur la ligne de conduite qu'il devait suivre (2). Comme la marionnette dont parle Horace — cette poupée de bois que des ressorts étrangers font mouvoir, — Metellus s'agite d'une façon risible, tiraillé entre la peur de déplaire à ses frères, aux amis puissants de Verrès, et l'inquiétude de se compromettre dans sa province, de s'y rendre haïssable, de s'exposer à des poursuites semblables à celles qui accablent son prédécesseur (3) ; il répète à qui veut l'entendre qu'il est innocent de toute faute, qu'il n'a jamais agi avec de mauvaises intentions, qu'il n'a rien fait de mal à dessein (4). Le propréteur L. Caecilius Metellus des *Verrines* fait penser au Félix de *Polyeucte* et au Prusias de *Nicomède*.

Verrès

Verrès ne ressemble pas à Metellus dont il ne connaît ni les hésitations, ni les anxiétés. Il tient toujours la même conduite. Comme l'homme juste d'Horace (5), cet homme criminel reste ferme dans ses desseins ; il ne chancelle jamais dans la voie d'iniquité où il s'est engagé et rien ne saurait l'ébranler. Il semble que Cicéron charge parfois le portrait de Verrès et outre le personnage qu'il met en scène. D'après lui, le propréteur de Sicile traite la province qu'il administre avec plus de cruauté

(1) *Verr.*, I, IX, 26 ; XI, 30.
(2) *Verr.*, (II), II, XXVI, 64, ; LVI, 138 ; LVII, 140.
(3) *Verr.*, (II), II, LVII, 140.
(4) *Verr.*, (II), II, LXVIII, 164.
(5) Horace, *Carm.*, III, III, v. 1 : Iustum ac tenacem...

que Mithridate, le légendaire ennemi de Rome, ne traitait la province d'Asie dont il s'était emparé (1). Verrès est le crime personnifié ; c'est un être monstrueux (2). Et, d'autre part, ce grand coupable ne serait qu'un imbécile. Ses patrons sont gens d'esprit (3) : mais le préteur urbain fait preuve d'impéritie en tout ; ses ruses sont grossières ; on ne peut jamais dire de quelqu'une de ses mauvaises actions : « Cela manque de probité, mais c'est bien adroit » (4). Le propréteur de Sicile n'est qu'un gouffre d'avidité, toujours béant, toujours menaçant ; mais il n'a aucune subtilité d'esprit, aucune finesse, aucune imagination (5).

Or, Verrès ne fait que suivre les exemples qui lui ont été donnés par un trop grand nombre de gouverneurs de provinces. Cicéron lui-même doit en convenir. Le légat de Dolabella réclame illégalement de l'argent au magistrat de Sicyone : *d'autres ont fait comme lui*. Le magistrat refuse, il sévit : *action contraire à l'honnêteté, mais qui n'est pas sans exemple*. Le propréteur de Sicile commet de nombreuses illégalités dans l'administration du froment : *d'autres ont fait comme lui* (6). Et, après lui, d'autres feront comme lui.

Cicéron constate qu'on a jugé tout à fait remarquable la conduite de son frère Quintus en Asie : pendant trois ans de propréture, de 693 / 61 à 695 / 59, il n'a volé ni statues, ni tableaux, ni objets d'art, ni étoffes précieuses ; il ne s'est laissé ni séduire par les charmes d'aucune beauté, ni corrompre par aucune offre d'argent ; rien ne l'a fait dévier d'une continence absolue et d'une parfaite intégrité (7). En somme, Q. Tullius Cicero n'a pas fait en Asie ce que Verrès avait fait en Sicile et cette honnêteté semble chose inouïe.

(1) *Verr.*, (II), II, XXI, 51.
(2) *Verr.*, (II), I, XV, 40 ; II, XVI, 40, etc.
(3) *Verr.*, (II), II, LXI, 149.
(4) *Verr.*, (II), I, LI, 133 ; LIV, 141.
(5) *Verr.*, (II), II, LII, 128 ; LIV, 134.
(6) *Verr.*, (II), I, XVII, 44 :... fecerunt alii... improbum, sed non inauditum ; III, LXXXVIII, 205 :... fecisse alios.
(7) *Epist. ad Quintum fr.*, I, I, II, 8.

En 699/55, Cicéron prononce un violent réquisitoire contre L. Calpurnius Piso, proconsul de Macédoine. Pison, qui s'est fait élever à Dyrrachium, pour ne pas laisser périr la mémoire d'un proconsul aussi délicieux, une statue, qui, comme celles du propréteur de Sicile, sera renversée après son départ de la province, Pison semble avoir pris en tout Verrès pour modèle. Il accable la Macédoine des mêmes maux que la Cilicie et la Sicile ont soufferts. Son médecin ne lui sert pas de juge, mais de bourreau ; c'est lui qui ouvre les veines à son hôte Plator que Pison condamne à mort, après l'avoir ruiné. Il fait massacrer une délégation envoyée par un peuple allié ; il pille le temple de Jupiter Urius ; il vend la justice ; il fait vendre par un esclave les fonctions que Verrès faisait vendre par son affranchi Timarchide. Il établit des ateliers pour la fabrication des armes, comme Verrès en avait établi pour le travail de l'or et la confection des étoffes précieuses. Verrès, dans l'exportation du produit de ses vols, fraudait la douane des ports de Sicile : Pison établit illégalement dans les ports de Macédoine des droits de douane qu'il fait percevoir par ses esclaves. Il a une escorte de danseurs et de jeunes gens d'une grande beauté. Pendant trois ans, comme Verrès en Sicile, il est, dans toute l'étendue de la province de Macédoine, le seul maître, le seul estimateur, le seul vendeur de tout le froment. A son départ, il laisse la province ruinée (1).

Verrès n'est pas une exception parmi les gouverneurs de provinces ; et, loin d'être un imbécile, comme le prétend son accusateur, il se montre beaucoup plus avisé que L. Calpurnius Piso, le seul d'entre eux dont Cicéron fait connaître en détail l'administration. Verrès semble s'être constitué, d'après les exemples laissés par ses prédécesseurs, un manuel méthodique dont il suit toutes les règles. Il y a une admirable unité dans toute sa carrière administrative, depuis ses débuts sous les ordres de Dolabella jusqu'à sa propréture de Sicile. Le légat pille à Athènes le temple de Minerve, à Délos le temple d'Apollon, à Samos le temple de Junon ; il fait main basse sur les objets précieux qu'il

(1) *In L. Pisonem*, XXXIV-XXXVIII.

trouve dans toutes les villes d'Asie où il passe (1), exactement comme le propréteur dépouillera en Sicile les temples, les édifices publics, les maisons particulières. C'est comme proquesteur qu'il imagine en Lycie, en Pamphylie, en Pisidie, en Phrygie, les procédés de réquisition et d'estimation du froment dont il devait user en Sicile pour la ruine de la province (2). C'est comme préteur urbain qu'il imagine les procédés de spoliation qu'il applique dans les affaires d'héritages de P. Annius Asellus, de P. Trebonius et de C. Sulpicius (3). Propréteur de Sicile, il se borne à les adapter au milieu, en abusant de la clause testamentaire, si commune en Sicile, qui dans certains cas attribuait la succession à Vénus Érycine.

Verrès est un commerçant adroit. Cicéron, qui, comme tout Romain de la vieille roche, affecte une ignorance absolue en matière d'art (4), raille la passion de Verrès, qui s'éprend pour les statues d'un amour passionné qui va jusqu'à la folie (5) : raillerie maladroite qui permettrait de ne voir dans ce grand pillard qu'un maniaque à peu près irresponsable. C'est en réalité, comme Cicéron le disait ironiquement, un commerçant en statues et en tableaux qui exerce son commerce aux frais de la République et en qualité de fonctionnaire (6). Ce commerçant, qui ne paie pas ce qu'il enlève, est un connaisseur, qui sait choisir parmi les statues dont il s'empare celles dont le travail lui paraît assez habile et l'art assez ancien (7). Vêtu d'une tunique brune et d'un manteau grec, il surveille avec l'autorité du maître ces ateliers de Syracuse où, comme on l'a vu, sous la direction de Cléomène, d'Aeschrion et de Théomnaste, des artistes spéciaux travaillent l'or et l'ivoire ou confectionnent de précieuses étoffes de pourpre (8).

(1) *Verr.*, (II), I, XVII-XIX.
(2) *Verr.*, (II), I, XXXVIII, 95.
(3) *Verr.*, (II), I, XLI-XLVIII.
(4) *Verr.*, (II), II, XXXV, 87 :... statua... summo, ut putant, artificio facta.
(5) *Verr.*, (II), II, XXXIV, 85 :... adamauit ; XXXV, 87 :... ad insaniam concupiuerat.
(6) *Verr.*, (II), I, XXII, 60.
(7) *Verr.*, I, V, 14.
(8) *Verr.*, (II), IV, XXIV, 54.

Ce faiseur d'affaires louches fonde des agences où l'on trafique de tout ce qu'un chef d'administration sans honneur et sans moralité peut mettre en vente. A Rome, les bureaux sont dans la maison de la courtisane Chelidon : c'est là que se vendent les décrets du préteur urbain, ses formules d'action, ses décisions judiciaires. En Sicile, c'est dans un cabinet de la maison même du propréteur que l'affranchi Timarchide vend aux enchères toutes les fonctions électives des cités de Sicile (1). Quand Cicéron, accusateur désigné, s'était fait remettre les livres de comptes de Verrès et de son père, Verrès n'avait remis aucun registre postérieur à l'an 680 / 74 : il déclarait n'avoir tenu ses livres que jusqu'au consulat de M. Terentius Varro Lucullus et de C. Cassius Varus, c'est-à-dire jusqu'à l'année où commençait le *triennium* de sa propréture de Sicile ; à cette date, il avait cessé (2). Simple défaite, évidemment : ce commerçant aux affaires multiples avait dû tenir ses livres avec le plus grand soin pendant les trois années qu'il exploitait la Sicile. Cicéron dit, d'ailleurs, que le propréteur avait fait une exacte répartition du produit total de ses rapines. Il se contentait de garder pour lui les bénéfices de la première année ; ceux de la seconde étaient destinés à ses patrons et à ses défenseurs ; ceux de la troisième année, qui est la plus féconde et la plus productive, à ses juges (3). Et ce calculateur habile, qui savait bien ce que valait la conscience de chacun des membres du jury, avait évalué avec précision la somme qu'il fallait pour chacun d'eux : cette somme allait de trois cent mille sesterces à cinq cent mille (4).

Les renseignements mêmes que Cicéron fournit en abondance permettent de constater que le véritable Verrès n'est pas cet être monstrueux, aussi dénué d'intelligence que d'honnêteté, dont les invectives des *Verrines* prétendent établir le type. Ce brigand sans foi ni loi ne manque pas d'esprit, quand il s'agit d'imaginer des comédies utiles à ses desseins. C'est un émule de Sophron ; lorsque

(1) *Verr.*, (II), I, LII ; II, LIII.
(2) *Verr.*, (II), I, XXIII, 60.
(3) *Verr.*, I, XIV, 40.
(4) *Verr.*, (II), III, LXII, 145.

le mime a réussi, il le remet au théâtre (1). Cet auteur de comédies, qui ont pour dénouement la ruine et la condamnation de ses victimes, ne dédaigne pas les tours de passe-passe des bateleurs de places publiques. Pour assurer l'élection de Théomnaste, c'est le nom du seul Théomnaste qu'il fait inscrire sur les trois tablettes que l'on met dans l'urne ; pour assurer l'élection de Climachias en empêchant son concurrent d'être présent aux comices, il escamote un mois et demi de l'année (2).

Cicéron raconte ces scènes d'une manière fort plaisante. Chez Verrès — on l'a remarqué (3) — l'excès de l'impudence touche parfois à la naïveté. Si l'édifice de ses ruses, si ingénieusement construit, semble menacer ruine, il s'étonne, il s'indigne, il s'abandonne à de ridicules colères. Sopater a pour défenseur un parfait honnête homme, Q. Minucius, chevalier romain, grand négociant, l'un des premiers de son ordre (4), qui obtiendra nécessairement gain de cause devant le *consilium* du préteur. Verrès ne trouve rien de mieux que de renvoyer les membres du *consilium*, qui doit prononcer la sentence, pour les remplacer par des gens de sa *cohors praetoria*. Très calme, Q. Minucius annonce qu'il s'en va, lui aussi ; il se prépare à quitter les bancs de la défense. Colère de Verrès, qui veut le retenir malgré lui, qui l'accable d'injures grossières. Un dialogue très bien conduit s'établit entre l'avocat, ironique et froid, et le propréteur, bouillant de colère et menaçant. Minucius sait que le préteur a un pouvoir absolu ; il ne proteste pas contre ses procédés arbitraires, il se contente d'en faire remarquer l'inconvenance. Puis, il se retire, accompagné de tous les amis de Sopater, de tous les citoyens romains présents à l'audience. Resté seul avec sa cohorte, Verrès a un accès de fureur grotesque ; il se tourne d'un côté, puis de l'autre, il s'agite, il se démène, il est fou de rage. Enfin, Timarchide vient lui parler à l'oreille et le propréteur fait juger et

(1) *Verr.*, (II), II, XXIII, 56.
(2) *Verr.*, (II), II, LI-LII.
(3) É. Thomas, *De Suppliciis*, *Introduct.*, p. 4.
(4) *Verr.*, (II), II, XXVIII, 69 ; cf. III, LXIII, 148 ; IV, XXVII, 62.

condamner Sopater par son scribe, son médecin et son haruspice (1). — Verrès devait se venger en évinçant dans l'adjudication de la dîme de Leontium pour 683/71 le défenseur de Sopater, qui cependant avait fait des offres plus avantageuses que son concurrent (2) ; et, en 684/70, le défenseur de Sopater devait être un des témoins à charge les plus autorisés et les plus sérieux (3).

La même scène se reproduit le jour fixé pour l'affaire de Sthenius. Sthenius fait défaut ; Verrès envoie chez lui; il envoie des hommes à cheval dans tous ses domaines, dans toutes ses maisons de campagne. Et, en attendant qu'on lui amène Sthenius, il se consume de dépit, il est en proie à une colère furieuse. L'accusé ne paraît pas et, de toute la journée, le propréteur ne quitte pas le forum (4). Cicéron s'attache à rendre ridicule, autant qu'il est odieux, ce magistrat qui ne se montre exact à son tribunal que les jours où il s'y traite quelque affaire dont il espère tirer des profits illégitimes. Il ne s'est levé jamais d'aussi bonne heure que le matin où il prétend condamner Héraclius : et Héraclius fait défaut ; le jour où il pense bien en finir avec Sthenius, en homme exact et diligent, il siège dès l'heure marquée: et Sthenius fait défaut (5).

Les trop nombreux jeux de mots dont le nom et les actes de Verrès sont l'objet (6) étaient évidemment capables — comme le demande C. Iulius Caesar Strabo, maître en la matière (7), — d'amuser les juges et de faire apprécier l'esprit et le talent dépensés par l'orateur pour faire rire de l'accusé. Le lecteur moderne lui-même peut goûter le rapprochement des mots *nudus* et *nudatam* dans la description plaisante de ce groupe élevé sur l'arc triomphal qui domine le forum de Syracuse (8). Verrès

(1) *Verr.*, (II), II, xxix-xxx.
(2) *Verr.*, (II), III, lxiv, 151.
(3) *Verr.*, (II), IV, xxvii, 62 ; xxxi, 70.
(4) *Verr.*, (II), II, xxxvii, 92.
(5) *Verr.*, (II), II, xvii, 41 ; xxxviii, 92.
(6) Par exemple : vii, 19 ; xxi, 52 ; xxii, 53 ; xxvi, 64 ; xli, 101 ; lii, 129 ; lxxviii, 191.
(7) *De Orat.*, II, lviii, 236.
(8) *Verr.*, (II), II, lxiii, 154.

voyait, sans doute, dans ce monument comme une apothéose et Cicéron n'y trouve qu'une représentation symbolique de la funeste administration du propréteur. Du haut de son cheval Verrès contemple la province qu'il a mise à nu ; à côté de la statue équestre, — tel le laurier du Parnasse sous l'ombre du vaste feuillage de l'arbre qui lui a donné naissance (1) — se tient tout nu le fils du propréteur, cet adolescent dépravé qui est tout le portrait de son père, qui a été initié par lui à une vie de débauches, mais qui, n'ayant eu l'occasion de faire aucun mal à la province, n'est encore l'objet d'aucune haine de la part des Syracusains (2).

Cicéron insiste sur ce qu'il y a de ridicule et de comique dans le personnage et dans la conduite de Verrès. Mais parfois la comédie hausse le ton : une apostrophe indignée aux juges, qui est en même temps un artifice habile pour attirer l'attention sur les questions importantes de la politique contemporaine, montre le danger public qui menacerait la cité romaine si l'accusé était absous et reprenait sa place au Sénat. Quel serait le rôle du bandit qui a dévasté la Cilicie où il a passé, la Sicile qu'il a administrée trois ans, dans ces séances du mois de février où, comme on sait (3), le Sénat donnait audience aux délégations chargées de porter les doléances des provinces ? Quelle serait l'attitude du client, dévoué à la politique de son défenseur Hortensius, dans les affaires de Crète, de Byzance, d'Égypte ? Vainqueurs de M. Antonius Creticus (4), les Crétois avaient envoyé une députation pour demander le rétablissement de leur ancienne alliance avec Rome. Le consul Pompée et une grande partie du Sénat étaient d'avis d'accueillir favorablement cette demande ; les consuls désignés, Hortensius et Metellus, étaient hostiles : Verrès voterait comme Hortensius, qui

(1) *Georg.*, II, v. 19 :

... Parnasia laurus
Parua sub ingenti matris se subicit umbra.

(2) *Verr.*, (II), I, xii, 32 ; III, lxviii, 159-160 ; II, lix, 145.
(3) *Verr.*, (II), I, xxxv, 90.
(4) *Diu.*, xvii, 55 ; *Verr.*, (II), II, iii, 8.

d'ailleurs l'emporta et céda en 686/68 à Metellus la province proconsulaire de Crète, qui lui était échue. Metellus soumit la Crète et obtint en 692/62 le triomphe et le *cognomen* de Creticus (1). Byzance avait perdu les privilèges de cité libre et fédérée, qui lui avaient jadis été octroyés en récompense des services rendus à la République pendant la guerre contre Antiochus ; Hortensius était d'avis de rendre à Byzance son ancienne situation : Verrès voterait comme Hortensius. En 674/80, Ptolémée Alexandre II, le dernier descendant légitime du fondateur de la dynastie des Lagides, déclaré roi l'année précédente grâce à l'appui de Sylla, avait été tué par ses soldats et remplacé par Ptolémée Aulète, fils naturel de son oncle et prédécesseur Ptolémée Soter II. En vertu d'un prétendu testament de ce dernier, les Romains se déclaraient ses héritiers et Ptolémée Aulète n'avait pas encore été reconnu par la République. Hortensius était d'avis de lui donner le titre de roi : Verrès voterait comme Hortensius. Mais il est pour la généralité des citoyens une question bien plus importante que toutes ces questions de politique étrangère. Si Verrès reprenait sa place au Sénat, il serait nécessairement au nombre des juges appelés à donner leur avis dans les affaires où la personnalité civile d'un citoyen romain est en jeu : que pourrait-on attendre d'un juge tel que Verrès (2) ?

Cicéron et les publicains

Dans le *De Praetura Siciliensi*, Cicéron se met constamment en scène, depuis le moment où, à peine débarqué dans l'île pour faire son enquête, le questeur de Syracuse et le questeur de Lilybée se sont présentés devant lui, munis de leurs faisceaux (3). Il avait déjà parlé des dangers qu'il avait eu à courir sur terre et sur mer, du fait de Verrès, pour arriver dans cette province où les autorités devaient si mal l'accueillir (4) ; il ne néglige pas de rappeler qu'il

(1) *Pro L. Flacco*, XIII, 30 ; XL, 100 ; *In L. Pisonem*, XXIV, 58.
(2) *Verr.*, (II), II, XXXI
(3) *Verr.*, (II), II, IV, 11.
(4) *Verr.*, I, II, 3.

a été exposé aux mêmes dangers pendant son retour de Sicile à Rome (1). Pour qu'on sache bien que, lorsqu'il défend avec passion les intérêts de Sthenius, ce n'est pas d'un inconnu qu'il prend la défense, il rappelle que le client dont il a été l'avocat devant le collège des tribuns (2) est depuis longtemps son ami : dès l'année de sa questure, en 679 / 75, il a pu apprécier les mérites éminents de ce notable citoyen de Thermes, dont il a été l'hôte ; l'intimité où il vivait avec Sthenius lui donnait le droit de reprocher à son ami le goût immodéré qu'il avait des œuvres d'art (3). Cicéron a vu lui-même avec indignation le monument scandaleux élevé par Verrès sur le mont Éryx aux dépens de Sthenius (4) : il tient à faire savoir qu'il connaît toutes les personnes et qu'il a vu toutes les choses dont il parle. Il a vu de ses propres yeux gisant à terre, arrachées de leur piédestal, les statues de Verrès qui se trouvaient soit dans des endroits publics, soit dans des édifices sacrés (5). Jamais, en aucun pays, fait semblable ne s'est produit. Les Rhodiens n'ont pas touché à la statue de Mithridate érigée dans l'endroit le plus fréquenté de leur ville, au moment même où leur ville était assiégée par Mithridate. Pour appuyer cette affirmation d'une preuve, Cicéron rappelle le voyage qu'il a fait en Asie, l'an 676 / 78 : c'est pendant son séjour à Rhodes qu'il a constaté l'exactitude du fait qu'il rapporte (6).

A Syracuse, il a examiné tous les documents nécessaires pour établir la culpabilité de Verrès ; au cours de cette inspection il a découvert des pièces qui établissent en même temps que la culpabilité de Verrès celle de gens qui lui sont unis, à lui, Cicéron, par les liens de la plus étroite intimité (7) ; et, pour prouver que, dans l'espèce, Verrès est seul coupable, l'avocat des publicains dépense

(1) *Verr.*, (II), II, xl, 99.
(2) *Verr.*, (II), II, xli, 100.
(3) *Verr.*, (II), II, xxxiv, 83 ; xlvii, 117.
(4) *Verr.*, (II), II, xlvii, 115.
(5) *Verr.*, (II), II, lxv, 158.
(6) *Verr.*, (II), II, lxv, 159 ; *Brutus*, xli, 316.
(7) *Epist. ad Quintum fr.*, I, I, i, 6 :... publicani... nos summa necessitate attingunt.

une habileté qui paraît beaucoup plus ingénieuse que convaincante.

Le chevalier d'Arpinum était naturellement tout dévoué aux publicains, qui étaient chevaliers et qui constituaient la plus grande force de l'ordre équestre, puisqu'ils y représentaient la puissance de l'argent. Dès le début de sa carrière, le jeune avocat fait preuve d'une entière déférence pour leur ordre ; il avait été mis au courant de leurs affaires et il s'occupait assidûment à défendre leurs intérêts devant les tribunaux (1). L'idéal politique de Cicéron est d'établir l'accord entre l'aristocratie et les chevaliers et de concilier aux publicains la bienveillance du Sénat. En 688/66, dans le discours où il demande que la direction de la guerre contre Mithridate soit confiée à Pompée, il déclare que l'ordre des publicains est l'appui le plus ferme des autres ordres (2). Douze ans plus tard, en 700/54, dans son plaidoyer pour Cn. Plancius, il renchérit encore : l'ordre des publicains est la fleur des chevaliers romains, l'ornement de l'État, le plus ferme appui de la République (3). Au Sénat, il s'emploie constamment à faire réussir les réclamations des publicains qui, dit-il (4), lui sont unis par la communauté du rang et des sentiments. Pendant son consulat, il raille l'austérité du stoïcien Caton qui, à chaque demande de réduction des fermes présentée par les publicains, déclare au Sénat qu'il faut se garder de rien accorder à la faveur (5). En 693/61 et en 694/60, dans ses lettres à Atticus, il se plaint de la conduite du même Caton à l'égard des malheureux publicains ; ils demandaient une diminution de la redevance pour les fermes d'Asie : malgré tous les efforts de Cicéron, Caton persiste pendant trois mois dans son opposition à cette demande qu'il réussit enfin à faire repousser (6). Dans ses lettres aux gouverneurs de provinces, il

(1) *Verr.*, (II), II, LXXIII, 181.
(2) *De Imperio Cn. Pompei*, VII, 17.
(3) *Pro Cn. Plancio*, IX, 23.
(4) *In L. Pisonem*, XVII, 41 :... publicanos nobiscum et uoluntate et dignitate coniunctos.
(5) *Pro L. Murena*, XXX, 62.
(6) *Epist. ad Attic.*, I, XVII, 9 ; XVIII, 7.— Cf. *De Offic.*, III, XXII, 88.

plaide la cause de ses amis les publicains. Il recommande à son gendre Furius Crassipes, proquesteur en Bithynie, les publicains qui ont les fermes de la province : la plupart sont ses amis et il a la plus grande estime et la plus grande affection pour le directeur P. Rupilius (1). Plus tard, en 703/51, c'est une nouvelle lettre de recommandation adressée à P. Silius Nerua, propréteur de Bithynie : Cicéron est en relations d'amitié avec la plupart des publicains de la province ; il est l'ami intime du sous-directeur, P. Terentius Hispo, et il sera reconnaissant à Silius de tout ce qu'il pourra faire pour les agents des fermes de Bithynie (2). Au milieu de tous ces éloges accordés aux publicains, c'est à peine s'il se trouve une réserve dans la *Lettre à Quintus* : parmi les membres de l'ordre équestre qui se trouvent en Asie, il peut y avoir quelque grand négociant qui manque de probité, quelque publicain un peu trop âpre au gain (3).

Or, dans son enquête en Sicile, l'inspection des registres de la société des publicains fournit à Cicéron des preuves manifestes d'un acte de grave improbité commis par les publicains de Sicile avec la complicité et au bénéfice de Verrès (4). Ces registres étaient tenus par un sous-directeur de la ferme, L. Carpinatius. Au dire de Cicéron, ce personnage est le seul publicain qui soit coupable : il a trompé le conseil d'administration par les lettres qu'il envoyait à Rome et où il faisait l'éloge de Verrès. Mais il semble que le conseil a mis une singulière complaisance à se laisser tromper. Sur la demande de Carpinatius, les directeurs de la société viennent à la rencontre de Verrès quand il rentre à Rome, ils lui adressent les plus vifs remerciements de ce qu'il a fait pour eux. Verrès leur répond que c'est bien volontiers qu'il les a obligés. L'échange de politesses est des plus courtois. Cicéron tient à innocenter ses bons amis les publicains ; il ne

(1) *Epist. ad Famil.*, XIII, IX.
(2) *Epist. ad Famil.*, XIII, LXV.
(3) *Epist. ad Quintum fr.*, I, I, II, 7 :... improbum negotiatorem, paulo cupidiorem publicanum.
(4) *Verr.*, (II), II, LXXVI, 186.

peut laisser croire qu'ils soient en rien complices de Verrès, puisqu'il publie son discours au moment même où L. Aurelius Cotta va faire adopter par le peuple sa loi judiciaire si favorable à l'ordre équestre dont les publicains sont la fleur et la force (1). Aussi l'avocat des publicains s'empresse-t-il de prétendre qu'en adressant des actions de grâces à Verrès ils ne faisaient que se conformer aux vieilles institutions de leur société et qu'ils ne jugeaient le propréteur digne d'aucun des honneurs qu'ils lui rendaient (2).

L'excuse est médiocre. Mais Cicéron doit bien avouer que le directeur de la société des publicains, le grand chef, qui réside à Rome au siège social de la compagnie, est l'ami et l'ami très complaisant du propréteur concussionnaire : Verrès demande au directeur de faire disparaître de la correspondance de la société toutes les lettres qui peuvent le compromettre. Les membres du conseil d'administration accueillent favorablement la demande de Verrès, qui leur est communiquée par son ami : on décide à l'unanimité de retirer de la correspondance, et on retire, en effet, toutes les lettres qui pourraient porter atteinte à la considération de Verrès. L'action des publicains est criminelle. Cicéron le sait ; mais il se croit très habile en affectant de n'y voir que la condamnation de Verrès. Il prétend qu'en enlevant aux juges ces pièces, qui sont des preuves accablantes contre Verrès, les administrateurs de la société ont eux-mêmes prononcé sa condamnation. Et les administrateurs, ces juges qui ont condamné, appartiennent à cet ordre équestre où l'opinion publique demande à L. Aurelius Cotta de prendre désormais les juges des procès criminels. Ce sont des chevaliers qui ont condamné Verrès par leur propre jugement, parce qu'ils désiraient ne pas le voir condamné par le jugement des juges qui, en vertu des *leges Corneliae*, appartiennent à l'ordre sénatorial (3). Cicéron aurait-il osé présenter dans un discours réellement prononcé devant la *quaestio re-*

(1) *Verr.*, (II), II, LXXI, 174.
(2) *Verr.*, (II), II, LXX, 172.
(3) *Verr.*, (II), II, LXXI, 175.

petundarum cette argumentation qu'il développe dans un ouvrage rédigé après la condamnation de Verrès ?

S'ils n'avaient pas eu la précaution de supprimer la correspondance aussi compromettante pour eux-mêmes que pour Verrès, si cette correspondance avait été produite aux débats, les prétendus juges — tout comme les Syracusains complices des exactions du propréteur (1) — auraient comparu à l'audience pour apprendre à quelle somme serait taxé ce que la société des publicains serait condamnée à payer en commun avec Verrès. Cicéron s'opiniâtre à charger le seul Carpinatius. Mais le sous-directeur Carpinatius n'a pas été dans l'origine le complice, et, dans la suite, le seul publicain complice du propréteur. Il a commencé par envoyer à la société des lettres où il se plaignait des agissements de Verrès (2). La société était avertie : elle n'avait qu'à faire une enquête. Plus tard, les lettres de Carpinatius sont pleines d'éloges pour la conduite de Verrès ; la société ne s'étonne en rien de ce revirement. Cicéron doit reconnaître que, si Carpinatius se fait le complice de Verrès, ce n'est pas seulement en vue de ses propres intérêts, mais peut-être aussi dans la pensée que tel est l'intérêt de la société (3). C'est aussi la pensée de la société, puisqu'elle laisse le sous-directeur se livrer en paix avec Verrès à ses pratiques d'usure.

L. Canuleius occupe une situation moins importante que le sous-directeur Carpinatius, mais il semble plus honnête. Simple employé, chef du bureau des douanes à Syracuse, il constate que Verrès exporte, sans payer de droits, un très grand nombre d'objets, produit de ses rapines ; il envoie à la direction la liste de ces objets, il établit le bilan de ce que les fraudes du propréteur ont fait perdre à la douane de Syracuse : la *uicesima portori*, qui n'a pas été payée, est de soixante mille sesterces pour le seul port de Syracuse (4). Il est évident que Verrès a fraudé bien davantage à Messine, l'entrepôt qui recélait ses rapines (5),

(1) *Verr.*, (II), II, XVIII, 45.
(2) *Verr.*, (II), II, LXXI, 175.
(3) *Verr.*, (II), II, LXX, 169.
(4) *Verr.*, (II), II, LXX, 171 ; LXXII, 176 ; LXXV, 185.
(5) *Verr.*, (II), IV, VIII, 17 : Messana... furtorum ac praedarum receptrix.

qui devait être son grand port d'exportation. Peut-on admettre que la société des publicains, qui avait en Sicile à la fois la ferme de l'impôt du pacage et de la douane (1), se soit bénévolement résignée à supporter le préjudice que lui causaient les exportations faites par Verrès sans payer les droits de douane ? Il est plus que probable que les gains illicites de la *scriptura* compensaient largement les pertes consenties du *portorium* : le propréteur exportait en contrebande et permettait aux publicains d'exiger plus qu'ils n'en avaient le droit pour l'impôt du pacage.

Il est une parole de l'illustre juge L. Cassius (2), que Cicéron se plaît à citer pendant toute sa carrière d'avocat, chaque fois que l'argumentation de la cause qu'il plaide peut en tirer quelque avantage : « A qui le crime a-t-il profité ? » C'est la question qu'il pose à son adversaire dans le *Pro Milone* et dans la *Philippica secunda*, comme dans le *Pro Sex. Roscio* (3). Qu'aurait pu répondre Cicéron, s'il y avait eu en réalité une seconde action et si Hortensius lui avait demandé qui avait profité des déprédations dont toute la Sicile avait été victime et des fraudes qui avaient été commises à la douane de Syracuse ? Beaucoup de ces Siciliens, dont le magnifique éloge constitue l'exorde du discours, les directeurs responsables de cette société des publicains dont l'éloge fournit encore un beau développement, n'ont-ils pas profité, les uns des dépouilles de leurs concitoyens illégalement condamnés, les autres des fraudes douanières qui leur permettaient d'exiger par ailleurs des compensations ? Verrès était, sans conteste, un grand coupable ; mais d'autres que lui et sa *cohors praetoria* étaient coupables aussi ; et l'avocat affaiblit ses accusations contre Verrès en n'accusant que lui.

La matière du *Liber secundus* était ingrate. Cicéron dépense beaucoup d'art pour la parer de tous les agréments ; mais, dans le blâme comme dans l'éloge, il exagère jusqu'à la maladresse l'artifice qui prétend établir que le

(1) *Verr.*, (II), II, LXX, 171.

(2) Voir t. I, p. 95, note 1.

(3) *Pro Sex. Roscio*, XXX, 84 ; *Pro Milone*, XI, 32 ; *Philipp. sec.*, XIV, 35.

propréteur Verrès est seul coupable de tout ce qui, pendant trois ans, a été fait de mal en Sicile.

ANALYSE DU DISCOURS

Éloge de la Sicile (i-iii). — Loyauté et fidélité de la Sicile récompensée par la bienveillance de Rome (i-ii). Les Romains en Sicile ; vertus des Siciliens (iii).

Tentatives des amis de Verrès et en particulier du propréteur L. Metellus pour arrêter les délégations des cités chargées de témoigner contre Verrès (iv). La cité des Mamertins seule porte un témoignage en faveur de Verrès. Ce que vaut cette *laudatio* (v). Les Siciliens ne sont pas les seuls à se plaindre de Verrès ; sujets de plaintes des citoyens romains (vi).

Verrès en Sicile (vii-lxxviii). — Les affaires de Dion d'Halèse (vii-viii), de Sosippe et de Philocrate d'Agyrium (ix). La cohorte de Verrès (x-xi).

A. Comment Verrès a administré la justice en matière civile (xii-xxvii). — Pouvoir arbitraire de Verrès : les formules qu'il délivre aux plaideurs ; ses décrets ; ses commissions judiciaires (xii). La loi de Hiéron et la loi de Rupilius ; le droit qui régit les Siciliens constamment violé par Verrès (xiii). — *L'affaire d'Héraclius de Syracuse.* Les indicateurs de Verrès, Cléomène et Aeschrion ; action intentée à Héraclius ; illégalité de la procédure ; Héraclius fait défaut ; il est condamné ; partage scandaleux de ses biens ; indignation des Syracusains ; Verrès abandonné par son gendre et par deux de ses légats (xiv–xx). Outrages de Verrès au sénat et au peuple de Syracuse. Les fêtes instituées en l'honneur de Verrès (xxi).

— *L'affaire d'Épicrate de Bidis.* Action intentée à Épicrate : il fait défaut et part pour Rhégium ; accusé de faux en écriture publique, il est dépouillé de tous ses biens. Héraclius et Épicrate se réfugient à Rome. Ils rentrent en Sicile au moment où L. Caecilius Metellus, successeur de Verrès, vient prendre possession de la province. Le nouveau propréteur casse les arrêts concernant Héraclius et Épicrate. Changement de conduite de Metellus au moment du procès de Verrès ; il empêche Héraclius et Épicrate de venir témoigner à Rome (XXII-XXVII, 65). — *L'affaire d'Héraclius de Centuripe* (XXVII, 66-67).

B. Comment Verrès a administré la justice dans les affaires criminelles (XXVIII-XLVII). — *L'affaire de Sopater.* Absous par le propréteur C. Sacerdos, Sopater d'Halycie est de nouveau accusé pour le même fait devant Verrès. Manœuvres de l'affranchi Timarchide. Sopater donne inutilement de l'argent pour ne pas être condamné (XXVIII). Verrès ne laisse pas parler Q. Minucius, défenseur de l'accusé, et condamne Sopater d'après la sentence prononcée par son scribe, son médecin et son haruspice (XXIX-XXX). Apostrophe indignée au Sénat, protecteur de Verrès, et à Verrès lui-même (XXXI-XXXIII).— *L'affaire de Sthenius de Thermes.* Verrès, hôte de Sthenius, le dépouille de ses collections d'objets d'art. Rancunes de Verrès contre Sthenius, qui lui a refusé son concours pour enlever les statues antiques et précieuses données à la ville de Thermes par P. Scipio l'Africain (XXXIV-XXXVI). Verrès rompt tout lien d'hospitalité avec Sthenius et le fait accuser de faux en écriture publique. Illégalité de la procédure. Sthenius, qui s'est réfugié à Rome, est condamné ; il lui est fait sommation d'être présent à Syracuse pour répondre à une nouvelle accusation pouvant entraîner la peine capitale (XXXVII-XXXVIII). Démarches de Sthenius à Rome. Le Sénat s'occupe de son affaire. Le père de Verrès agit auprès du Sénat et auprès de son fils. Le Sénat renonce à son enquête, mais Verrès s'obstine dans ses poursuites. Sthenius absent est condamné en l'absence de son accusateur pour un crime entraînant la peine capitale (XXXIX-XL). A Rome, intervention des tribuns de la plèbe. Cicéron plaide la cause de Sthenius devant le collège des tribuns, qui autorise le séjour du condamné à Rome (XLI). Verrès falsifie les registres publics pour démontrer que Sthenius était présent quand il a été accusé ; il assigne à Sthenius comme mandataire son plus grand ennemi (XLII-XLIV). Éloge de Sthenius ; parallèle entre Verrès et l'homme de bien qu'il a condamné (XLV-XLVI). Le monument élevé par Verrès sur le mont Éryx en mémoire de sa victoire sur Sthenius (xlvii).

C. Autres crimes de Verrès (xlviii-liv). — Il faut payer Verrès pour qu'il fasse acte d'administration de la justice (xlviii). Pendant trois ans, les sénateurs de toutes les cités de la Sicile sont nommés, au mépris des lois, par ordre de Verrès, qui vend les fonctions sénatoriales (xlix-li, 125). Verrès vend les magistratures, les emplois administratifs, les sacerdoces. Comment Théomnaste devient prêtre de Jupiter à Syracuse, et Climachias grand-prêtre à Céphalède (li, 126-lii). La nomination des censeurs des cités de Sicile pendant la propréture de Verrès (liii). Portrait de Timarchide (liv).

Les statues élevées a Verrès (lv-lxix, 168). — Contribution de trois cents deniers pour la statue de Verrès imposée à chacun des censeurs des cités de Sicile (lv-lvii, 140). Deux millions de sesterces perçus des cités de Sicile par la violence au titre de statues qui n'ont pas été érigées (lvii, 141-lx). Verrès a forcé les cultivateurs des terres arables, les négociants, les cités de Sicile à lui dédier des statues (lxi-lxv, 157). Ces statues, élevées dans toute la Sicile en l'honneur de Verrès, ont été renversées après son départ de la province (lxv, 158-lxix, 168).

Verrès et les publicains (lxix, 169-lxxviii, 191). — Rapports de Verrès avec L. Carpinatius (lxix, 169-lxx). Suppression de tout ce qui est compromettant pour Verrès dans la correspondance des publicains (lxxi). Verrès fraude la seule douane de Syracuse de soixante mille sesterces (lxxii-lxxv). Le prétendu C. Verrucius (lxxvi-lxxviii, 191).

Péroraison (lxxviii, 191-192).

SIGLA

PV = Palimpsestus Vaticanus (§§ 1-2, 23-24, 32-34, 42-43, 53-56, 59-68, 83-87, 100-102, 113-116, 120-121, 124-127, 138-140, 142-143, 152-156, 166-169, 188-191).
C = ms. Cluniacensis 498, nunc Holkhamicus 387 (§§ 1-30, 112-117, 157-183).
c = ms. Cluniacensis partes deperditae, in quantum ex tribus mss. Nanniano (*N*), Fabriciano (*F*), Metelliano (*M*), restitui possunt.
Lg = ms. Lagomarsinianus 42.
Lg^1 = ms. Lagomarsiniani 42 prior manus.
p = ms. Paris. 7776.
q = ms. Laur. XLVIII. 29 (Lag. 29).
r = ms. Harleianus 2687.
k = ms. Paris. 4558.
b = ms. S. Marci 255 (Lag. 6).
δ = mss. deteriores.
Asc. = Pseudo-Asconius.

π = consensus trium mss. *p*, *q*, *r*.

Suivant les règles admises pour les éditions critiques, les crochets droits ([ ]) *remplacent définitivement dans ce volume les crochets obliques* (< >) *employés dans les deux premiers volumes des Discours de Cicéron, pour enfermer les mots considérés comme intrus, mais maintenus à leur place dans le texte.*

SECONDE ACTION CONTRE VERRÈS

LIVRE DEUXIÈME

LA PRÉTURE DE SICILE

Éloge de la Sicile

I **1** Juges, nombreux sont les faits que je dois nécessairement passer sous silence pour avoir la possibilité de trouver enfin quelque moyen de parler des intérêts qui ont été commis à ma loyauté. J'ai accepté, en effet, de défendre la cause de la Sicile : c'est cette province qui m'a entraîné dans la présente affaire. De mon côté, cependant, du moment où j'ai assumé cette charge, où j'ai accepté la cause des Siciliens, j'ai embrassé dans mon esprit un objet beaucoup plus vaste. C'est, en effet, la cause de l'ordre sénatorial tout entier, la cause de la République que j'ai assumée, parce que je pensais que les actions judiciaires pourraient enfin s'exercer d'une manière correcte le jour où, non seulement un accusé coupable serait amené en justice, mais où il se présenterait aussi devant le tribunal un accusateur diligent et ferme. **2** Pour arriver plus vite, comme je le dois, à la cause de la Sicile, je laisse de côté les autres vols et les autres infamies de Verrès ; je pourrai ainsi être en possession de tout ce que j'ai de forces pour soutenir l'action et avoir assez de temps pour parler (1).

(1) La *lex Cornelia de repetundis* accordait vingt jours à l'accusateur : la première action en avait occupé neuf (*Verr.*, (II), I, LX, 156). S'il y avait eu une seconde action, il ne serait resté à Cicéron que onze jours pour ses discours, la lecture des pièces et l'audition des témoins.

M. TVLLI CICERONIS

ACTIONIS IN C. VERREM SECVNDAE

LIBER SECVNDVS

DE PRAETVRA SICILIENSI

I **1** Multa mihi necessario, iudices, praetermittenda sunt, ut possim aliquo modo aliquando de his rebus quae meae fidei commissae sunt dicere. Recepi enim causam Siciliae : ea me ad hoc negotium prouincia attraxit. Ego tamen hoc onere suscepto et recepta causa Siciliensi amplexus animo sum aliquanto amplius. Suscepi enim causam totius ordinis, suscepi causam rei publicae, quod putabam tum denique recte iudicari posse si non modo reus improbus adduceretur, sed etiam diligens ac firmus accusator ad iudicium ueniret. **2** Quo mihi maturius ad Siciliae causam ueniendum est relictis ceteris eius furtis atque flagitiis, ut et uiribus quam integerrimis agere et ad dicendum temporis satis habere possim.

1. Multa mihi : *in his uerbis incipiunt P V et C* || iudices *om. C, Lg*[1] || his : iis δ, *uulgo* ; eis *Kayser* || suscepi causam rei publicae : suscepi enim causam rei publicae *P V* ; suscepi causam populi Romani *uulgo* || ac firmus *C, Lg, q*[1] : et firmus *ceteri mss., uulgo, Kayser* || ueniret : uenerit *C*[1], *Lg*[1].
2. ueniendum : ueniundum *P V, C, p* || atque flagitiis *P V, C, Lg*[1] : ac flagitiis *ceteri mss., uulgo.*

Mais, toutefois, avant de parler des graves dommages éprouvés par la Sicile, il me semble que j'ai à dire quelques mots du mérite de la province, de son ancienneté, de son utilité pour la République. En effet, si vous devez tenir compte avec le plus grand soin des intérêts de tous les alliés et de toutes les provinces, c'est avant tout, juges, des intérêts de la Sicile que vous devez le faire, et cela pour des causes très nombreuses et très justes. D'abord, parmi toutes les nations étrangères, c'est, dès le principe, la Sicile qui s'est attachée à l'amitié et à la loyauté du peuple romain. C'est elle qui, la première de toutes, a reçu ce nom de province, qui est un titre d'honneur pour notre empire ; c'est elle qui, la première, a enseigné à nos ancêtres combien il était glorieux d'exercer notre empire sur les nations étrangères ; c'est la seule qui s'est distinguée par tant de loyauté et de bonne volonté à l'égard du peuple romain que, une fois entrées dans notre amitié, les cités de cette île n'ont jamais dans la suite fait défection ; loin de là, le plus grand nombre d'entre elles et les plus illustres sont perpétuellement demeurées dans notre amitié. **3** Aussi est-ce dans cette province que l'empire de nos ancêtres a trouvé une forte position pour marcher contre l'Afrique (1) ; en effet, la puissance de Carthage, qui était si grande, ne serait pas tombée aussi facilement, si la Sicile n'avait fourni ses ressources pour l'approvisionnement en froment et ouvert à nos flottes le refuge de ses ports.

II C'est pourquoi P. Scipio l'Africain, après la destruction de Carthage, orna les villes des Siciliens des plus belles statues et des plus beaux monuments de l'art : c'étaient, dans sa pensée, les Siciliens qui ressentaient le plus de joie de la victoire du peuple romain ; c'était chez eux qu'il voulait placer le plus grand nombre des monuments de cette victoire. **4** Enfin, le célèbre M. Marcellus lui-même, qui, en Sicile, a fait si bien connaître sa valeur aux ennemis, sa miséricorde aux vaincus, sa loyauté à

(1) Métaphore de la langue militaire : *gradus*, la position où l'armée en marche parvient et s'établit, où elle peut se tenir sur la défensive et d'où elle peut passer à l'offensive.

Atque ante quam de incommodis Siciliae dico, pauca mihi uidentur esse de prouinciae dignitate, uetustate, utilitate dicenda. Nam cum omnium sociorum prouinciarumque rationem diligenter habere debetis, tum praecipue Siciliae, iudices, plurimis iustissimisque de causis, primum quod omnium nationum exterarum princeps Sicilia se ad amicitiam fidemque populi Romani applicauit. Prima omnium, id quod ornamentum imperi est, prouincia est appellata ; prima docuit maiores nostros quam praeclarum esset exteris gentibus imperare ; sola fuit ea fide beneuolentiaque erga populum Romanum ut ciuitates eius insulae, quae semel in amicitiam nostram uenissent, numquam postea deficerent, pleraeque autem et maxime illustres in amicitia perpetuo manerent. **3** Itaque maioribus nostris in Africam ex hac prouincia gradus imperi factus est ; neque enim tam facile opes Carthaginis tantae concidissent, nisi illud et rei frumentariae subsidium et receptaculum classibus nostris pateret.

II Qua re P. Africanus Carthagine deleta Siculorum urbes signis monumentisque pulcherrimis exornauit, ut, quos uictoria populi Romani maxime laetari arbitrabatur, apud eos monumenta uictoriae plurima collocaret. **4** Denique ille ipse M. Marcellus, cuius in Sicilia uirtutem hostes, misericordiam uicti, fidem ceteri Siculi perspexerunt, non solum sociis in eo bello consuluit,

atque ante *C, Lg*[1], *r* : adque ante *P V* ; atque adeo ante *ceteri mss., uulgo* || dico : dicam *Lg, k* || dicenda : dicunda *C* || sociorum pro- : *in his uerbis desinit P V* || applicauit : applicuit *uulgo.*
4. fidem : fidemque *uulgo* || ceteri Siculi : ceteri <Siculi> *Kayser*

tous les autres Siciliens, M. Marcellus ne se contenta pas de veiller aux intérêts des alliés dans cette guerre ; quand il l'eut emporté sur les ennemis, il les épargna. Cette ville si belle, Syracuse, cette ville qui était, à la fois, si fortement défendue par la main des hommes et par la nature des lieux, qui était si bien fermée du côté de la terre et du côté de la mer, quand il l'eut conquise grâce à la force de ses armes et à la sagesse de ses plans, il ne lui suffit pas de ne lui faire souffrir aucun dommage, mais il la laissa parée de tels ornements qu'elle était à la fois un monument de sa victoire, de sa clémence, de sa modération, quand on voyait quels remparts il avait emportés d'assaut, quels hommes il avait épargnés, quelles œuvres d'art il avait laissées : si grande était la considération avec laquelle il se croyait obligé de traiter la Sicile qu'il ne jugeait pas devoir faire disparaître de l'île des alliés même la ville des ennemis. **5** Aussi, en tout et par tout, nous avons toujours usé de cette province : toutes les productions qu'elle pouvait tirer de son territoire nous semblaient, sinon sorties de notre sol, tout au moins déjà mises en réserve chez nous. Quand a-t-elle manqué de livrer au jour fixé le froment qu'elle nous devait ? Quand n'a-t-elle pas d'elle-même offert le froment dont elle pensait que nous avions besoin ? Quand a-t-elle refusé le froment réquisitionné ? C'est pourquoi le fameux M. Cato le Sage (1) donnait à la Sicile le nom de magasin aux vivres de notre République, de pays nourricier de la plèbe romaine. Pour nous, la guerre Italique, qui a été si grave, où il y a eu tellement de difficultés, nous en a fait faire l'expérience : la Sicile n'a pas été seulement pour nous le magasin aux vivres, mais bien le trésor des ancêtres, ce trésor d'autrefois, qui était si bien rempli ; car, sans aucune dépense de notre côté, par ses fournitures de cuirs, de tuniques, de froment, elle a vêtu, elle a nourri, elle a équipé nos armées, qui étaient très grandes.

III 6 Eh quoi ! Tous ces services dont nous ne sentons

(1) Caton l'Ancien avait déjà reçu de son vivant ce *cognomen Sapientis* (*De Amic.*, II, 6) que Cicéron se plaît à lui donner. Voir tome II, p. 72, note 2.

uerum etiam superatis hostibus temperauit. Vrbem pulcherrimam Syracusas, — quae cum manu munitissima esset, tum loci natura terra ac mari clauderetur, — cum ui consilioque cepisset, non solum incolumem passus est esse, sed ita reliquit ornatam ut esset idem monumentum uictoriae, mansuetudinis, continentiae, cum homines uiderent et quid expugnasset et quibus pepercisset et quae reliquisset : tantum ille honorem habendum Siciliae putauit ut ne hostium quidem urbem ex sociorum insula tollendam arbitraretur. **5** Itaque ad omnes res sic il*l*a prouincia semper usi sumus ut, quicquid ex sese posset efferre, id non apud nos nasci, sed domi nostrae conditum iam putaremus. Quando illa frumentum quod deberet non ad diem dedit ? quando id quod opus esse putaret non ultro pollicita est ? quando id quod imperaretur recusauit ? Itaque ille M. Cato Sapiens cellam penariam rei publicae nostrae, nutricem plebis Romanae Siciliam nominabat. Nos uero experti sumus Italico maximo difficillimoque bello Siciliam nobis non pro penaria cella, sed pro aerario illo maiorum uetere ac referto fuisse ; nam sine ullo sumptu nostro, coriis, tunicis frumentoque suppeditando, maximos exercitus nostros uestiuit, aluit, armauit.

III **6** Quid ? illa, quae forsitan ne sentiamus quidem, iudices, quanta sunt ! quod multis locupletioribus ciuibus

|| clauderetur *C, Lg, p, q, k* : claudebatur *r, ceteri mss. uulgo* || habendum Siciliae : Siciliae habendum *uulgo* .

5. sic illa *cobet* : Sicilia *mss., uulgo* || apud nos *C, Peterson* : apud eos *ceteri mss., uulgo, Kayser, Mueller* || conditum iam *C, Lg*[1] : conditum *ceteri mss., uulgo* || nominabat : nominauit *b, δ, uulgo* || Italico maximo : [Italico] maximo *Bake, Kayser* || suppeditando *Lg*[1] : subpedido *C*[1] ; suppeditato *ceteri mss., uulgo.*

6. sentiamus *C, Lg*[1] : sentimus *ceteri mss., uulgo* || multis locu-

peut-être pas le prix, juges, quelle n'en est pas l'importance ! Grâce à la Sicile, nous avons de nombreux concitoyens qui se sont enrichis,parce qu'ils trouvent en elle une province proche, fidèle, productive, où ils passent facilement, où ils font volontiers le négoce ; elle renvoie les uns fournis de marchandises avec gain et profit ; elle retient les autres, si bien qu'ils se plaisent à affermer les terres arables et les pâturages publics, à faire le commerce, enfin à établir sur son territoire leur résidence et leur domicile ; ce n'est pas un médiocre avantage pour la République qu'un si grand nombre de citoyens soient retenus si près de leur patrie par des situations aussi avantageuses et aussi productives (1). **7** Et, puisque le peuple romain considère comme étant ses domaines les pays qui nous paient tribut et nos provinces, de même que ce sont les domaines situés dans votre voisinage que vous aimez le mieux, de même le peuple romain trouve un agrément particulier à la situation de cette province, qui est un faubourg de Rome. Quant aux Siciliens eux-mêmes, juges, telles sont leur endurance, leur force morale, la simplicité de leur vie, qu'elles semblent bien proches de nos mœurs — de celles que l'éducation donnait à nos ancêtres, et non de celles qui se sont développées aujourd'hui. Ils ne ressemblent en rien aux autres Grecs ; chez eux, aucune habitude d'oisiveté et de luxe ; au contraire, la plus laborieuse activité dans les affaires publiques et privées, la plus stricte parcimonie, la plus diligente attention. Qui plus est, ils ont un tel attachement pour les gens qui viennent de chez nous qu'ils sont les seuls à ne pas trouver odieux le publicain et le grand négociant.

8 Or, ils ont supporté les injustices de beaucoup de nos

(1) Si les Romains qui ont passé en Espagne ou en Asie, par exemple, pour s'enrichir rentrent d'ordinaire dans la mère patrie, une fois fortune faite, beaucoup de citoyens s'établissent définitivement en Sicile. Un Romain qui séjourne ou qui se fixe en Sicile ne peut être, dira plus loin Cicéron (LXXVII,188), que marchand (*mercator*), grand négociant (*negotiator*), cultivateur de terres arables (*arator*) ou éleveur de bétail (*pecuarius*). Il y a encore une autre classe de citoyens romains qui s'enrichissent en Sicile, mais ceux-ci au détriment des habitants : les membres des sociétés de publicains qui ont affermé les impôts.

utimur, quod habent propinquam. fidelem fructuosamque prouinciam, quo facile excurrant, ubi libenter negotium gerant ; quos illa partim mercibus suppeditandis cum quaestu compendioque dimittit, partim retinet, ut arare, ut pascere, ut negotiari libeat, ut denique sedes ac domicilium collocare ; quod commodum non mediocre rei publicae est, tantum ciuium numerum tam prope a domo, tam bonis fructuosisque rebus detineri. **7** Et quoniam quasi quaedam praedia populi Romani sunt uectigalia nostra atque prouinciae, quem ad modum uos propinquis uestris praediis maxime delectamini, sic populo Romano iucunda suburbanitas est huiusce prouinciae. Iam vero hominum ipsorum, iudices, ea patientia, uirtus frugalitasque est ut proxime ad nostram disciplinam illam ueterem, non ad hanc quae nunc increbruit uideantur accedere : nihil ceterorum simile Graecorum, nulla desidia, nulla luxuries, contra summus labor in publicis priuatisque rebus, summa parsimonia, summa diligentia. Sic porro nostros homines diligunt ut iis solis neque publicanus neque negotiator odio sit.

8 Magistratuum autem nostrorum iniurias ita multorum tulerunt ut numquam ante hoc tempus ad aram

pletioribus : multo locupletioribus *Lambin* ‖ ciuibus utimur : ciuibus nostris utimur *Klotz, Kayser* ‖ rei publicae : reip̄. *C, Lg, p, alii mss.* ; populi Romani *b, δ, uulgo* ‖ ciuium : ciuium r / *Lg*[1], *b, r, δ* ; ciuium Romanorum *uulgo* ; ciuium [Romanorum] *Mueller* ‖ a domo *C, Lg* : ab domo *ceteri mss., uulgo, Kayser, Mueller* ‖ detineri *b, alii mss.* : detinere *C, Lg, p, plerique mss.*

7. uos propinquis *C, Lg*[1] : propinquis uos *ceteri mss., uulgo, Mueller* ‖ ad hanc *C, Lg, Paris.* 7786 : hanc *ceteri mss., Kayser* ‖ increbruit *C, π* : increbuit *ceteri mss., uulgo* ‖ uideantur : uideatur *C, b* ‖ luxuries *C, Lg*[1] : luxuria *ceteri mss., uulgo* ‖ summa parsimonia *om. C, Lg* ‖ iis solis *C, Peterson* : is solis *p* ; his solis *ceteri mss., uulgo, Kayser, Mueller.*

magistrats sans avoir pris avant aujourd'hui la décision de venir à titre officiel chercher un refuge à l'abri de l'autel des lois et de votre protection ; ils avaient cependant supporté jusqu'au bout cette pénible année où ils avaient été tellement accablés qu'il ne serait plus resté possibilité de salut pour eux, si quelque décret du destin n'avait fait venir C. Marcellus pour permettre à la Sicile d'être sauvée deux fois par la même famille ; et ensuite M. Antonius leur avait fait sentir le poids d'un pouvoir qui était sans bornes. Mais, ils l'avaient appris de leurs ancêtres, si grands étaient les bienfaits du peuple romain envers les Siciliens qu'ils estimaient devoir supporter jusqu'au bout les injustices des hommes qui venaient de chez nous.
9 Personne avant Verrès n'a été l'objet d'un témoignage prononcé officiellement par les cités de Sicile ; Verrès lui-même, elles l'auraient en somme supporté jusqu'à la fin, si dans ses crimes il n'avait pas dépassé la mesure des crimes des hommes, s'il avait commis des crimes ordinaires, si, en fin de compte, ses crimes n'avaient été que d'une seule espèce. Mais, comme ils ne pouvaient supporter jusqu'à la fin sa luxure, sa cruauté, son avidité, son superbe mépris, comme les actions scélérates et libidineuses d'un seul homme leur avaient fait perdre les avantages, les droits, les bienfaits qu'ils tenaient du Sénat et du peuple romain, les Siciliens se sont décidés ou à obtenir par votre moyen vengeance et châtiment des injustices qui leur avaient été faites, ou, s'ils vous paraissaient ne pas mériter que vous leur portiez aide et secours, à abandonner leurs villes et leurs résidences, puisque, aussi bien, la persécution des injustices de Verrès leur avait déjà fait abandonner leurs champs.

Tentatives des amis de Verrès pour empêcher les plaintes des Siciliens

IV **10** C'est dans ce dessein que l'ensemble des délégations a demandé à L. Metellus de venir le plus tôt possible succéder à Verrès ; c'est dans cet esprit que, si souvent, ils se sont lamentés sur leurs malheurs auprès de leurs patrons ; c'est pénétrés de cette douleur qu'ils ont présenté aux consuls des requêtes,

legum praesidiumque uestrum publico consilio confugerint, tametsi et illum annum pertulerant, qui sic eos adflixerat ut salui esse non possent, nisi C. Marcellus quasi aliquo fato uenisset, ut bis ex eadem familia salus Siciliae constitueretur, et post M. Antoni infinitum illud imperium senserant. Sic a maioribus suis acceperant, tanta populi Romani in Siculos esse beneficia ut etiam iniurias nostrorum hominum perferendas putarent. **9** In neminem ciuitates ante hunc testimonium publice dixerunt ; hunc denique ipsum pertulissent, si humano modo, si usitato more, si denique uno aliquo in genere peccasset. Sed cum perferre non possent luxuriem, crudelitatem, auaritiam, superbiam, cum omnia sua commoda, iura, beneficia senatus populique Romani unius scelere ac libidine perdidissent, hoc statuerunt, aut illius iniurias per uos ulcisci ac persequi, aut, si uobis indigni essent uisi quibus opem auxiliumque ferretis, urbes ac sedes suas relinquere*, quandoquidem agros iam ante istius iniuriis exagitati reliquissent.

IV **10** Hoc consilio ab L. Metello legationes uniuersae petiuerunt ut quam primum isti succederet, hoc animo totiens apud patronos de suis miseriis deplorarunt, hoc commoti dolore postulata consulibus, quae non postulata sed in istum crimina uiderentur esse, ediderunt.

8. confugerint : confugerent *b*, δ ‖ et illum annum : illum annum *Lg*[1], *b*, *Asc.* ‖ et post : et postea *Asc.*, *uulgo* ; postea *k* ; postquam *b*, δ ‖ sic a maioribus : sed sic a maioribus *Orsini* ; scilicet sic a maioribus *Hotman.*

9. illius iniurias *C*, *Lg*[1] *Peterson* : istius iniurias *ceteri mss.*, *uulgo*, *Kayser*, *Mueller* ‖ ac sedes : et sedes *b*, δ ‖ relinquere *P. Manuzio* : relinquerentur *primo C*, *dein* relinquerent, *ut ceteri mss.* ‖ agros *om. b*, δ.

10. ab L. Metello *C*, *Lg* : a L. Metello *ceteri mss.*, *uulgo*, *Kayser*

qui semblaient être moins des requêtes que des actes d'accusation contre Verrès. Pour moi, dont ils avaient appris à connaître la loyauté et la modération, ils sont même parvenus par leur affliction et par leurs larmes à me faire presque dévier de ma ligne de conduite, à me faire accepter d'intenter à Verrès une accusation à laquelle mes principes et mes goûts répugnaient tout à fait ; à vrai dire, cependant, le rôle dont je me suis chargé dans cette cause me semble bien plutôt celui d'un défenseur que celui d'un accusateur. **11** Enfin, de la province tout entière, à titre public et à titre privé, les hommes les plus nobles et les premiers citoyens sont venus ; les cités les plus importantes et les plus illustres ont mis la plus grande force à poursuivre le châtiment des injustices qui leur avaient été faites.

Mais, juges, dans quelles conditions est-on venu ? Car il me semble devoir parler devant vous pour les Siciliens plus librement qu'ils ne le désireraient peut-être eux-mêmes : je m'inquiéterai plutôt de leur salut que de leur désir. Estimez-vous que jamais, dans aucune province, on ait employé tellement de ressources et mis tellement de passion à défendre un accusé absent contre l'enquête de l'accusateur ? Les questeurs, qui avaient administré sous sa préture l'une et l'autre partie de la province, se sont présentés devant moi avec leurs faisceaux ; **12** leurs successeurs, animés d'une violente passion en sa faveur, — il les avait traités libéralement dans leurs frais d'entretien (1) — ne se sont pas montrés moins ardents contre moi. Voyez quel a été le pouvoir d'un homme capable de trouver dans une province quatre questeurs pleins de zèle à

(1) Rappelé à Rome à la fin de son *triennium* de Sicile, Verrès, que la haine publique poursuivait, avait dû s'enfuir clandestinement de Syracuse (*Verr.*, (II), I, XLIV, 113) ; ses deux questeurs, celui de Syracuse et celui de Lilybée, étaient restés dans la province pour transmettre les pouvoirs aux questeurs de Metellus, arrivés avant le propréteur. Les nouveaux questeurs avaient depuis leur départ de Rome et les anciens conservaient jusqu'à leur retour à Rome les insignes de leur magistrature : la toge prétexte, les licteurs et les faisceaux. Les questeurs de Metellus profitaient de la taxe perçue pour leurs frais d'entretien (*cibarium*), que Verrès avait établie en faveur de ses propres questeurs.

Fecerunt etiam ut me, cuius fidem continentiamque cognorant, prope de uitae meae statu dolore ac lacrimis suis deducerent ut ego istum accusarem, a quo mea longissime ratio uoluntasque abhorrebat; quanquam in hac causa multo plures partes mihi defensionis quam accusationis suscepisse uideor. **11** Postremo ex tota prouincia homines nobilissimi primique publice priuatimque uenerunt, grauissima atque amplissima quaeque ciuitas uehementissime suas iniurias persecuta est.

At quem ad modum, iudices, uenerunt ? Videor enim mihi iam liberius apud uos pro Siculis loqui debere quam forsitan ipsi uelint : saluti potius eorum consulam quam uoluntati.Ecquem existimatis umquam ulla in prouincia reum absentem contra inquisitionem accusatoris tantis opibus, tanta cupiditate esse defensum ? Quaestores utriusque prouinciae qui isto praetore fuerant cum fascibus mihi praesto fuerunt: **12** his porro qui successerunt, uehementer istius cupidi, liberaliter ex istius cibariis tractati, non minus acres contra me fuerunt. Videte quid potuerit, qui quattuor in una prouincia quaestores studiosissimos defensores propugnatoresque habuerit, praetorem uero cohortemque totam sic studiosam, ut facile

|| cognorant *C, Peterson* : cognouerant *ceteri mss. et editt.*

11. ex tota prouincia homines *C, Lg* : homines ex tota prouincia *ceteri mss., uulgo, Kayser* || atque amplissima *C, Lg*[1] : atque honestissima *ceteri mss., uulgo* || enim mihi : enim *Lg*[1] ; enim [mihi] *Mueller* || iam liberius apud uos *C, Lg*[1] : liberius apud uos iam *ceteri mss., uulgo* || saluti *C, Lg*[1], *Peterson* : saluti enim *ceteri mss., uulgo, Mueller* ; saluti [enim] *Kayser* || potius eorum : eorum potius *b,δ, uulgo* || umquam ulla : nulla unquam *Lg* ; ulla umquam *Kayser* || tantis opibus *om. C, Lg* || mihi praesto : praesto *C, Lg*[1].

12. his porro *C, Lg, π, b* : hi porro *ceteri mss., uulgo* || in una prouincia *C, Lg, p, r, k* : in prouincia *ceteri mss.*

le défendre, à combattre pour lui, et, d'autre part, un préteur qui faisait preuve, ainsi que sa cohorte tout entière, d'un tel empressement, qu'il était facile de voir que ce n'était pas la Sicile, qu'ils avaient trouvée dépouillée, mais que c'était Verrès lui-même, qui en était parti chargé de dépouilles, qui pour eux était la province. Et c'étaient des menaces aux Siciliens, s'ils décrétaient l'envoi de délégations pour témoigner contre Verrès ; des menaces à ceux qui seraient partis ; à d'autres, s'ils faisaient l'éloge de Verrès, les plus bienveillantes promesses ; ceux qui avaient à porter les témoignages les plus graves sur sa conduite privée, ces témoins à qui j'ai signifié d'être présents, c'est par la violence et par la prison qu'on les retenait.

Messine seule témoigne en faveur de Verrès

V **13** Malgré toutes ces manœuvres, il n'y a cependant qu'une seule cité, sachez-le bien, celle des Mamertins, qui ait envoyé à titre officiel une délégation pour faire l'éloge de cet homme. Le chef de cette délégation, le plus noble citoyen de la cité, C. Heius, a déclaré après avoir prêté serment — vous l'avez entendu — qu'un très grand navire de transport avait été construit pour Verrès à Messine par des ouvriers embauchés aux frais de l'État. Ce même délégué des Mamertins, cet homme chargé de faire l'éloge de Verrès, a déclaré que, non content de lui ravir ses biens, Verrès avait enlevé de sa maison les objets sacrés eux-mêmes et les dieux Pénates que ses ancêtres lui avaient transmis. Admirable manière de louer, que celle où les délégués s'acquittent à la fois de deux missions, en faisant un éloge et en adressant une réclamation contre un vol ! Quant à cette cité elle-même, les raisons de son amitié pour Verrès seront exposées quand il en sera temps ; vous trouverez alors que les causes de la bienveillance des Mamertins pour lui sont précisément des causes suffisamment justes de condamnation. Il n'y a aucune autre cité, juges, qui le loue en vertu d'une décision publique.

14 Cette force du pouvoir souverain n'a exercé d'ac-

appareret non tam illis Siciliam, quam inanem offenderant, quam Verrem ipsum, qui plenus decesserat, prouinciam fuisse. Minari Siculis si decreuissent legationes quae, contra istum dicerent, minari si qui essent profecti, aliis si laudarent, benignissime promittere, grauissimos priuatarum rerum testes, quibus nos praesentibus denuntiauimus, eos ui custodiisque retinere.

V **13** Quae cum omnia facta sint, tamen unam solam scitote esse ciuitatem Mamertinam quae publice legatos, qui istum laudarent, miserit. Eius autem legationis principem, ciuitatis nobilissimum ciuem, C. Heium, iuratum dicere audistis isti nauem onerariam maximam Messanae esse publice coactis operis aedificatam ; idemque Mamertinorum legatus, istius laudator, non solum istum bona sua, uerum etiam sacra deosque Penates a maioribus traditos ex aedibus suis eripuisse dixit. Praeclara laudatio, cum duabus in rebus legatorum una opera consumitur, in laudando atque repetendo ! Atque ea ipsa ciuitas qua ratione isti amica sit, dicetur certo loco ; reperietis enim, quae causae beneuolentiae Mamertinis erga istum sint, eas ipsas causas satis iustas esse damnationis. Alia ciuitas nulla, iudices, publico consilio laudat.

14 Vis illa summi imperi tantum potuit apud perpaucos homines, non ciuitates, ut aut leuissimi quidam ex

prouinciam fuisse : fuisse prouinciam *Zielinski* || decreuissent *Lg, alii mss.* : decressent *plerique mss., uulgo* legationes... dicerent : legationem... diceret *π, b, k, Kayser.*

13. facta sint : facta sunt *p, b, k* || ciuitatis nobilissimum ciuem *C, Lg¹* : ciuitatis nobilissimum *celeri mss., uulgo* ; nobilissimum ciuem *Gulielmius* || atque repetendo : atque in repetendo *p, k, Lambin, Kayser* || isti amica : illi amica *b, δ, uulgo* || Mamertinis erga istum sint *C, Lg¹* : sint Mamertinis erga istum *celeri mss., uulgo* || satis iustas : iustas *π, k* ; [satis] iustas *Kayser.*

tion que sur un très petit nombre d'hommes et non sur des cités ; elle n'a réussi qu'à trouver dans les petites villes les plus misérables et les plus abandonnées quelques gens sans aucune importance, qui sont partis sans en avoir reçu l'ordre du peuple et du sénat (1), ou à retenir par la violence et par la crainte les délégués nommés par décret, qui avaient reçu mandat et qui étaient chargés de porter contre Verrès le témoignage de leur peuple. Que ces faits se soient produits, dans peu de localités toutefois, je n'en ai pas éprouvé d'ennui : l'attitude des autres cités, si nombreuses, si grandes, si importantes, l'attitude, en un mot, de la Sicile entière ne devait en obtenir auprès de vous que plus d'autorité, lorsque vous verriez qu'aucune violence n'a pu les retenir, qu'aucun péril n'a pu les empêcher de venir en justice éprouver quelle pouvait être auprès de vous la valeur des plaintes formées par les plus anciens et les plus fidèles des alliés. **15** Car, ce dont quelques-uns d'entre vous ont peut-être entendu parler, cet éloge décerné à Verrès par les Syracusains au nom de leur cité, bien que, dans la première action, vous ayez appris par le témoignage du Syracusain Héraclius quel en était le caractère, cependant il vous sera démontré ailleurs dans quelles conditions toute l'affaire se présente en ce qui concerne cette cité. Et vous vous rendrez compte que jamais homme n'a été aussi odieux à personne que Verrès n'a été et n'est encore odieux aux Syracusains.

L'affaire de Dion d'Halèse

VI Mais, dira-t-on, les Siciliens sont les seuls qui poursuivent cet homme : les citoyens romains qui exercent le négoce en Sicile le défendent, le chérissent, désirent le voir sortir indemne de cette accusation. D'abord, quand même il en serait ainsi, vous devriez cependant, puisque vous composez cette commission d'enquête pour les crimes de concussion, qui a été constituée dans l'intérêt des alliés par une loi, par une action judiciaire qui concerne les alliés,

(1) La délégation est envoyée par l'ordre du peuple et du sénat de la cité de Sicile.

miserrimis desertissimisque oppidis inuenirentur qui iniussu populi ac senatus proficiscerentur, aut ii, qui contra istum legati decreti erant et testimonium publicum mandataque acceperant, ui ac metu retinerentur. Quod ego in paucis tamen usu uenisse non moleste tuli, quo reliquae tot et tantae et tam graues ciuitates, tota denique Sicilia plus auctoritatis apud uos haberet, cum uideretis nulla ui retineri, nullo periculo prohiberi potuisse quo minus experirentur ecquid apud uos querimoniae ualerent antiquissimorum fidelissimorumque sociorum. **15** Nam quod fortasse non nemo uestrum audierit, istum a Syracusanis publice laudari, id tametsi priore actione ex Heracli Syracusani testimonio cuius modi esset cognouistis, tamen uobis alio loco ut se tota res habeat, quod ad eam ciuitatem attineat, demonstrabitur. Intellegetis enim nullis hominibus quemquam tanto odio quanto istum Syracusanis et esse et fuisse.

VI At enim istum Siculi soli persequuntur : ciues Romani qui negotiantur in Sicilia defendunt, diligunt, saluum esse cupiunt. Primum, si ita esset, tamen uos in hac quaestione de pecuniis repetundis, quae sociorum causa constituta est lege iudicioque sociali, sociorum que-

14. legati decreti erant : legatos decreuerant *b*, *δ*, *uulgo* || et testimonium : testimonium *C*, *Lg* || mandataque : ac mandata *uulgo*, *Kayser* || ego in paucis : ego id in paucis *C* ; equidem in paucis *siue* ego quidem in paucis *coni. Halm* || tuli *C*, *Lg* : fero *ceteri mss.*, *uulgo* || uideretis : uideritis *Lg*[1], *Paris.* 7786 || potuisse : posse *b*, *δ*, *uulgo*.

15. non nemo : nemo *C* || attineat *C*, *Lg* : attinet *ceteri mss.*, *uulgo*, *Kayser* || et esse : esse *π*, *b*, *k* || Siculi soli : soli Siculi *b*, *δ*, *uulgo* || negotiantur in Sicilia *C*, *Lg* : in Sicilia negotiantur *Lg*[1], *ceteri mss.*, *uulgo*, *Kayser*, *Mueller* || [lege iudicioque sociali] *Kayser*.

vous devriez écouter les plaintes des alliés. **16** Mais vous avez pu vous rendre compte par la première action que de très honorables citoyens romains de Sicile ont déclaré dans leurs dépositions, à propos de faits nombreux et très graves, quelles injustices ils avaient éprouvées eux-mêmes et quelles injustices, à leur connaissance, avaient été éprouvées par d'autres. Pour moi, c'est ce dont je me rends compte, juges, que j'affirme ainsi. Il me semble avoir fait plaisir aux Siciliens en poursuivant la punition des injustices qu'ils ont subies, au prix de mes peines, des inimitiés, du danger que je m'attire ; je me rends compte que je n'ai pas fait un moindre plaisir à nos concitoyens qui estiment que la conservation de leur droit, de leur liberté, de leurs biens, de leur situation dépend de la condamnation de Verrès. **17** Aussi, pour ce que j'ai à dire de sa préture de Sicile, écoutez-moi, je ne m'y oppose pas, dans ces conditions : si quelque catégorie d'hommes, soit des Siciliens, soit de nos concitoyens, si quelque classe, soit les cultivateurs de terres arables, ou les éleveurs de bétail, soit les marchands (1), a eu quelque estime pour Verrès, s'il n'a pas été pour tout le monde un ennemi commun, un homme de proie, si enfin, en quoi que ce soit, il a jamais ménagé personne, je ne m'y oppose pas, ménagez-le lui aussi.

Aussitôt que la province de Sicile lui eut été dévolue par le sort, aussitôt, à Rome même, avant de quitter la ville, il se mit à chercher en lui-même et à discuter avec ses amis par quels moyens il pourrait dans cette province

(1) Cicéron désigne par les termes les plus généraux toutes les classes d'hommes, Romains ou Siciliens. qui ont eu à se plaindre de Verrès. Les *aratores* sont tous ceux, locataires ou propriétaires, qui cultivent ou font cultiver les terres arables, simples paysans de Sicile ou riches chevaliers, fermiers de vastes parties de l'*ager publicus*. Les *pecuarii* sont aussi bien les petits nourrisseurs que les *homines locupletes* dont parle Varron (*R. R.*, III, I, 8) qui afferment les vastes pâturages de l'Etat. Les *mercatores* comprennent les marchands ordinaires, Siciliens et Romains, et les grands négociants, ces *negotiatores*, la plupart chevaliers, qui viennent de Rome pour s'enrichir dans les affaires et les opérations de banque. Il est inutile de supposer avec Garatoni que les mots *siue negotiatorum* suivaient dans le texte original les mots *siue mercatorum*.

rimonias audire oporteret. **16** Sed intellegere potuistis priore actione ciues Romanos honestissimos ex Sicilia plurimis maximisque de rebus, et quas ipsi accepissent iniurias et quas scirent esse aliis factas, pro testimonio dicere. Ego hoc quod intellego, iudices, sic confirmo. Videor mihi gratum fecisse Siculis quod eorum iniurias meo labore, inimicitiis, periculo sim persecutus : non minus hoc gratum me nostris ciuibus intellego fecisse, qui hoc existimant, iuris, libertatis, rerum fortunarumque suarum salutem in istius damnatione consistere. **17** Quapropter de istius praetura Siciliensi non recuso quin ita me audiatis ut, si cuiquam generi hominum siue Siculorum siue nostrorum ciuium, si* cuiquam ordini siue aratorum siue pecuariorum siue mercatorum probatus sit, si non horum omnium communis hostis praedoque fuerit, si cuiquam denique in re umquam ulla temperarit, ut uos quoque ei temperetis.

Qui simul atque ei sorte prouincia Sicilia obuenit, statim Romae, ab urbe ante quam proficisceretur, quaerere ipse secum et agitare cum suis coepit quibusnam rebus

16. honestissimos ex Sicilia plurimis maximisque *C*[2], *Peterson* : honestissimos ex Sicilia plurimos maximisque *C* ; honestissimos ex Sicilia plurimos maximis *ceteri mss.*, *Kayser*, *Mueller* ; ex Sicilia plurimos honestissimos maximis *uulgo* || esse aliis *C*, *Lg* : aliis esse *ceteri mss.*, *uulgo*, *Kayser* || inimicitiis : inimicitias *b*, δ, *uulgo* || sim persecutus : sum persecutus *Lg*[1], *b*, *Kayser*, *Mueller*.

17. si cuiquam generi hominum : si cui generi hominum *b* ; si cuiquam generi *C*, *Lg*[1] || si cuiquam ordini : siue cuiquam ordini *mss.*, *uet. editt.* || siue pecuariorum *om. C*, *Lg* || in re umquam ulla *C*, *Lg*, *Klotz*, *Peterson* : ulla in re umquam *Lg*[1], *ceteri mss.*, *uulgo*, *Kayser*, *Mueller* || temperarit *Halm* : temperauit *mss.*, *Hotman* ; temperauerit *uulgo*, *Kayser* || ut uos quoque ei temperetis : ut uos quoque temperetis *b*, δ ; ei uos quoque temperetis *Hotman* || Romae ab urbe *C*, *Lg*, *Harl.* 5428, *Peterson* : Romae et ab urbe *ceteri mss.*, *uet. editt.* ; Romae et ad urbem *Asc.*, *uulgo*, *Kayser*, *Mueller* || agitare : cogitare *b*, δ, *uulgo*.

amasser en une année le plus d'argent (1). Il ne voulait pas s'instruire à ce sujet, étant en activité de fonctions ; ce n'était pas pourtant un novice, ne sachant rien d'une province : mais il désirait arriver en Sicile avec des projets de déprédation préparés et médités. **18** Oh ! Quelle clarté dans les conjectures du vulgaire pour expliquer le présage qui intéressait cette province ! C'était le bruit public, un sujet commun de conversations ; d'une manière très plaisante on tirait de son nom l'augure de ce que serait sa conduite dans la province. En effet, quand on se rappelait que pendant sa questure il avait déserté et volé, quand on songeait que dans ses fonctions de légat il avait spolié les villes et les temples, quand on voyait dans le Forum les actes de brigandage de sa préture, était-il possible de douter de ce qu'il serait au quatrième acte de cette vie d'improbité ?

VII Et, pour vous rendre compte qu'à Rome même il avait fait son enquête, non seulement sur les genres de vol qu'il pourrait commettre, mais aussi sur les noms des personnes qu'il pourrait voler avec le plus de certitude de succès, veuillez accueillir cette preuve qui vous rendra possible une appréciation plus facile de sa singulière impudence.

19 Le jour même qu'il toucha en Sicile — voyez si, selon le présage qu'on avait tiré en ville, Verrès n'arrivait pas suffisamment préparé à verser dans ses caisses l'argent de la province (2) — aussitôt, de Messine, il envoie une lettre à Halèse. Cette lettre, quant à moi, je pense que c'est en Italie qu'il l'avait rédigée tout au long ; car, à peine débarqué, il la donna. C'était l'ordre à Dion d'Halèse (3) de se rendre immédiatement auprès de lui ; il

(1) Au moment de son départ pour la province, Verrès ne pouvait prévoir qu'il aurait la chance d'y demeurer trois ans.

(2) Le jeu de mots *Verres... uerrit* se trouve déjà dans la *Diu.*, XVII, 57. Cicéron joue aussi sur le double sens du mot *urbanum* : présage fait en ville, à Rome, ou présage plein d'urbanité, fait avec esprit.

(3) Voir *Verr.*, (II), I, X, 27.

in ea prouincia maximam uno anno pecuniam facere posset. Nolebat in agendo discere, — tametsi non prouinciae rudis erat et tiro : sed in Siciliam paratus ad praedam meditatusque uenire cupiebat. **18** O praeclare coniectum a uulgo in illam prouinciam omen communis famae atque sermonis, cum ex nomine istius quid iste in prouincia facturus esset perridicule homines augurabantur! Etenim quis dubitare posset, cum istius in quaestura fugam et furtum recognosceret, cum in legatione oppidorum fanorumque spoliationes cogitaret, cum uideret in foro latrocinia praeturae, qualis iste in quarto actu improbitatis futurus esset?

VII Atque ut intellegatis eum Romae quaesisse non modo genera furandi, sed etiam nomina certissima, accipite argumentum quo facilius de singulari eius impudentia existimare possitis.

19 Quo die Siciliam attigit — uidete satisne paratus ex illo omine urbano ad euerrendam prouinciam uenerit, — statim Messana litteras Halaesam mittit (quas ego istum in Italia conscripsisse arbitror ; nam simul atque e naui egressus est dedit), Halaesinus ad se Dio continuo ueniret ; se de hereditate uelle cognoscere, quae eius filio

non prouinciae : prouinciae π, *b* || sed in Siciliam : sed Sicilie *C* ; si Sicilie *Lg* ; sed [in Siciliam] *Jordan* ; sed [Siciliae] *Klotz, Kayser, Mueller* ; [sed Siciliae] *Gulielmius, Madvig, Peterson* || paratus : paratus erat *C, Lg*.

18. a uulgo : ab uulgo *b* ; uulgo *q, Lg manu secunda* ; [a uolgo] *Kayser* || quid iste : quid *b*, δ, *uulgo* || perridicule *C, Lg*[1], *k* : per ridiculi *ceteri mss., uet. editt.* || non modo : non solum *Asc.* || certissima *C, Lg*[1] : certissimum *ceteri mss., uulgo, Mueller* || argumentum : argumenta *Jordan, Kayser*.

19. attigit *C, Lg*[1] : tetigit *ceteri mss., uulgo, Kayser* || euerrendam : euertendam *p*, δ, *uet. editt.* || conscripsisse : scripsisse *p, Asc., uulgo, Kayser* || dedit *C, Lg* : dedit operam ut π, *b, uulgo, Kayser* ; dedit ut *Mueller*.

désirait instruire l'affaire d'un héritage qui était venu à son fils d'un proche parent, Apollodore Laphiron. **20** Il s'agissait, juges, d'une très grosse somme d'argent. Le Dion de qui je parle est maintenant, grâce à Q. Metellus, devenu citoyen romain. Les témoignages de beaucoup d'hommes du premier mérite et les registres de beaucoup d'autres vous ont suffisamment prouvé dans la première action qu'il a compté un million de sesterces pour obtenir gain de cause dans cette affaire, qui ne pouvait présenter la plus légère incertitude, mais qui était instruite par Verrès ; en outre, il vit emmener ses troupeaux de cavales, qui avaient grande réputation, et piller tout ce qu'il y avait chez lui d'argenterie et de tapis. Voilà donc, parce qu'un héritage lui était venu et pour cette seule raison, une perte d'un million éprouvée par Q. Dio (1). **21** Mais quoi ! Cet héritage, pendant la préture de qui était-il venu au fils de Dion ? Pendant la même préture où il était venu un héritage à Annia, fille du sénateur P. Annius, pendant la même préture où il était venu un héritage au sénateur M. Ligus (2), pendant la préture de C. Sacerdos. Mais quoi ? Personne alors n'avait créé de difficultés à Dion ! Pas plus qu'on n'en avait créé à Ligus, pendant que Sacerdos était préteur. Mais quoi ? Quelqu'un a fait à ce moment une dénonciation à Verrès ? Personne ; à moins que vous ne pensiez par hasard qu'il a eu au détroit de Sicile des délateurs de métier à sa disposition.

VIII. Il était aux portes de Rome quand il apprit qu'un certain Dion, un Sicilien, avait fait un héritage considérable ; l'héritier avait l'obligation de placer des statues dans le forum ; s'il ne les plaçait pas, il serait dépouillé au profit de Vénus Érycine. Les statues avaient été

(1) Q. Dio et, § 23, Q. Caecilius Dio, parce que Dion est maintenant un citoyen romain qui, du *prae nomen* et du *gentilicium* de son patron, se nomme Q. Caecilius Dio.— C'est ainsi que, § 23, Chlorus est devenu le citoyen romain Sex. Pompeius Chlorus, grâce probablement au philosophe stoïcien Sex. Pompeius dont Cicéron vante la science en droit et en géométrie (*De Orat.*, I, xv, 67 ; III, xxi, 78 ; *Brutus*, xlvii, 175, etc.). Cn. Pompeius, frère de Sextus et père du grand Pompée, avait été propréteur de Sicile.

(2) *Verr.*, (II), I, xli, 104 et suiv.; xlviii, 125 et suiv.

a propinquo homine, Apollodoro Laphirone, uenisset. **20** Ea erat, iudices, pergrandis pecunia. Hic est Dio, iudices, nunc beneficio Q. Metelli ciuis Romanus factus ; de quo multis uiris primariis testibus multorumque tabulis uobis priore actione satis factum est, HS deciens numerata esse ut eam causam, in qua ne tenuissima quidem dubitatio posset esse, isto cognoscente obtineret ; praeterea greges nobilissimarum equarum abactos, argenti uestisque stragulae domi quod fuerit esse direptum ; ita HS deciens Q. Dionem, quod hereditas ei uenisset, nullam aliam ob causam perdidisse. **21** Quid ? haec hereditas quo praetore Dionis filio uenerat ? Eodem quo Anniae, P. Anni senatoris filiae, eodem quo M. Liguri senatori, C. Sacerdote praetore. Quid ? tum nemo molestus Dioni fuerat ? Non plus quam Liguri Sacerdote praetore. Quid ? tum ad Verrem quis detulit ? Nemo ; nisi forte existimatis ei quadruplatores ad fretum praesto fuisse.

VIII Ad urbem cum esset, audiuit Dioni cuidam Siculo permagnam uenisse hereditatem ; heredem statuas iussum esse in foro ponere ; nisi posuisset, Veneri Erycinae esse multatum. Tametsi positae essent ex testamento,

Laphirone : Lafyrone *p* ; Lafirone *q*, π ; L. A. ualerone *C* ; L. Aualerone *C*[2] ; Aualerone *Lambin.*

20. HS deciens : HS. $\overline{\text{D}}$. *C* ; HS decies *Lg*[1] ; HS undecies *ceteri mss., uulgo* || numerata *C* : numeratam *Lg*[1] ; numeratum *p*, *Asc.*, *uulgo*, *Kayser*, *Mueller* || posset : possit *C*, *Lg*[1] || nobilissimarum equarum *C*, *b* : nobilissimorum equorum *Lg*[1], *Kayser*, *Mueller* || direptum : dereptum *C*, *p*, *alii mss.* || HS deciens *C* : HS undecies *ceteri mss., uulgo* || uenisset *C*, *Lg*[1] : obuenisset *ceteri mss., uulgo.*

21. C. Sacerdote praetore : C. Sacerdote π, *k*, *Kayser*, *Mueller* || Quid tum ad Verrem *C*, *Peterson* : Quid ad Verrem *ceteri mss. et editt.* || heredem statuas : statuas π, *k*, *Klotz*, *Kayser* || multatum : multam *coni. Mueller* (§ 25 : multa erat Veneri).

placées conformément au testament ; cependant, comme il y avait le nom de Vénus dans cette affaire, il pensait trouver matière à chicane. **22** Il aposte donc quelqu'un pour réclamer l'héritage au profit de Vénus Érycine. Car la réclamation n'est pas faite, comme c'est la coutume, par celui des questeurs qui avait le mont Éryx dans son département : elle est faite par un certain Naevius Turpio (1), éclaireur et émissaire de Verrès, le pire de toute cette réunion de délateurs de métier ; sous la préture de C. Sacerdos, il avait été condamné pour actes contraires au droit. Telle était, en effet, la nature de la cause que le préteur lui-même, en quête d'un agent de chicanes, ne pouvait en trouver un qui fût un peu plus avisé. Quant à Dion, il l'absout pour ce qui regarde les intérêts de Vénus, mais il le condamne pour son propre intérêt. Apparemment préférait-il voir les hommes coupables que les dieux : il aimait mieux enlever lui-même à Dion ce qu'il n'avait pas le droit de prendre que de laisser Vénus enlever ce qui ne lui était pas dû.

23 Est-ce le lieu et le moment de vous donner lecture du témoignage de Sex. Pompeius Chlorus, qui a plaidé la cause de Dion, qui s'est intéressé à toutes ces affaires ? — C'est un homme très honorable ; et, bien que son mérite l'ait fait, depuis longtemps déjà, devenir citoyen romain, c'est cependant de tous les Siciliens le premier et le plus noble. — A quoi bon le témoignage de Q. Caecilius Dio lui-même, cet homme si estimé, d'une honnêteté si délicate ? A quoi bon les témoignages de L. Caecilius, de L. Ligus, de T. Manilius, de L. Calenus ? Tous confirment qu'en cette occasion Dion a versé de l'argent. C'est ce que M. Lucullus a déclaré lui aussi : en raison des liens d'hospitalité qui

(1) Le repris de justice P. Naeuius Turpio jouit de la faveur de Verrès, qui lui adjuge en 683 / 71 la dîme des froments des deux territoires de Petra et d'Halycie (*Verr.*, (II), III, XXXIX, 90 ; XL, 91). L'individu condamné pour actes contre le droit, qui portent atteinte à la dignité d'une personne libre (actes injurieux et diffamatoires), est noté d'infamie et, par suite, privé du *ius accusandi* : dans l'affaire des navarques, c'est Turpio que Verrès charge de prononcer le réquisitoire en qualité d'accusateur (*Verr.*, (II), V, XLI, 108).

tamen putabat, quoniam Veneris nomen esset, causam calumniae se reperturum. **22** Itaque apponit qui petat Veneri Erycinae illam hereditatem. Non enim quaestor petit, ut est consuetudo, is qui Erycum montem obtinebat : petit Naeuius Turpio quidam, istius excursor et emissarius, homo omnium ex illo conuentu quadruplatorum deterrimus, C. Sacerdote praetore condemnatus iniuriarum ; etenim erat eius modi causa ut ipse praetor, cum quaereret calumniatorem, paulo tamen consideratiorem reperire non posset. Hunc hominem Veneri absoluit, sibi condemnat. Maluit uidelicet homines peccare quam deos : se potius a Dione quod non licebat, quam Venerem quod non debebatur auferre.

23 Quid ego hic nunc Sex. Pompei Chlori testimonium recitem, qui causam Dionis egit, qui omnibus rebus interfuit, hominis honestissimi, tametsi ciuis Romanus uirtutis causa iam diu est, tamen omnium Siculorum primi ac nobilissimi ? quid ipsius Q. Caecili Dionis, hominis probatissimi ac pudentissimi ? quid L. Caecili, L. Liguris, T. Manili, L. Caleni ? quorum omnium testimoniis de hac Dionis pecunia confirmatum est. Dixit hoc idem M. Lucullus, se de his Dionis incommodis pro hospitio

tamen putabat *C, Lg*[1] : putabat tamen *Lg, ceteri mss., uulgo, Mueller* ‖ calumniae : calumnia *C, Lg*[1] ; pecuniae *π, k, b, uulgo.*

22. deterrimus : teterrimus *Gulielmius* ‖ C. Sacerdote : a Sacerdote *C, Lg*[1], *Lambin* ‖ hunc hominem (*corr.* dionem *Lg*) *mss.* : hic hominem *Hotman;* iste Dionem *Schütz*; per hunc hominem *Bake*; nunc hominem *Klotz* ; † hunc hominem *Kayser, Mueller.*

23. Sex. : Sexti *C* ‖ Dionis egit *C, Lg, alii mss.* : egit Dionis *Lg*[1], *b, δ, uulgo, Mueller* ‖ omnium Siculorum : *in his uerbis incipit P V* ‖ ac pudentissimi : *om. C, Lg* ; ac prudentissimi *P V, uulgo* ‖ L. Caecili, L. Liguris : L. Caecili luci Liguris *C* ; L. Caecili L. C. Liguris *P V* ; L. Veticilii (*aut* Vecilii) Liguris *uulgo* ‖ Manili : Manlii *P V, Lg, uulgo* ‖ dixit... cognosse *om. C, Lg.*

l'unissent à Dion, il avait fait, a-t-il dit, depuis longtemps une enquête sur les graves dommages que son hôte avait éprouvés. **24** Eh quoi ? Lucullus, qui était alors en Macédoine (1), a pu par une enquête connaître ces faits mieux que toi, Hortensius, qui étais à Rome, toi auprès de qui Dion a cherché un refuge, toi qui par lettre as adressé à Verrès les plaintes les plus énergiques au sujet des injustices que Dion avait eu à supporter ? Ces faits sont pour toi des faits nouveaux ? des faits inattendus ? C'est aujourd'hui, pour la première fois, que cette accusation contre Verrès arrive à tes oreilles ? Tu n'en as rien appris de Dion, rien de ta belle-mère, cette femme du premier mérite, Servilia, qui est unie depuis longtemps à Dion par les liens de l'hospitalité ? N'est-il pas vrai que mes témoins ignorent beaucoup de choses que, toi, tu connais ? N'est-il pas vrai que ce n'est pas l'innocence de Verrès qui me prive de ton témoignage dans cette accusation qui le concerne, mais que c'est l'exception prévue par la loi (2) ? Qu'on donne lecture. TÉMOIGNAGES DE LUCULLUS, DE CHLORUS, DE DION.

IX Ne vous semble-t-elle pas assez forte, la somme d'argent que ce fidèle de Vénus, cet homme qui s'est arraché des bras de Chelidon pour se rendre dans sa province, a requise au nom de Vénus ?

L'affaire de Sosippe et de Philocrate

25 Voici une autre affaire ; la somme d'argent était moindre, mais les procédés de chicane n'ont pas été d'une impudence moins forte. Sosippe et Philocrate d'Agyrium sont frères. Leur père est mort il y a vingt-deux ans ; son testament portait, que s'il était commis quelque infraction à quelqu'une de ses dispositions, les héritiers étaient dépouillés au profit de Vénus. Exactement vingt ans après — et, pendant ce temps, combien la province n'avait-elle pas vu de préteurs, de questeurs,

(1) M. Terentius Varro Lucullus (voir tome II, p. 152, note 3), proconsul de Macédoine, dirigeait contre les Dardaniens une guerre qui lui valut le triomphe en 683 / 71 (*In L. Pisonem* XIX, 44).

(2) Le défenseur de l'accusé est excepté des témoins, que l'accusateur peut produire dans le procès.

quod sibi cum eo esset iam ante cognosse. **24** Quid ? Lucullus, qui tum in Macedonia fuit, melius haec cognouit quam tu, Hortensi, qui Romae fuisti, ad quem Dio confugit, qui de Dionis iniuriis grauissime per litteras cum Verre questus es ? Noua tibi haec sunt ? inopinata ? nunc primum hoc aures tuae crimen accipiunt ? nihil ex Dione, nihil ex socru tua, femina primaria, Seruilia, uetere Dionis hospita, audisti ? Nonne multa mei testes quae tu scis nesciunt ? nonne te mihi testem in hoc crimine eripuit non istius innocentia, sed legis exceptio ? Recita. TESTIMONIA LVCVLLI, CHLORI, DIONIS.

IX Satisne uobis magnam pecuniam Venerius homo, qui e Chelidonis sinu in prouinciam profectus esset, Veneris nomine quaesisse uidetur ?

25 Accipite aliam in minore pecunia non minus impudentem calumniam. Sosippus et Philocrates fratres sunt Agyrinenses. Horum pater abhinc duo et xx annos est mortuus; in cuius testamento, quodam loco si commissum quid esset, multa erat Veneri. Ipso uicesimo anno, cum tot interea praetores, tot quaestores, tot calumniatores in prouincia fuissent, hereditas ab his Veneris nomine petita est. Causam Verres cognoscit, pecuniam per

24. inopinata *PV, C, Lg*[1], *Peterson* : et inopinata *ceteri mss. et editt.* || hoc aures tuae : aures hoc tuae *C, Lg*[1]; aures tuae hoc *Klotz, Kayser* || ex Dione... ex socru *P V, C, Lg* : de Dione... de socru *ceteri mss., uulgo* || Recita : R / *P V, C, Lg*; *om. ceteri mss.* || Testimonia : Testimonium *C, Lg*[1] || Luculli : M. Luculli *q, δ, uulgo, Klotz* || satisne... profectus esset *om. C, Lg* || Venerius ho - : *in his uerbis desinit P V.*

25. Philocrates *C, Lg*[1] : Epicrates *ceteri mss., uulgo* || duo : duos *δ, uet. editt.* || ipso uicesimo anno : ipso uicensimo anno *C, Peterson*; ipso uigesimo anno *alii mss.* ; ipsos xx annos *b, δ, uet. editt.* || interea *om. C, Lg* || petita est : petita non est *C, Lg, p, b, r, uulgo* || causam *om. C, Lg*[1], *Kayser.*

d'agents de chicanes ! — l'héritage leur fut réclamé au nom de Vénus. Verrès instruit l'affaire ; par l'entremise de Volcatius, il reçoit des deux frères l'argent, environ quatre cent mille sesterces. Vous avez précédemment entendu les dépositions de beaucoup de témoins. Les deux frères d'Agyrium ont bien gagné leur procès ; mais ils étaient réduits à l'indigence et au dénûment quand ils sont sortis de l'instance judiciaire (1).

La cohorte de Verrès

X 26 On dira que cet argent n'est pas parvenu à Verrès. Qu'est-ce que ce moyen de défense ? Est-ce sérieux ou veut-on ainsi tâter le terrain ? Pour moi, en effet, c'est chose nouvelle. Verrès apostait un agent de chicanes ; Verrès faisait comparaître ; Verrès instruisait l'affaire ; Verrès jugeait ; de très grandes sommes d'argent étaient données ; ceux qui les donnaient gagnaient leurs causes. Et tu me dirais, comme moyen de défense : « Cet argent n'a pas été compté à Verrès. » Je te viens en aide ; mes témoins aussi disent comme toi : c'est à Volcatius, disent-ils, qu'ils ont donné l'argent. Quelle si grande puissance Volcatius possédait-il pour enlever quatre cent mille sesterces à deux hommes ? Volcatius ! Qui donc, s'il était venu de son propre mouvement, qui lui aurait donné même un as ? Qu'il vienne maintenant, qu'il fasse l'expérience : personne ne le recevra sous son toit. Mais je dis plus : c'est quarante millions de sesterces que je t'accuse d'avoir pris contrairement aux lois ; je déclare qu'à toi-même il ne t'a pas été compté un sesterce ; mais, comme c'était pour obtenir tes décrets, tes édits, tes ordres, tes jugements, que l'on donnait de l'argent, il n'y avait pas à chercher quel était celui dont la main comptait cet argent, mais quel était celui dont

(1) Agyrium (aujourd'hui San-Filippo d'Argiro), patrie de l'historien Diodore qui en a rappelé les traditions, est une des plus anciennes cités de la Sicile. La fertilité de son territoire abondant en blé lui avait conservé une certaine importance au temps de la domination romaine. — On ne sait rien des deux frères Philocrate et Sosippe ; il est question (*Verr.*, (II), III, LXXXVIII, 204), d'un autre Sosippe, celui-là citoyen notable d'Agrigente, qui fit, en 684 / 70, devant le consul Pompée, un exposé éloquent de l'état misérable où Verrès avait réduit les cultivateurs de Sicile.

Volcatium accipit, fere ad HS cccc milia, a duobus fratribus. Multorum testimonia audistis antea. Vicerunt Agyrinenses fratres ita ut egentes inanesque discederent.

X **26** At enim ad Verrem pecunia ista non peruenit. Quae ista defensio est ? utrum adseueratur in hoc an tentatur ? mihi enim res noua est. Verres calumniatorem apponebat, Verres adesse iubebat, Verres cognoscebat, Verres iudicabat ; pecuniae maximae dabantur ; qui dabant causas obtinebant. Tu mihi ita defendas : « Non est ista Verri numerata pecunia ? » Adiuuo te ; mei quoque testes idem dicunt ; Volcatio dicunt sese dedisse. Quae uis erat in Volcatio tanta, ut HS cccc milia duobus hominibus auferret ? Ecquis Volcatio, si sua sponte uenisset, unam libellam dedisset ? Veniat nunc, experiatur : tecto recipiet nemo. At ego amplius dico : HS quadringentiens cepisse te arguo contra leges ; nego tibi ipsi ullum nummum esse numeratum ; sed cum ob tua decreta, ob edicta, ob imperia, ob iudicia pecuniae dabantur, non erat quaerendum cuius manu numerarentur, sed cuius

ad HS cccc milia : HS $\overline{\text{XX}}$ *C* ; HS xx milia *Lg*[1] ; HS cccc milia *Kayser* || a duobus *C*, *Lg*[1] : ab duobus *ceteri mss.*, *uulgo*, *Kayser* || testimonia *C*, *Lg*[1], *alii mss.*, *editt.*: testimonium *plerique mss.*

26. ista defensio est : est ista defensio *ed. Rom.* 1471, *uulgo*, *Kayser* || res noua est *C*, *Lg*, *p*, *b* : noua res est *uulgo*, *Kayser* || calumniatorem *C*, *Lg*, *Lambin*, *Peterson*: calumniatores *ceteri mss.*, *Asc.*, *editt.* || causas obtinebant: obtinebant causas *C*, *Lg*[1], *Kayser*, *Mueller* || defendas : defendis *Pluygers*, *Kayser* || in Volcatio *C*, *Lg*, *p* : Volcatio *ceteri mss.* || HS cccc milia *om.* *C*, *Lg*[1] || duobus hominibus *C*[2], *b*, *k* : duobus nominibus *C*[1], *Lg*[1], *p*, *q* ; a duobus hominibus *δ*, *uulgo*, *Mueller* || ecquis : ecquam *Lambin* ; et quis *uulgo* || cepisse : accepisse *uulgo* || ob tua decreta ob edicta ob imperia ob iudicia : ob tua decreta ob imperia ob iudicia *π*, *b* ; ob tua decreta ob imperata ob iudicata *uulgo* ; ob tua decreta [ob edicta] ob imperia ob iudicia *Halm* ; ob tua decreta [edicta] ob imperia ob iudicia *Kayser*.

l'injustice le faisait percevoir. **27** Ces gens, qui étaient tes compagnons d'élite, voilà les mains qui percevaient pour toi ; les préfets, les scribes administratifs, les agents subalternes, les médecins, les haruspices, les huissiers (1) : voilà les mains qui agissaient pour toi. Plus on te touchait de près par la parenté, par une alliance de famille ou par quelques liens d'intimité, plus on passait pour être les mains de Verrès. Et cette cohorte prétorienne tout entière, qui a fait plus de mal à la Sicile que s'il y avait eu cent cohortes d'esclaves fugitifs, n'était-elle pas, sans conteste, n'était-elle pas ta main ? Tout ce qui a été pris par quelqu'un de ces gens-là, tout cela ne t'a pas seulement été donné mais a été compté par ta main : telle est l'opinion qu'on doit nécessairement avoir. Car, si vous approuvez ce moyen de défense : « Il n'a pas reçu lui-même... » — il vous est loisible d'abolir toutes les actions judiciaires contre les crimes de concussion. Jamais on ne traduira devant les juges un accusé, si coupable soit-il, qui ne puisse user de ce moyen de défense ; et, en effet, puisque Verrès en use, y aura-t-il jamais par la suite un accusé si absolument perdu qu'on ne puisse trouver en lui une intégrité en rapport avec celle de Q. Mucius, si on le compare à Verrès ? Et maintenant on me semble moins défendre Verrès qu'essayer en la personne de Verrès un système de défense.

28 Voilà une question, juges, qui réclame de votre part

(1) Parmi les *comites* de Verrès, seuls les *praefecti*, qui sont d'ordinaire chevaliers (voir *Notice*, p. 21) appartiennent à une classe considérée. En principe, les *scribae* doivent former une corporation honnête, puisque les registres et les actes publics sont confiés à leur bonne foi : mais la charge de scribe est souvent achetée par des gens indignes (*Verr.*, (II), III, LXXIX). Les *accensi*, sorte d'appariteurs, sont d'ordinaire des affranchis comme les *medici* (voir tome II, p: 158, note 1). Les *haruspices* sont des prêtres fort méprisés On a vu par le *praeco* Naeuius du *Pro Quinctio* ce que sont les *praecones*, crieurs des ventes aux enchères ou huissiers des magistrats. L'*accensus* de Verrès, Timarchide, son médecin Artémidore, son haruspice Volusius, son huissier Valerius sont absolument ignobles (*Verr.*, (II), II, XXVIII-XXIX ; LIII-LIV ; LXX ; III, X, 28 ; XXI, 54 ; XXVIII, 69 ; XLIX, 117 ; LX, 138 ; LXVI-LXVII ; IV, XVI, 35 ; V, XXXI, 81 ; XXXVI, 94 ; XLIV-XLV).

iniuria cogerentur. **27** Comites illi tui delecti manus erant tuae; praefecti, scribae, accensi, medici, haruspices, praecones manus erant tuae; ut quisque te maxime cognatione, adfinitate, necessitudine aliqua attingebat, ita maxime manus tua putabatur; cohors tota illa, quae plus mali Siciliae dedit quam si centum cohortes fugitiuorum fuissent, tua manus sine controuersia fuit. Quicquid ab horum quopiam captum est, id non modo tibi datum, sed tua manu numeratum iudicari necesse est. Nam si hanc defensionem probabitis : « Non accepit ipse », licet omnia de pecuniis repetundis iudicia tollatis. Nemo umquam reus tam nocens adducetur qui ista defensione non possit uti ; etenim cum Verres utatur, quis erit umquam posthac reus tam perditus qui non ad Q. Muci innocentiam referatur, si cum isto conferatur ? Neque nunc tam isti mihi Verrem defendere uidentur quam in Verre defensionis tentare rationem.

28 Qua de re, iudices, magno opere uobis prouidendum est : pertinet hoc ad summam rem publicam et ad existimationem ordinis nostri salutemque sociorum. Si

27. accensi medici *C, Lg*[1] : medici accensi *ceteri mss., uulgo* || ut quisque : quo quisque π, *k* || tota illa *C, Lg*[1] : tota tua illa π; tua tota illa *Paris.* 7786 ; tota illa tua *b*, δ, *uulgo* ; tota [tua] illa *Kayser, Mueller* || Siciliae dedit: dedit Siciliae *Kayser* || numeratum iudicari : numeratum sit *C, Lg*[1] || accepit : accipit π, *b, k* || reus tam nocens : tam conuictus *add. Lg in marg.* (*cf.* (II), I, 10 : reus tam nocens tam perditus tam conuictus) ; [reus] tam conuictus tam nocens *Kayser* ; reus tam conuictus tam nocens *Mueller* ; tam reus tam nocens δ, *uulgo* || isti mihi *C, Peterson* : mihi isti *ceteri mss. et editt.*

28. magno opere : magnopere *C, p, alii mss., uulgo, Peterson* || rem publicam *C, Lg, p* : rei publicae *ceteri mss., uulgo* || ad existimationem : existimationem (ad *manus pr. add.*) *Lg, Kayser* || ordinis nostri *C, Lg*[1]: ordinis *ceteri mss., uulgo.*

la plus grande prévoyance : cette question concerne l'ensemble des intérêts publics, la considération de notre ordre et le salut des alliés. Si, en effet, nous voulons que l'on nous considère comme des hommes intègres, ce n'est pas seulement de notre intégrité, mais aussi de celle des gens qui nous accompagnent que nous devons fournir la garantie.

XI Avant tout, il nous faut avoir soin d'emmener avec nous des hommes capables de veiller aux intérêts de notre réputation et de notre personnalité civile(1); ensuite, si dans le choix de ces hommes nous nous sommes laissé tromper par les espérances que l'amitié nous donnait, il faut exercer notre vindicte, il faut congédier, il faut dans toute notre vie nous conduire avec l'idée que nous aurons à rendre compte de notre conduite. Voici un trait de l'Africain, cet homme d'une si grande générosité de sentiments — cette générosité, toutefois, n'est digne d'approbation que lorsqu'elle s'exerce sans mettre notre honneur en péril : c'était son cas. — **29** Un homme, qui était depuis longtemps de sa suite, qui était du nombre de ses amis, ne pouvait obtenir qu'il l'emmenât comme préfet en Afrique ; et il s'en montrait fort chagrin. « Ne sois pas étonné, lui dit Scipion, si tu n'obtiens pas de moi ce que tu demandes. Il y a longtemps que je sollicite quelqu'un à qui, je le pense, ma réputation sera chère de partir avec moi comme préfet, et je n'ai pu encore l'obtenir. » Et il est, en effet, bien vrai, si nous voulons conserver intact notre honneur, que nous devons prier qu'on vienne avec nous en province, plutôt que de l'accorder comme une faveur. Mais toi, tes amis, tu les invitais à aller dans la province, comme tu les aurais invités à aller faire du butin ; avec tes amis et par leur entremise, tu faisais toi-même du butin ; en pleine assemblée, tu les gratifiais d'anneaux d'or : et, cela étant, ne posais-tu pas en fait que ce n'est pas seulement de tes actes, mais aussi des leurs que tu avais à rendre compte ?

(1) La personnalité civile (*caput*) comprend l'ensemble des droits qui constituent une espèce de capital juridique. Par « réputation » d'un citoyen (*fama* ou *existimatio*), les Romains désignent la considération dont il est entouré, son honneur civique.

enim innocentes existimari uolumus, non solum nos, sed etiam nostros comites praestare debemus.

XI Primum omnium opera danda est ut eos nobiscum educamus qui nostrae famae capitique consulant; deinde, si in hominibus eligendis nos spes amicitiae fefellerit, ut uindicemus, missos faciamus, semper ita uiuamus ut rationem reddendam nobis arbitremur. Africani est hoc, hominis liberalissimi — uerum tamen ea liberalitas est probanda quae sine periculo existimationis est, ut in illo fuit: **29** cum ab eo quidam uetus adsectator et ex numero amicorum non impetraret uti se praefectum in Africam duceret, et id ferret moleste : « Noli, » inquit, « mirari si tu hoc a me non impetras. Ego iam pridem ab eo cui meam existimationem caram fore arbitror peto ut mecum praefectus proficiscatur, et adhuc impetrare non possum. » Etenim re uera multo magis est petendum ab hominibus, si salui et honesti esse uolumus, ut eant nobiscum in prouinciam, quam in benefici loco deferendum. Sed tu cum et tuos amicos in prouinciam quasi in praedam inuitabas et cum iis ac per eos praedabare et eos in contione anulis aureis donabas, non statuebas tibi non

nos *C*, *Lg*[1]: nos abstinentes *ceteri mss.*, *uulgo* ; nos [abstinentes] *Kayser* || nostros comites : comites nostros *Lg*[1], *Kayser*, *Mueller* || primum omnium : primum *C*, *Lg* (omnium *manus pr. add.*) ; primum [omnium] *Kayser* || opera danda : opera tanta danda *δ*, *uulgo* || educamus *C*, *Lg* : ducamus *ceteri mss.*, *uulgo* || uindicemus : iudicemus *p*, *q* ; indicemus *r*.

29. et ex numero *C*, *Lg*[1] : ex numero *ceteri mss.* || uti : ut *b*, *q*, *r*, *Paris.* 7786 || tu hoc a me *C*, *Lg*[1], *b* : tu a me hoc *ceteri mss.*, *uulgo* || fore arbitror : esse arbitror *Kayser* || salui et honesti *C*, *Lg* : salui *ceteri mss.* || quam *C*, *Lg* : quam hoc illis *ceteri mss.*, *uulgo* ; quam [hoc illis] *Kayser*, *Mueller* || cum iis : cum is *C* ; cum his *Lg*[1] ; cum illis *p*, *b*, *alii mss.*, *uulgo*

30 Tels étaient les profits qu'il s'était constitués, copieux et abondants, au moyen des causes dont il avait institué de connaître lui-même avec son conseil, c'est-à-dire avec sa cohorte ; il avait, d'autre part, inventé une infinité de procédés pour faire main basse sur des sommes d'argent qu'on ne saurait évaluer.

Comment Verrès a administré la justice

XII Il n'est douteux pour personne que tous, tant que nous sommes, toutes nos richesses ne soient en la puissance de ceux qui délivrent les formules des actions judiciaires et de ceux qui jugent ; — que personne de vous ne puisse conserver la possession de ses propriétés bâties, personne celle de son fonds de terre, personne celle des biens qui lui viennent de son père, si, alors que toutes ces possessions sont réclamées à quelqu'un d'entre vous, un préteur sans probité, dans les actes duquel nul n'a le droit d'intervenir, désigne le juge qu'il lui plaît de désigner, si ce juge, sans valeur morale, sans force de caractère, rend son jugement suivant l'ordre du préteur. **31** Mais si, de plus, le préteur délivre une formule rédigée dans des termes tels que L. Octavius Balbus, désigné comme juge, lui qui a une si grande expérience du droit et du devoir, ne puisse rendre un jugement autre que celui qui est prévu par la formule, — si la formule est ainsi rédigée : QUE L. OCTAVIUS SOIT JUGE. S'IL APPERT QUE LE FONDS CAPÉNATE, DONT IL S'AGIT, APPARTIENT D'APRÈS LE DROIT DES QUIRITES A P. SERVILIUS ET QUE CE FONDS NE SOIT PAS RESTITUÉ A Q. CATULUS.. — ne sera-t-il pas nécessaire à L. Octavius, juge, de contraindre P. Servilius à restituer le fonds à Q. Catulus ou de condamner celui qu'il ne conviendrait pas de condamner (1) ? Voilà comment le droit prétorien tout entier et tout ce qui est relatif à la délivrance des formules ont été traités

(1) Le préteur est maître absolu de la rédaction de sa formule qu'il délivre aux parties et qui fixe impérativement au juge sa mission, qui l'emprisonne, comme Sénèque le constate : Illum [iudicem] formula includit et certos, quos non excedat, terminos ponit. (*De Benef.*, III, VII, 5.)

solum de tuis, sed etiam de illorum factis rationem esse reddendam ?

30 Cum hos sibi quaestus constituisset magnos atque uberes ex his causis quas ipse instituerat cum consilio, hoc est cum sua cohorte, cognoscere, tum illud infinitum genus inuenerat ad innumerabilem pecuniam corripiendam.

XII Dubium nemini est quin omnes omnium pecuniae positae sint in eorum potestate qui iudicia dant, et eorum qui iudicant, quin nemo uestrum possit aedes suas, nemo fundum, nemo bona patria obtinere, si, cum haec a quopiam uestrum petita sint, praetor improbus, cui nemo intercedere possit, det quem uelit iudicem, iudex nequam et leuis, quod praetor iusserit, iudicet. **31** Si uero illud quoque accedit, ut praetor in ea uerba iudicium det ut uel L. Octauius Balbus iudex, homo et iuris et offici peritissimus, non possit aliter iudicare, — si iudicium sit eius modi :

L. OCTAVIVS IVDEX ESTO. SI PARET FVNDVM CAPENATEM, QVO DE AGITVR, EX IVRE QVIRITIVM P. SERVILI ESSE, NEQVE IS FVNDVS Q. CATVLO RESTITVETVR,

non necesse erit L. Octauio iudici cogere P. Seruilium Q. Catulo fundum restituere, aut condemnare eum quem non oporteat ? Eius modi totum ius praetorium, omnis

de tuis *C, Lg*[1] : de te *ceteri mss., uulgo.*

30. ex his causis : ex eis causis *Kayser* ; ex iis causis *Mueller* || instituerat : constituerat *Kayser* || cum sua cohorte : *in his uerbis desinit C* || illud infinitum : infinitum *uulgo* || nemo uestrum : nemo nostrum *uulgo* || intercedere *c, Lg, p, Asc.*: interdicere *ceteri mss.*

31. accedit *c, Peterson* : accedet *k, uulgo, Kayser, Mueller* ; accidet *π, b, Lg*[2] || praetor in ea uerba: in ea uerba praetor *uulgo, Kayser* || L. Octauius *Lg*[1], *Asc.*: Octauius *ceteri mss.* || eius modi *Lg, b* : eiusdem modi *plerique mss.* || non necesse : nonne necesse *malit Pluygers* || omnis res *Lg, Peterson* : eius modi omnis res *b* ; eiusdem modi omnis res *ceteri mss., uulgo, Kayser* ; [eiusdem modi] omnis res *Mueller.*

en Sicile pendant trois ans, Verrès étant préteur. Voici comment étaient ses décrets : S'IL N'ACCEPTE PAS CE QUE TU DÉCLARES LUI DEVOIR, ACCUSE-LE EN JUSTICE ; S'IL S'INSTITUE DEMANDEUR, SAISIS-TOI DE SA PERSONNE. C'est ainsi qu'il a fait saisir C. Fuficius, qui était demandeur, L. Suettius (1), L. Racilius. Voici comment il formait les commissions judiciaires : ceux qui étaient citoyens romains jugeaient quand il s'agissait de Siciliens, alors que, d'après leurs lois, c'étaient des Siciliens qu'il fallait leur donner pour juges ; ceux qui étaient Siciliens jugeaient quand il s'agissait de citoyens romains. **32** Mais, pour que vous puissiez embrasser l'ensemble de ses procédés d'administration de la justice, je vais vous faire connaître d'abord quels sont les droits des Siciliens, ensuite quelles ont été ses institutions.

XIII Suivant le droit qui régit les Siciliens, quand un Sicilien agit en justice avec un concitoyen, les débats ont lieu dans leur ville conformément à leurs lois ; si un Sicilien agit en justice avec un autre Sicilien qui n'est pas de la même cité, le préteur doit pour cette affaire procéder au tirage au sort des juges en vertu du décret de P. Rupilius, décret dont P. Rupilius a dressé les statuts d'après l'avis des dix délégués du Sénat et que les Siciliens appellent la loi Rupilia. Quand un particulier forme une demande contre un peuple, ou un peuple contre un particulier, c'est le sénat de quelque cité qui est donné comme juge aux parties, après la récusation des cités du demandeur et du défendeur ; quand un citoyen romain forme une demande contre un Sicilien, c'est un Sicilien qui est donné pour juge ; c'est un citoyen romain, quand c'est un Sicilien qui forme une demande contre un citoyen romain. Pour les affaires de toute autre espèce, ce sont des juges choisis sur la liste des citoyens appartenant à la circonscription judiciaire que l'on a coutume de présenter.

(1) Le chevalier romain L. Suettius est un des principaux témoins à charge dans le procès (*Verr.*, (II), I, v, 14 ; V, LVII, 147). Cicéron, qui ne parle pas ailleurs de C. Fuficius, cite souvent avec éloges L. Racilius, qui fut tribun de la plèbe en 698 / 56 (*Pro Plancio*, XXXII, 77 ; *Epist. ad Famil.*, I, VII, 2 ; *ad Quintum fr.*, II, I).

res iudiciaria fuit in Sicilia per triennium Verre praetore. Decreta eius modi, SI NON ACCIPIT QVOD TE DEBERE DICIS ACCVSES ; SI PETIT*, DVCAS : C. Fuficium duci iussit petitorem, L. Suettium, L. Racilium. Iudicia eius modi : qui ciues Romani erant *iudicabant* si Siculi essent, cum Sicul*os* eorum legibus dari oporteret; qui Siculi, si ciues Romani essent. **32** Verum ut totum genus amplectamini iudiciorum, prius iura Siculorum, deinde istius instituta cognoscite.

XIII Siculi hoc iure sunt ut, quod ciuis cum ciue agat, domi certet suis legibus, quod Siculus cum Siculo non eiusdem ciuitatis, ut de eo praetor iudices ex P. Rupili decreto, quod is de decem legatorum sententia statuit, quam illi legem Rupiliam uocant, sortiatur. Quod priuatus a populo petit aut populus a priuato, senatus ex aliqua ciuitate qui iudicet datur, cum alternae ciuitates reiectae sunt; quod ciuis Romanus a Siculo petit, Siculus iudex, quod Siculus a ciue Romano, ciuis Romanus datur; ceterarum rerum selecti iudices ex conuentu ciuium Romanorum proponi solent. Inter aratores et

decreta eius modi : eius modi decreta *Lg, Mueller* || petit *P. Manuzio* : patitur *mss., Klotz* ; petitur *Lambin* || eius modi *Lg* : huius modi *ceteri mss., uulgo, Kayser* || iudicabant *add. Peterson* || cum Siculos eorum *Lambin, Donatum secutus ad Terent. Phormion.*, II, I, v. 36 : cum Siculi eorum *N* ; tamen si eorum *b* ; tum si eorum *ceteri mss., Asc.*; cum Siculorum *coni. Ch. Estienne* || dari oporteret : dare oporteret *Lg*[1], *π*, *uulgo.*

32. amplectamini : complectamini *Asc., uulgo* || sententia : sententiis *Lg*[1] || quam illi legem *c, Lg* : quam Siculi legem *π,k* ; quam legem Siculi *b, δ* ; quam legem illi *uulgo* || Siculus iudex *Lg, Peterson* : Siculus iudex datur *ceteri mss., uulgo, Kayser* ; Siculus iudex [datur] *Mueller* || Romanus datur : Romano datur *in his uerbis incipit P V* || ceterarum rerum : ceterarum *P V, Lg*[1] || ex conuentu ciuium Romanorum *P V, Lg* : ex ciuium Romanorum conuentu *π, b, Asc., uulgo.*

Pour les procès entre cultivateurs des terres arables et fermiers de la dîme, c'est la loi frumentaire, que les Siciliens appellent loi de Hiéron, qui règle les actions judiciaires.

33 Toutes ces dispositions légales, pendant la préture de Verrès, ont été non seulement bouleversées, mais entièrement enlevées aussi bien aux Siciliens qu'aux citoyens romains. D'abord, leurs propres lois : quand un Sicilien agissait en justice avec un concitoyen, ou bien il désignait le juge qu'il lui était avantageux de désigner — son huissier, son haruspice, son médecin — ; ou, si l'instance judiciaire était déterminée par les lois et que les parties fussent venues devant un juge qui était leur concitoyen, il n'était pas permis à ce concitoyen de rendre son jugement avec liberté. Prenez, en effet, connaissance de l'édit de cet homme — par cet édit il avait réduit en son pouvoir toutes les instances judiciaires : SI UN JUGEMENT INCORRECT AVAIT ÉTÉ RENDU, IL CONNAITRAIT DE L'AFFAIRE ; APRÈS EN AVOIR CONNU, IL SÉVIRAIT. En le voyant agir ainsi, personne ne doutait que, du moment que le juge penserait que son propre jugement serait jugé par un autre et qu'il courrait lui-même le risque d'une accusation capitale, il n'eût égard qu'à la volonté de celui dont il penserait que le jugement allait décider sans retard de sa vie. **34** Des juges choisis sur la liste de la circonscription judiciaire ou présentés parmi les grands négociants(1), il n'y en avait pas. Cette troupe de juges, dont je parle ici, ce n'était pas la cohorte de Q. Scaevola, qui pourtant n'avait pas coutume de désigner comme juges des hommes qui en faisaient partie, mais c'était la cohorte de Verrès. Et qu'était-ce, pensez-vous, que cette cohorte avec un tel chef ? Par exemple, vous voyez l'édit : SI UN JUGEMENT INCORRECT A ÉTÉ RENDU PAR QUELQUE SÉNAT...»

(1) Le mot *conuentus*, qui signifie en général «un grand concours de peuple », désigne en particulier les assises périodiquement tenues par le propréteur au chef-lieu d'une des circonscriptions judiciaires de sa province et l'ensemble des citoyens romains inscrits dans ce ressort. Les *negotiatores* forment une classe d'élite dans le *conuentus ciuium Romanorum*.

decumanos lege frumentaria, quam Hieronicam appellant iudicia fiunt.

33 Haec omnia isto praetore non modo perturbata, sed plane et Siculis et ciuibus Romanis erepta sunt. Primum suae leges : quod ciuis cum ciue ageret, aut eum iudicem quem commodum erat, — praeconem, haruspicem, medicum suum, — dabat, aut, si legibus erat iudicium constitutum et ad ciuem suum iudicem uenerant, libere ciui iudicare non licebat. Edictum enim hominis cognoscite, quo edicto omnia iudicia redegerat in suam potestatem : SI QVI PERPERAM IVDICASSET, SE COGNITVRVM; CVM COGNOSSET, ANIMADVERSVRVM. Idque cum faciebat, nemo dubitabat quin, cum iudex alium de suo iudicio putaret iudicaturum seque in eo capitis periculum aditurum, uoluntatem spectaret eius quem statim de capite suo putaret iudicaturum. **34** Selecti ex conuentu aut propositi ex negotiatoribus iudices nulli : haec copia, quam dico, iudicum cohors non Q. Scaeuolae, qui tamen de cohorte sua dare non solebat, sed C. Verris. Cuius modi cohortem putatis hoc principe fuisse ? Sicuti uidetis edictum, SI QVI PERPERAM IVDICARIT SENATVS,

33. cum ciue (*cf.* 32 : cum ciue) : cum ciui *c*, *Lg*[1], *editt. recent.* ‖ ciuem suum : suum ciuem *P V*, *Klotz*, *Kayser* ‖ si qui : si quis *b*, *δ* ‖ iudicasset : iudicassit (*pro* iudicauerit) *Graeuius* ‖ cognosset : cognouisset *P V*, *Klotz*, *Kayser* ; cognosceret *Lg*[1] ‖ spectaret *c* : expectaret *Lg* ; spectet *ceteri mss.* ‖ putaret *P V*, *c* : putet *ceteri mss.*

34. ex conuentu *Lg* : e conuentu *ceteri mss.*, *uulgo*, *Klotz*, *Kayser* ‖ propositi ex negotiatoribus : ex negotiatoribus propositi *Lg*, *Mueller* ‖ haec copia *in his uerbis desinit P V* ‖ dare non solebat : dare nolebat *Lg* ‖ sicuti uidetis edictum : sicuti uidetis ipsum *Ernesti* ; de Siculis uidetis edictum *Schütz* ; si uti uidetis edictum est *Mommsen*; ** sicut uidetis edictum *Kayser*; † sicuti uidetis edictum *Mueller*; sicubi uidetis edictum *Peterson* ‖ si qui *Lg*[1] : si quid

Je vous montrerai aussi que, dans le cas où il désignait un sénat pour juger, c'était sous la contrainte qu'il lui imposait que ce sénat rendait un jugement contraire à son propre sentiment. Le tirage au sort des juges suivant la loi Rupilia n'avait lieu que lorsqu'il n'avait aucun intérêt à l'affaire ; la loi de Hiéron avait établi des actions judiciaires pour un grand nombre de questions litigieuses : toutes ces actions, une formule unique pour toutes les a abolies ; parmi les citoyens de la circonscription, parmi les grands négociants, il n'a pas été choisi de juges. Quelle puissance il a eue, vous le voyez ; quels actes il a accomplis, prenez-en connaissance.

L'affaire d'Héraclius

XIV 35 Héraclius est fils de Hiéron ; il est Syracusain (1) ; c'est un homme des plus nobles de son pays et, avant la préture de Verrès, c'était même le plus riche des Syracusains ; et maintenant, sans avoir éprouvé d'autre calamité que l'avidité et l'injustice de cet homme, il en est le plus pauvre. Un héritage qu'on évaluait facilement à trois millions de sesterces lui échut par le testament de son proche parent Héraclius ; la maison était pleine d'une excellente argenterie bien ciselée, de nombreux tapis, d'esclaves d'un grand prix : qui ne connaît quelles passions, quelles folies, des richesses de ce genre inspirent à Verrès ? C'était un sujet de conversation ; on causait de la grande fortune laissée à Héraclius ; il allait non seulement être riche, mais se trouver bien fourni en mobilier, en argenterie, en tapis, en esclaves.

36 Verrès apprend, lui aussi, ce que l'on dit ; il commence par essayer ses manœuvres les plus douces pour entreprendre Héraclius ; il lui demande, afin de les examiner, ces objets qu'il a l'intention de ne pas lui rendre. Mais bientôt certains Syracusains lui donnent un avis —

(1) Le nom d'Héraclius semble très commun en Sicile. En outre de cet Héraclius, fils de Hiéron, et du parent homonyme dont il hérite, on trouve encore dans les *Verrines* : un Héraclius, prêtre de Jupiter à Syracuse (IV, LXI, 137) ; — un Héraclius d'Amestra (III, XXXIX, 88) ; — un Héraclius de Centuripe, à qui Verrès extorque de l'argent (II, XXVII, 66) ; — un Héraclius de Ségeste, navarque dans la flotte sicilienne (V, XLIII, 111).

eum quoque ostendam, si quando sit datus, coactu istius quod non senserit iudicasse. Ex lege Rupilia sortitio nulla, nisi cum nihil intererat istius ; lege Hieronica iudicia plurimarum controuersiarum sublata uno nomine omnia ; de conuentu ac negotiatoribus nulli iudices. Quantam potestatem habuerit uidetis, quas res gesserit cognoscite.

XIV **35** Heraclius est Hieronis filius Syracusanus, homo in primis domi suae nobilis et ante hunc praetorem uel pecuniosissimus Syracusanorum, nunc nulla alia calamitate nisi istius auaritia atque iniuria pauperrimus. Huic hereditas ad HS facile triciens uenit testamento propinqui sui Heracli, plena domus caelati argenti optimi multaeque stragulae uestis pretiosorumque mancipiorum ; quibus in rebus istius cupiditates et insanias quis ignorat ? Erat in sermone res, magnam Heraclio pecuniam relictam ; non solum Heraclium diuitem, sed etiam ornatum supellectile, argento, ueste, mancipiis futurum.

36 Audit haec etiam Verres, et primo illo suo leniore artificio Heraclium aggredi conatur, ut eum roget inspicienda, quae non reddat. Deinde a quibusdam Syracu-

ceteri mss., uulgo, Kayser || senatus eum quoque : senatum quoque *Mommsen* || sit datus : est datus *Halm, Klotz.*

35. ad HS facile : facile ad HS *uulgo* || plena domus caelati argenti optimi : plena celatia optimi argenti *Lg* || pretiosorumque *c, Lg* : pretiosissimorumque *ceteri mss., uulgo* || insanias *c, Lg*[1] : insaniam *ceteri mss., uulgo* || Heraclio pecuniam : pecuniam Heraclio *Lg, Kayser, Mueller* || relictam : relictam uenisse *p*[2] ; uenisse relictam *q, r* ; uenisse *b, δ, uulgo* || Heraclium diuitem : *Mueller* Heraclium *abesse malit.*

36. primo : primum *Lg* || leniore artificio *Lg*[1], *b* : leuiore artificio *ceteri mss., uulgo* || inspicienda : inspiciunda *Lg*[1], *Mueller* || quae non reddat : quae mox reddat *coni. Peterson*

c'étaient deux hommes qui lui tenaient de près, car il n'avait jamais considéré leurs femmes comme lui étant étrangères, Cléomène et Aeschrion : quel a été leur pouvoir sur lui et quelle était la cause honteuse de ce pouvoir, vous vous en rendrez compte d'après les chefs d'accusation qu'il reste à exposer. — Ces deux hommes, comme je vous le dis, lui donnent avis qu'il s'agit d'une fortune magnifique où il se trouve en abondance toute sorte de biens ; que, d'autre part, personnellement, Héraclius est avancé en âge et très peu prompt à agir ; qu'en outre des Marcellus, comme patron à qui, en usant de son droit, il puisse s'adresser ou faire appel, il n'a personne ; qu'une des clauses du testament où il est inscrit comme héritier porte qu'il devait placer des statues dans la palestre. « Nous ferons en sorte que les administrateurs de la palestre déclarent que ces statues n'y ont pas été placées, comme elles auraient dû l'être d'après les termes du testament, et qu'ils réclament l'héritage en soutenant qu'il a été commis à la palestre. » **37** Ce raisonnement plut à Verrès ; voici, en effet, ce qu'il prévoyait dans son esprit : du moment qu'un héritage d'une si grande importance serait devenu l'objet d'une contestation et qu'on le revendiquerait en justice, il était impossible qu'il sortît lui-même de l'instance judiciaire sans en emporter quelque butin. Il approuve le projet ; il les engage à commencer l'action le plus tôt possible, à lancer avec le plus de bruit qu'ils pourront une attaque brusquée contre un homme de cet âge et d'un caractère si peu processif. Il est fait notification par écrit à Héraclius de l'action qu'on lui intente (1).

XV C'est d'abord de l'étonnement qu'une aussi mauvaise chicane cause à tout le monde ; ensuite, parmi ceux qui connaissaient Verrès, les uns soupçonnaient, les autres voyaient clairement qu'il jetait des regards de convoitise sur cet héritage. Cependant le jour arrive — le jour où, comme il l'avait annoncé par son édit, il devait, confor-

(1) La *dicae scriptio*, qui appartient à la coutume nationale de la province (*institutum*), est, comme l'indique le nom de cette formalité de procédure (γραφὴ δίκης), un reste de la législation hellénistique de la Sicile.

sanis admonetur, — hi autem quidam erant adfines istius, quorum iste uxores numquam alienas existimauit, Cleomenes et Aeschrio, qui quantum apud istum et quam turpi de causa potuerint ex reliquis criminibus intellegetis : hi, ut dico, hominem admonent rem esse praeclaram, refertam omnibus rebus, ipsum autem Heraclium hominem esse maiorem natu, non promptissimum ; eum praeter Marcellos patronum, quem suo iure adire aut appellare posset, habere neminem ; esse in eo testamento quo ille heres esset scriptus, ut statuas in palaestra deberet ponere. « Faciemus ut palaestritae negent ex testamento esse positas, petant hereditatem, quod eam palaestrae commissam esse dicant. » **37** Placuit ratio Verri; nam hoc animo prouidebat, cum tanta hereditas in controuersiam uenisset iudicioque peteretur, fieri non posse ut sine praeda ipse discederet. Approbat consilium ; auctor est ut quam primum agere incipiant, hominemque id aetatis minime litigiosum quam tumultuosissime adoriantur. Scribitur Heraclio dica.

XV Primo mirantur omnes improbitatem calumniae ; deinde qui istum nossent partim suspicabantur, partim plane uidebant adiectum esse oculum hereditati. Interea dies aduenit quo die sese ex instituto ac lege Rupilia dicas sortiturum Syracusis iste edixerat. Paratus ad

quidam erant : erant quidam *Lg, q, r, Mueller* || [et quam turpi de causa] *Pluygers, Kayser* || praeclaram refertam : praeclaram domum refertam (*cf.* § 35 plena domus) *Lambin, Beck, Mueller* ; praeclaram larem refertum *coni. Peterson* || eum praeter : et eum praeter *uulgo* || suo iure : iure suo δ, *uulgo, Kayser* || scriptus *Lg*[1] : scriptum ceteri *mss., uulgo* || negent ex testamento : ex testamento negent *Lg, Mueller* || commissam esse *c, Lg* : commisisse *ceteri mss., uet. edit.*

mément à l'usage établi et à la loi Rupilia, tirer au sort à Syracuse les juges pour les actions judiciaires. Il était venu après s'être arrangé de manière à ce que cette affaire fût comprise dans le tirage au sort. Héraclius lui remontre qu'il ne peut la faire tirer au sort ce jour-là, puisqu'il était ordonné par la loi Rupilia de ne tirer au sort les juges d'une affaire que trente jours après la notification par écrit. Or, les trente jours n'étaient pas encore écoulés. L'espérance d'Héraclius était, s'il évitait ce jour-là, qu'avant le prochain jour de tirage au sort Q. Arrius, que la province attendait alors avec la plus grande impatience, aurait succédé à Verrès. **38** Ce dernier ajourna toutes les affaires et fixa pour le tirage au sort une date où l'affaire d'Héraclius pourrait légalement, après l'espace des trente jours, y être comprise. Ce jour venu, il commence de faire semblant de vouloir tirer au sort. Héraclius, accompagné des amis qui l'assistent, s'adresse à Verrès et réclame qu'il lui soit permis de discuter, conformément à un droit équitable, avec les administrateurs de la palestre, c'est-à-dire avec le peuple syracusain. Les adversaires réclament qu'on donne pour cette affaire les juges qu'il plaira à Verrès de choisir dans les cités qui appartiennent à la circonscription judiciaire de Syracuse : Héraclius, au contraire, réclame que les juges soient donnés conformément à la loi Rupilia, que l'on ne s'écarte pas de ce qui est prescrit par les institutions des ancêtres, par l'autorité du Sénat, par le droit de tous les Siciliens.

XVI **39** Ai-je à vous faire l'exposé de ses excès de pouvoir, de ses crimes dans l'administration de la justice ? Est-il quelqu'un de vous qui n'ait pas appris ce qu'ils ont été à Rome pendant qu'il y administrait la justice ? Est-il quelqu'un qui ait jamais pu, alors qu'il était préteur, intenter contre le gré de Chelidon une action conformément à la loi ? Ce n'est pas la province qui l'a corrompu, comme ce fut le cas pour plus d'un ; il y a été le même homme qu'il était à Rome. Ce que tout le monde savait parfaitement, Héraclius le déclarait : il a été établi pour les Siciliens une jurisprudence particulière qui règle les procès qu'ils peuvent avoir entre eux ; il existe une loi, la loi

hanc dicam sortiendam uenerat. Tum eum docet Heraclius non posse eo die sortiri, quod lex Rupilia uetaret diebus xxx sortiri dicam quibus scripta esset. Dies xxx nondum fuerant. Sperabat Heraclius, si illum diem effugisset, ante alteram sortitionem Q. Arrium, quem prouincia tum maxime exspectabat, successurum. **38** Iste omnibus dicis diem distulit, et eam diem constituit ut hanc Heracli dicam sortiri post dies triginta ex lege posset. Postea quam ea dies uenit, iste incipit simulare se uelle sortiri. Heraclius cum aduocatis adit et postulat ut sibi cum palaestritis, hoc est cum populo Syracusano, aequo iure disceptare liceat. Aduersarii postulant ut in eam rem iudices dentur, ex iis ciuitatibus quae in id forum conuenirent electi, qui Verri uiderentur : Heraclius contra, ut iudices ex lege Rupilia dentur, ut ab institutis superiorum, ab auctoritate senatus, ab iure omnium Siculorum ne recedatur.

XVI **39** Quid ego istius in iure dicundo libidinem et scelera demonstrem ? quis uestrum non in urbana iuris dictione cognouit ? quis umquam isto praetore Chelidone inuita lege agere potuit ? Non istum, ut non neminem, prouincia corrupit ; idem fuit qui Romae. Cum id quod omnes intellegebant diceret Heraclius, ius esse certum Siculis inter se quo iure certarent, legem esse Ru-

38. dicis *c, Lg*[1] : iudiciis *ceteri mss., uet. editt.* ‖ postea quam : postquam *Lg, Kayser, Mueller* ‖ ex iis *Lambin* : ex his *mss., uulgo* ‖ conuenirent : conuenerant *c, Lg*[1] ‖ ex lege *π, k* : e lege *ceteri mss., uulgo, Mueller* ‖ dentur ut ab institutis superiorum... ne recedatur : dentur (ut... superiorum *omissis*) ne ab auctoritate... recedatur *Lg*[1] ; dentur ne ab institutis... recedatur *Mueller*.

39. dicundo : dicendo *p, q, Kayser* ‖ libidinem et scelera *c* : libidinem scelera *Lg* ; libidinem *ceteri mss., uulgo* ‖ in urbana : ex urbana *uulgo* ‖ ius esse certum : certum ius esse *Lg, Mueller*

Rupilia, que le consul P. Rupilius a donnée d'après l'avis des dix délégués du Sénat. Cette loi, toujours, en Sicile, tous les consuls et tous les préteurs l'ont observée ; quant à lui, il a déclaré qu'il ne procéderait pas au tirage au sort ordonné par la loi Rupilia : il a désigné cinq juges qu'il a trouvé avantageux pour lui de choisir. **40** Que faire d'un tel homme ? Quel supplice trouver qui soit digne de ses abus de pouvoir ? O toi, le plus pervers, le plus impudent des hommes ! La loi te prescrivait suivant quel mode tu avais à désigner des juges dans un procès entre Siciliens ; l'autorité d'un magistrat investi du pouvoir suprême du peuple romain, la dignité des dix délégués du Sénat, ces personnages éminents, le sénatus-consulte enfin intervenait pour te faire obstacle, ce sénatus-consulte en vertu duquel P. Rupilius avait constitué la législation de la Sicile d'après l'avis des dix délégués du Sénat ; tous ceux qui ont été préteurs avant toi avaient observé les lois de Rupilius dans toutes les autres matières et surtout en matière d'actions judiciaires : et toi, tu as eu l'audace de ne compter pour rien, en face du butin que tu espérais faire, toutes les considérations dignes du plus grand respect ! Il n'y a donc eu pour toi aucune loi, aucune religion, aucun sentiment de pudeur en face de l'opinion publique, aucune crainte d'être mis en jugement ? L'autorité de personne n'a pesé sur toi ? Il n'y a eu pour toi aucun exemple que tu aies voulu suivre ? **41** Loin de là ; comme j'ai commencé à le dire, sans aucun égard pour la loi et pour les institutions, sans exercice du droit de récusation, sans tirage au sort, cinq juges ont été désignés d'après la volonté arbitraire de cet homme, non pour instruire la cause, mais pour la juger comme il leur serait ordonné (1) ; ce jour-là, il ne fut rien fait de l'action ; ils reçoivent l'ordre de comparaître en justice le lendemain.

(1) La *lex Rupilia*, que Verrès viole, a les mêmes dispositions pour les procès de propriété entre Siciliens que la loi romaine, à Rome, pour les mêmes procès entre citoyens : tirage au sort des juges (*sortitio*) par le préteur; exercice du droit de récusation (*reiectio*) par les parties ; institution par le préteur des cinq juges qui constituent un tribunal de *reciperatores*.

piliam quam P. Rupilius consul de decem legatorum sententia dedisset, hanc omnes semper in Sicilia consules praetoresque seruasse, negauit se e lege Rupilia sortiturum : quinque iudices, quos commodum ipsi fuit, dedit. **40** Quid hoc homine facias ? quod supplicium dignum libidine eius inuenias ? Praescriptum tibi cum esset, homo deterrime et impudentissime, quem ad modum iudices inter Siculos dares, cum imperatoris populi Romani auctoritas, legatorum decem, summorum hominum, dignitas, senatus consultum intercederet, *quo senatus* consulto P. Rupilius de decem legatorum sententia leges in Sicilia constituerat, cum omnes ante te praetorem Rupilias leges et in ceteris rebus et in iudiciis maxime seruassent, tu ausus es pro nihilo prae tua praeda tot res sanctissimas ducere ? tibi nulla lex fuit, nulla religio, nullus existimationis pudor, nullus iudici metus ? nullius apud te grauis auctoritas, nullum exemplum quod sequi uelles ? **41** Verum, ut institui dicere, quinque iudicibus nulla lege, nullo instituto, nulla reiectione, nulla sorte ex libidine istius datis, non qui causam cognoscerent, sed qui quod imperatum esset iudicarent, eo die nihil actum est ; adesse iubentur postridie.

P. Rupilius consul *c, Lg* : praetor Rupilius ex S. C. *ceteri mss., uet. editt.* || hanc *c, Lg*[1] : hoc *ceteri mss., uulgo* || se e lege *Peterson* : se lege *c, Lg*[1] ; se iudices e lege *ceteri mss., uulgo, Mueller* ; se iudices ex lege *Kayser* || commodum ipsi : ipsi commodum *Lg, Mueller.*

40. quid hoc homine facias (*cf.* (II), I, § 42 : quid hoc homine faciatis) *c, Lg* : quid huic homini facias *ceteri mss., uulgo* || libidine : ididini *uulgo* || deterrime et *om. c, Lg, secl. Kayser* ; teterrime et *Lambin* || quo senatus *Peterson* : cuius *mss. et editt.*; *Mueller* quo ex senatus *coni.* || de decem legatorum : .x. legatorum *Lg*[1] ; ex legatorum *b, uet. editt.* || leges et : leges *b*, δ || et in iudiciis maxime *om. c, Lg* || seruassent *c, Lg*[1] : obseruassent *ceteri mss., uulgo, Mueller.*

41. reiectione *c, Lg*[1] : religione *ceteri mss., uet. editt.*

XVII Cependant, comme il voyait que le préteur tendait tous les pièges possibles pour s'emparer de sa fortune, Héraclius prend, d'après l'avis de ses amis et de ses proches parents, la résolution de ne pas comparaître pour l'action judiciaire ; c'est ainsi que, cette nuit-là, il s'enfuit de Syracuse. Le lendemain matin, Verrès, qui s'était levé beaucoup plus tôt qu'il ne l'avait jamais fait, Verrès donne l'ordre de convoquer les juges. Dès qu'il apprend qu'Héraclius n'est pas présent, il entreprend de les contraindre à condamner Héraclius absent. Ceux-ci lui adressent des remontrances : qu'il observe, s'il le trouve bon, les institutions de son édit et qu'il ne les force pas de prononcer avant la dixième heure un jugement sur la partie absente suivant les intérêts de la partie présente (1). Ils l'obtiennent. **42** Cependant, Verrès était vraiment bouleversé ; lui, ses amis, les membres de son conseil, ils commençaient tous à se trouver fort ennuyés qu'Héraclius se fût enfui ; ils pensaient qu'une condamnation par défaut, alors surtout qu'il s'agissait d'une somme d'argent tellement importante, serait beaucoup plus odieuse que s'il eût été condamné présent ; et, ce qui aggravait le cas, les juges n'ayant pas été désignés conformément à la loi Rupilia, ils se rendaient compte qu'on verrait dans le jugement encore plus de turpitude et d'iniquité. Aussi veut-il rendre la situation correcte ; mais il ne réussit qu'à mettre plus à découvert sa cupidité et son improbité. Il déclare, en effet, qu'il ne fait point usage de ces cinq juges ; il ordonne — c'est ce qui, dès le principe, aurait dû avoir lieu conformément à la loi Rupilia — il ordonne qu'Héraclius soit cité en justice ainsi que ceux qui lui avaient notifié par écrit qu'ils intentaient une action contre lui ; il déclare qu'il veut, conformément à la loi, tirer les juges

(1) La loi des Douze-Tables donne jusqu'à midi aux parties présentes *in iudicio* pour exposer le résumé de l'affaire (*causae coniectio*) et pour la plaider (*peroratio*). Si l'une des parties est absente, à midi le juge donne gain de cause à la partie présente. Cf. Aulu-Gelle, *N. A.* XVII, II, 10 : Ante meridiem causam coniciunt, cum perorant ambo praesentes. Post meridiem praesenti litem addicito. L'édit de Verrès prolonge le délai jusqu'à quatre heures de l'après-midi.

XVII Heraclius interea, cum omnes insidias fortunis suis a praetore fieri uideret, capit consilium de amicorum et propinquorum sententia non adesse ad iudicium ; itaque illa nocte Syracusis profugit. Iste postridie mane, cum multo maturius quam umquam antea surrexisset, iudices citari iubet. Vbi comperit Heraclium non adesse, cogere incipit eos ut absentem Heraclium condemnent. Illi eum commonefaciunt ut, si sibi uideatur, utatur instituto suo nec cogat ante horam decimam de absente secundum praesentem iudicare : impetrant. **42** Interea sane perturbatus et ipse et eius amici et consiliarii moleste ferre coeperunt Heraclium profugisse ; putabant absentis damnationem, praesertim tantae pecuniae, multo inuidiosiorem fore quam si praesens damnatus esset. Eo accedebat quod iudices e lege Rupilia dati non erant ; multo etiam rem turpiorem fore et iniquiorem uisum iri intellegebant. Itaque hoc dum corrigere uult, apertior eius cupiditas improbitasque facta est. Nam illis quinque iudicibus uti se negat ; iubet, id quod initio lege Rupilia fieri oportuerat, citari Heraclium et eos qui dicam scripserant ; ait se iudices ex lege uelle sortiri. Quod ab eo pridie, cum multis lacrimis cum oraret

fortunis suis a praetore : a praetore fortunis suis *uulgo* || illa nocte Syracusis : Syracusis illa nocte *b, alii mss., uulgo, Kayser* || postridie *Lg*[1] : postero die *ceteri mss., uulgo* || condemnent : condemnarent *uulgo* || sibi *c, Lg* : ei *ceteri mss., uulgo* || uideatur utatur : uideretur *c, Lg* || nec cogat : ne cogat *c, Lg* ; negogat *p* || de absente : in absentem *coni. Halm.*

42. coeperunt : *in hoc uerbo incipit P V* || accedebat : accedere *P V* || e lege : ex lege *P V, Kayser* || turpiorem fore *c, Lg* : turpiorem *ceteri mss., Ernesti* ; turpiorem [fore] *Klotz, Mueller* || uult : uolt *P V, Kayser, Mueller* || se negat : sese negat *uulgo* || initio lege, initio e lege *uulgo* || ait : aitque *p, q, uulgo* || ex lege : lege *P V*: *Klotz* ; .c.c. ex lege *c, Lg* ; e lege *uulgo* || cum multis lacrimis cum

au sort. Ainsi, ce que, la veille, quand il le priait, quand il le suppliait en versant bien des larmes, Héraclius n'avait pu obtenir de lui, Verrès s'en avise le lendemain ; l'idée se présente à son esprit que, conformément à la loi Rupilia, il convient de tirer au sort les juges des actions judiciaires (1). Il tire de l'urne les noms de trois juges ; ces juges, il leur donne l'ordre de condamner Héraclius absent ; c'est pourquoi ils le condamnent.

43 Oh ! malheur ! A-t-il pu exister une telle folie ! N'as-tu donc jamais pensé que tu aurais à rendre compte de tes actes ? N'as-tu donc jamais considéré que des juges tels que ceux devant qui tu comparais aujourd'hui auraient à connaître de ces faits ? Réclamer cet héritage, qui n'est dû en rien, et cela pour en faire la proie du préteur ! Faire intervenir la créance d'une cité ! Imposer à cette honorable cité la très grande honte d'être une personne juridique qui soulève une chicane indigne ! Ce n'est pas tout : conduire l'action de telle manière qu'il n'y soit pas même gardé un semblant d'équité. Car, par les dieux immortels ! quelle différence y a-t-il qu'un préteur ordonne, qu'il contraigne par la force un homme à faire cession de tous ses biens, ou que ce préteur impose à cet homme un tel mode d'action judiciaire que cette action doive nécessairement, sans qu'il ait plaidé sa cause, le déposséder de toute sa fortune ?

XVIII **44** Assurément, tu ne peux pas le nier : la loi Rupilia t'imposait le devoir de tirer les juges au sort, du moment surtout qu'Héraclius le réclamait. Si tu déclares que c'est d'après le désir d'Héraclius que tu t'es écarté de la loi, tu vas toi-même t'empêtrer, t'embarrasser toi-même dans tes propres moyens de défense ; car enfin, pourquoi d'abord n'a-t-il pas voulu comparaître, puis-

(1) L'expression *sortitio dicarum* signifie exactement « tirage au sort des causes » ; mais *educere ex urna tres* (*dicas*) ne peut signifier que « tirer de l'urne le nom de trois juges ». La *sortitio dicarum*, effectuée *in iure*, doit donc comporter à la fois le tirage au sort des causes, et, pour chacune d'elles, le tirage au sort du juge ou des récupérateurs qui devaient en être ultérieurement saisis. Voir J. Carcopino, *ouvr. cité*, p. 160.

atque obsecraret, Heraclius impetrare non potuerat, id ei postridie uenit in mentem, ex lege Rupilia sortiri dicas oportere. Educit ex urna tres; his ut absentem Heraclium condemnent imperat ; itaque condemnant.

43 Quae, malum, ista fuit amentia! Ecquando te rationem factorum tuorum redditurum putasti? ecquando his de rebus tales uiros audituros existimasti ? Petatur hereditas ea, quae nulla debetur, in praedam praetoris? interponatur nomen ciuitatis? imponatur honestae ciuitati turpissima persona calumniae ? neque hoc solum, sed ita res agatur ut ne simulatio quidem aequitatis ulla adhibeatur ? Nam, per deos immortales, quid interest utrum praetor imperet uique cogat aliquem de suis bonis omnibus decedere, an huiuscemodi iudicium det, quo iudicio indicta causa fortunis omnibus euerti necesse sit ?

XVIII **44** Profecto enim negare non potes te ex lege Rupilia sortiri iudices debuisse, cum praesertim Heraclius id postularet. Sin illud dicis, te Heracli uoluntate ab lege recessisse, ipse te impedies, ipse tua defensione implicabere ; qua re enim primum ille adesse noluit, cum ex eo numero iudices haberet quos postularat? deinde tu

oraret : cum multis lacrimis oraret *c*, *Lg*[1] ; multis lacrimis cum eum oraret *uulgo* || atque obsecraret *om. c*, *Lg*[1] || postridie *P V*, *c*, *Lg* : postero die *ceteri mss.*, *uulgo* || ex lege *P V*, *Lg*: e lege *ceteri mss.*, *uulgo* || his : iis *uulgo* ; eis *Kayser*.

43. hereditas : *in hoc hoc uerbo desinit P V* || ea *om. Lg*[1], *secl. Kayser*, *Mueller* || res agatur *c*, *Lg*, *b* : res agitur *ceteri mss.* || huiusce modi : huius modi *uulgo* || euerti necesse sit : euerti necesse est *Lg* ; euerti sit necesse *coni. Zielinski*.

44. negare non potes : negari non potest *Lg*, *prob. Halm*, *Klotz* || iudices : iudicium *uulgo* || illud dicis *Lg* : illud dices (*cf. Diu.* § 12 : hoc dices) *ceteri mss.*, *uulgo*, *Mueller* || ille adesse *Lg*[1] : ille ipse adesse *ceteri mss.*, *uulgo* || quos postularat : quos postularet *Lg*[1], *Paris.*7786 ; quo postularat *Ernesti*.

qu'il avait des juges pris parmi ceux qu'il avait réclamés ? Ensuite, pourquoi toi-même, après sa fuite, en as-tu tiré d'autres au sort, si ceux qui avaient été donnés auparavant, tu les avais donnés suivant le désir de l'une et de l'autre partie ? En outre, pour toutes les autres actions dans ce ressort, c'est le questeur M. Postumius qui a procédé au tirage des juges : celle-là est la seule dans cette session de la circonscription judiciaire où l'on découvrira que tu as toi-même tiré les juges au sort.

45 « Ainsi, pourra-t-on dire, il a fait don de cet héritage au peuple syracusain. » D'abord, consentirais-je à le reconnaître, il vous faudrait cependant le condamner. Car il ne nous est pas laissé une telle liberté qu'il nous soit loisible impunément de remettre à quelqu'un ce que nous aurons enlevé à un autre. Mais vous découvrirez comment il a pillé cet héritage : il y a bien peu de ses vols qu'il ait commis en se cachant ; vous verrez que le peuple de Syracuse est devenu l'objet de la haine la plus violente : l'infamie était pour lui, le bénéfice pour d'autres ; vous verrez qu'un petit nombre de Syracusains, — ceux qui déclarent maintenant être venus pour lui apporter un témoignage public d'éloges, — ont alors partagé avec lui cette proie, et que maintenant ce n'est pas pour faire son éloge qu'ils sont venus, mais pour savoir à quelle somme sera taxé ce qu'ils auront à payer en commun avec lui à la suite du procès (1).

Après qu'Héraclius eut été condamné absent, ce n'est pas seulement l'héritage, objet de la contestation, lequel s'élevait à trois millions de sesterces, mais c'est tout le patrimoine qu'il possédait en propre, lequel ne s'élevait pas à une somme moindre que l'héritage, qui est livré en toute propriété à la palestre des Syracusains, c'est-à-dire aux Syracusains. **46** Quelle manière d'exercer la préture ! Tu lui enlèves un héritage qui lui était venu d'un proche parent, qui lui était venu par un testament, qui lui était venu d'après les lois ; tous ces biens, le testateur, quelque temps avant sa mort, en avait donné la jouissance et la

(1) Pour la *litium aestimatio*, taxation de l'amende que le condamné doit payer, voir *Verr.*, I, xiii, 38 ; (II), I, xxxviii, 95.

cur post illius fugam iudices alios sortitus es, si eos qui erant antea dati utriusque dederas uoluntate ? Deinde ceteras dicas omnes illo foro M. Postumius quaestor sortitus est : hanc solam tu illo conuentu reperiere sortitus.

45 Ergo, inquiet aliquis, donauit populo Syracusano illam hereditatem. Primum, si id confiteri uelim, tamen istum condemnetis necesse est ; neque enim permissum est ut impune nobis liceat, quod alicui eripuerimus, id alteri tradere. Verum ex ista reperietis hereditate ita istum praedatum ut perpauca occulte fecerit ; populum Syracusanum in maximam inuidiam sua infamia, alieno praemio peruenisse, paucos Syracusanos,— eos qui nunc se publice laudationis causa uenisse dicunt, — et tunc participes praedae fuisse et nunc non ad istius laudationem, sed ad communem litium aestimationem uenisse.

Postea quam damnatus est absens, non solum illius hereditatis de qua ambigebatur, quae erat HS triciens, sed omnium bonorum paternorum ipsius Heracli, quae non minor erat pecunia, palaestrae Syracusanorum, hoc est Syracusanis, possessio traditur. **46** Quae est ista praetura ? Eripis hereditatem quae uenerat a propinquo, uenerat testamento, uenerat legibus ; quae bona is qui testamentum fecerat huic Heraclio, aliquanto ante quam est mortuus, omnia utenda ac possidenda tradiderat,

45. inquiet : inquit *Lg*[1] || ita istum : istum ita *Lg*, *Kayser*, *Mueller* || populum *Lg*[1] : populum quidem *ceteri mss.*, *uulgo* ; populum [quidem] *Kayser*, *Mueller* || nunc se *Lg*, π, *k* : se nunc *b*, *uulgo*, *Kayser* || tunc : dū *Lg* ; tum *Halm*, *Kayser*, *Mueller* || sed ad... uenisse *om.* *c*, *Lg*.

46. fecerat *c* : fecerant *Lg*[1] ; fecit *ceteri mss.*, *uulgo* || aliquanto ante quam π, *k* : ante aliquanto ante quam *Lg* ; ante quam *b*, δ, *Paris*. 7786 ; ante aliquanto quam *uulgo*, *Kayser*.

possession à notre Héraclius ; l'héritage du testateur, quand il mourut, quelque temps avant ta préture, n'avait provoqué aucune contestation ; personne n'en avait parlé.

XIX Mais, soit. Enlève un héritage à des parents proches, donne-le aux administrateurs d'une palestre (1), pille, sous prétexte de la créance d'une cité, dans les biens d'autrui ; anéantis les lois, les testaments, les volontés des morts, les droits des vivants : fallait-il encore déposséder Héraclius de son patrimoine ? Il s'est enfui : aussitôt, avec quelle impudence, avec quelle publicité, avec quelle cruauté, dieux immortels ! ses biens n'ont-ils pas été mis au pillage ! Combien cette affaire ne paraissait-elle pas désastreuse pour Héraclius, lucrative pour Verrès, honteuse pour les Syracusains, déplorable pour tout le monde ! Car, ce dont on s'occupe tout d'abord, c'est de faire transporter chez Verrès tout ce qu'il y avait d'argenterie ciselée dans les biens d'Héraclius, tout ce qu'il y avait de vases de Corinthe et de tapis : les objets de ce genre, personne n'en doutait, ce n'était pas seulement de cette maison qu'il avait prise et qu'il ruinait, mais de la province tout entière qu'il faudrait les porter en masse chez lui. Quant aux esclaves, il emmena ceux qu'il lui plut ; pour d'autres, il en fit une distribution ; il y eut une vente à l'encan où sa cohorte invaincue domina en souveraine. 47 Mais voici le plus beau. Les Syracusains, qui avaient été chargés en apparence de faire rentrer les sommes provenant de la vente des biens d'Héraclius, mais en réalité d'en faire le partage, rendaient compte dans leur sénat de ces opérations ; ils déclaraient que plusieurs paires de coupes à boire, que des aiguières d'argent précieuses, que beaucoup de tapis, que des esclaves de prix avaient été donnés à Verrès ; ils déclaraient ce qui, d'après son ordre, avait été donné en argent à chacun. Les Syracusains gémissaient,

(1) Les cités de Sicile, même celles de peu d'importance comme Bidis (XXII, 53), possédaient, suivant l'usage grec, des palestres publiques, closes et couvertes, qui comprenaient un vestiaire, une fontaine, un magasin à huile, une arène sablée pour les exercices athlétiques — la lutte (πάλη) en particulier — ainsi qu'un dépôt pour le matériel des jeux (ballons, disques, etc.).

cuius hereditatis, cum ille aliquanto ante te praetorem esset mortuus, controuersia fuerat nulla, mentionem fecerat nemo.

XIX Verum esto. Eripe hereditatem propinquis, da palaestritis, praedare in bonis alienis nomine ciuitatis, euerte leges, testamenta, uoluntates mortuorum, iura uiuorum : num etiam patriis Heraclium bonis exturbare oportuit ? Qui simul ac profugit, quam impudenter, quam palam, quam acerbe, di immortales, illa bona direpta sunt ! quam illa res calamitosa Heraclio, quaestuosa Verri, turpis Syracusanis, miseranda omnibus uidebatur ! Nam illud quidem statim curatur, ut quicquid caelati argenti fuit in illis bonis ad istum deferatur, quicquid Corinthiorum uasorum, stragulae uestis : haec nemo dubitabat quin non modo ex illa domo capta et oppressa, uerum ex tota prouincia ad istum comportari necesse esset. Mancipia quae uoluit abduxit, alia diuisit ; auctio facta est, in qua cohors istius inuicta dominata est. **47** Verum illud est praeclarum. Syracusani qui praefuerant his Heracli bonis uerbo redigendis, re dispertiendis, reddebant eorum negotiorum rationem in senatu ; dicebant scyphorum paria complura, hydrias argenteas pretiosas, uestem stragulam multam, mancipia pretiosa data esse Verri ; dicebant quantum cuique eius iussu nummorum esset datum. Gemebant Syracusani, sed tamen

exturbare : exturbari *malit Schrevel* || nam illud : iam illud *Lg, Mueller* || stragulae : quicquid stragulae *Lambin* || mancipia : mancupia *Lg* || uoluit : uoluerat *Lg*[1].

47. praefuerant : praefuerunt *Kayser* || dispertiendis : dissipandis *Kayser* || pretiosas *c, Lg* : pretiosam *ceteri mss., uulgo, Kayser* || multam mancipia : mancipia *Lg* ; multa mancipia *uulgo, Kayser* || data esse Verri *c, Lg* : Verri data esse *ceteri mss., uulgo, Kayser*.

mais cependant ils restaient patients. Voici que tout à coup il est fait lecture d'une somme de trois cent mille sesterces donnée pour un seul titre de créance par ordre du préteur. C'est aussitôt une clameur immense de tous les assistants, non seulement des plus honnêtes et de ceux qui avaient toujours vu une indignité dans le fait d'enlever par un acte absolument contraire au droit les biens d'un homme privé au titre d'une créance du peuple; mais ceux-là même qui avaient conseillé cet acte contraire au droit et qui avaient eu quelque petite part d'associés dans le butin et dans les rapines se mirent à crier: que Verrès prît pour lui l'héritage ! Les clameurs s'élevèrent si violentes dans le lieu de réunion du sénat que le peuple accourait en foule.

XX **48** Ce scandale est connu de tous les citoyens de la circonscription réunis à Syracuse ; la nouvelle en est bien vite portée chez lui. Plein d'inimitié pour ceux qui avaient donné lecture du document, hostile à tous ceux qui avaient poussé des cris d'improbation, voici Verrès enflammé de colère et de dépit ; cependant, alors, il se démentit lui-même. Vous connaissez l'effronterie du personnage, vous connaissez son audace ; toutefois, le peuple était alors en rumeur, on criait, le vol d'une grosse somme d'argent était manifeste : Verrès fut bouleversé. Une fois qu'il se fut recueilli, il mande chez lui les Syracusains ; il ne pouvait nier qu'il eût reçu d'eux cet argent ; il ne chercha pas quelqu'un loin de lui — car il lui eût été impossible de rendre la chose croyable à personne — c'est un homme qui lui était très proche, presque un second fils pour lui (1), qui, déclarait-il, avait enlevé cet argent; et il fit savoir qu'il le contraindrait à le restituer. Celui-ci apprit ce qui se passait ; préoccupé de ce qu'il devait à son rang, à son âge, à la noblesse de sa naissance, il vint s'expliquer devant le sénat ; il démontra que cette affaire ne le regardait en rien ; pour la conduite de Verrès, ce que

(1) Le gendre (*gener*) est l'allié en ligne directe (*adfinis*) le plus proche du beau-père (*socer*) ; mari de sa fille, il est presque un fils pour lui. On ignore de quelle famille était le gendre de Verrès et quelle fut sa carrière politique.

patiebantur. Repente recitatur uno nomine HS $\overline{\text{CCC}}$ iussu praetoris data esse. Fit maximus clamor omnium, non modo optimi cuiusque neque eorum quibus indignum semper uisum erat bona priuati populi nomine per summam iniuriam erepta, uerum etiam ipsi illi auctores iniuriae et ex aliqua particula socii praedae ac rapinarum clamare coeperunt sibi ut haberet hereditatem. Tantus in curia clamor factus est ut populus concurreret.

XX **48** Res ab omni conuentu cognita celeriter isti domum nuntiatur. Homo inimicus iis qui recitassent, hostis omnibus qui acclamassent, exarsit iracundia ac stomacho ; uerum tamen fuit tum sui dissimilis. Nostis os hominis, nostis audaciam ; tamen tum rumore populi et clamore et manifesto furto grandis pecuniae perturbatus est. Vbi se collegit, uocat ad se Syracusanos ; qui non posset negare ab illis pecuniam datam, non quaesiuit procul alicunde (neque enim probaret), sed proximum, paene alterum filium, quem illam pecuniam diceret abstulisse ; ostendit se reddere coacturum. Qui postea quam id audiuit, habuit et dignitatis et aetatis et nobilitatis suae rationem ; uerba apud senatum fecit, docuit ad se nihil pertinere ; de isto, id quod omnes uidebant,

HS $\overline{\text{CCC}}$ *c*, *Lg* : HS CCL milia *uulgo* || data esse *Lg* : data *ceteri mss.*, *uulgo* || bona priuati : bona priuata *k* ; priuata bona *Lg*, *Kayser*, *Mueller* ; priuati bona *Klotz* || erepta : esse erepta *Lambin*, *Kayser* || ipsi illi : illi ipsi *Lg*, *Mueller*.

48. isti domum nuntiatur (*cf. Pro Sex. Roscio* § 19 : nuntiat domum) : iste mutet domum nuntiatur *c*, *Lg* ; isti item domum nuntiatur *Gulielmius* ; isti Mucio domum nuntiatur *Schütz auctore Herel* || rumore populi et clamore : rumore populique clamore *k* : rumore et clamore populi *Lg*[1], *Kayser*, *Mueller* || manifesto furto : manifesto forte *Lg* ; furto manifesto *ceteri mss.*, *uulgo* || qui non posset *c*, *Lg*[1] : qui non possunt *q*, *r*, *k* ; quia non possunt *p* ; quia non posset *uulgo* || et dignitatis *c*, *Lg*[1] : dignitatis *ceteri mss.*, *uulgo*.

tout le monde voyait, il en parla lui-même sans aucune obscurité. C'est pourquoi les Syracusains lui élevèrent dans la suite une statue ; quant à lui, aussitôt qu'il le put, il abandonna Verrès et partit de la province. **49** Et l'on dit cependant que Verrès ne cesse de se plaindre de sa situation misérable : ce qui le charge, ce ne sont pas ses propres fautes et les accusations dirigées contre lui, ce sont les fautes des siens, les accusations dont les siens sont l'objet. Pendant trois ans, tu as eu le gouvernement de la province ; ton gendre, jeune homme d'élite, n'est resté qu'un an avec toi ; tes compagnons, qui étaient des hommes de cœur, tes légats t'ont abandonné la première année ; un seul légat, P. Tadius (1), te restait : il n'est pas demeuré si longtemps avec toi ; et, s'il était toujours demeuré avec toi, il aurait cependant mis le plus grand soin à ménager ta réputation et bien plus encore la sienne. Pourquoi accuses-tu d'autres que toi ? Y a-t-il une raison qui te fasse penser que tu pourrais, je ne dis pas détourner ta culpabilité sur quelqu'un, mais même la partager en commun avec un autre ? **50** On compte les trois cent mille sesterces en question aux Syracusains. Comment, dans la suite, cette somme d'argent revient-elle chez Verrès par une porte dérobée (2), c'est ce que les pièces et les témoins me permettront, juges, de vous montrer avec évidence.

Les fêtes en l'honneur de Verrès

XXI De cette iniquité, juges, et de cette improbité de Verrès, qui avaient fait donner en proie à plusieurs Syracusains une partie des biens d'Héraclius et cela contre le gré du peuple et du sénat de Syracuse — de cette même iniquité procèdent les scélératesses qui ont été commises par le moyen de Théomnaste, d'Aeschrion,

(1) Pour P. Tadius, voir tome II, note 2 de la p. 189.

(2) Le mot grec ψευδόθυρον, qui désigne la porte dérobée par où on pénètre en se cachant, s'oppose proverbialement au mot latin *ianua*, qui indique la grande porte par où on entre ouvertement dans la maison. Cf. *Orat. post red. in Senatu* :... non ianua receptis, sed pseudothyro intromissis uoluptatibus.

ne ille quidem obscure locutus est. Itaque illi Syracusani statuam postea statuerunt, et is, ut primum potuit, istum reliquit de prouinciaque decessit. **49** Et tamen aiunt eum queri solere non numquam se miserum, quod non suis, sed suorum peccatis et criminibus prematur. Triennium prouinciam obtinuisti ; gener, *l*ectus adulescens, unum annum tecum fuit ; sodales, uiri fortes, legati tui primo anno te reliquerunt; unus legatus P. Tadius, qui erat reliquus, non ita tecum multum fuit ; qui si semper una fuisset, tamen summa cura cum tuae, tum multo etiam magis suae famae pepercisset. Quid est quod tu alios accuses ? quid est quam ob rem putes te tuam culpam non modo deriuare in aliquem, sed communicare cum altero posse ? **50** Numerantur illa HS $\overline{\text{CCC}}$ Syracusanis. Ea quem ad modum ad istum postea per pseudothyrum reuertantur, tabulis uobis testibusque, iudices, planum faciam.

XXI Ex hac iniquitate istius et improbitate, iudices, quod praeda ex illis bonis ad multos Syracusanos inuito populo senatuque Syracusano uenerat, et illa scelera

ne ille Lg^1 : neque ille *ceteri mss., uulgo* || ut primum *c*, Lg^1 : ubi primum *ceteri mss., uulgo.*

49. non nunquam se : non inique se *Lg, Mueller* ; nimium quantum se *coni. Kayser* || suorum *c*, Lg^1 : comitum *ceteri mss.*; suorum comitum *uel. editt.* || et criminibus : criminibusque *Lg, Kayser, Mueller* || lectus *editt. recent.*: electus *mss.* (*cf. Pro Quinctio* § 5 : ectissimis *Lambin* ; electissimis *mss.*) || tecum multum π, *k* : multum tecum *Lg, ed. Rom.* 1471, *uulgo, Mueller* || una fuisset : tecum una fuisset Lg^1, *Kayser* una tecum fuisset Lg^1 *corr. man. pr., Mueller* ||summa cura *om. Lg, secl. Mueller* || cum tuae : tum tuae *uulgo* || cum altero : cum aliquo *uel. editt.*

50. HS $\overline{\text{CCC}}$: HS CCL milia *uulgo* (*cf.* § 47) || testibusque *Lg* : et testibus *ceteri mss., uulgo* || Syracusanos *om. Lg, secl. Mueller* || et illa scelera quae per : illa scelera per *Lg, uulgo, Mueller* ; etiam illa

de Dionysodore et de Cléomène, et cela absolument contre le gré de cette cité : d'abord, les spoliations dont la ville tout entière a été victime — ceci, c'est dans un autre endroit de mon discours que j'ai établi que j'en parlerais (1) ; — le vol de toutes les statues par le moyen de ces hommes dont j'ai donné les noms, le vol de tout l'ivoire pris dans les édifices sacrés, de tous les tableaux pris partout, enfin des statues des dieux qu'il lui plaisait d'enlever ; ensuite, à Syracuse, dans le lieu de réunion de leur sénat, qu'ils appellent « la salle du conseil », qu'ils regardent comme digne des plus grands honneurs et comme très illustre, à l'endroit même où se trouve la statue en airain de ce fameux M. Marcellus en personne, qui a conservé intact, qui a rendu aux Syracusains cet édifice que la loi de la guerre et de la victoire lui permettait de leur enlever, l'érection de la statue dorée de Verrès et d'une autre statue en l'honneur de son fils, pour que, tant que durerait la mémoire de cet homme, il fût impossible au sénat syracusain de se réunir sans verser de larmes et sans pousser de gémissements dans la salle de ses séances.
51 C'est par le moyen de ces mêmes hommes, avec lesquels il était en communauté de vols, d'injustices et d'épouses, qu'un acte de son pouvoir abolit à Syracuse les fêtes en l'honneur de Marcellus ; ce furent de très grands gémissements, ce fut un très grand deuil dans cette cité, qui, en célébrant ce jour de fête, s'acquittait de ce qu'elle devait à C. Marcellus pour ses bienfaits récents, et mettait en même temps le plus grand empressement à payer un juste tribut à la race, au nom, à la maison des Marcellus. En Asie, Mithridate, alors qu'il occupait cette province tout entière, n'y abolit point les fêtes en l'honneur de Mucius. C'était un ennemi, et un ennemi qui ne montrait pour tout le reste que trop de férocité et d'inhumanité ; cependant, il ne voulut pas porter atteinte aux honneurs consacrés par la religion des dieux que l'on rendait à un homme : et toi, tu n'as pas voulu laisser les Syracusains accorder un seul jour de fête aux Marcellus, grâce auxquels

(1) *Verr.*, (II), IV, LII-LIX.

quae per Theomnastum et Aeschrionem et Dionysodorum et Cleomenem inuitissima ciuitate illa facta sunt : primum ut urbs tota spoliaretur, qua de re alius mihi locus ad dicendum est constitutus ; ut omnia signa iste per eos homines quos nominaui, omne ebur ex aedibus sacris, omnes undique tabulas pictas, deorum denique simulacra quae uellet auferret ; deinde ut in curia Syracusis, quem locum illi βουλευτήριον nomine appellant, honestissimo loco et apud illos clarissimo, ubi illius ipsius M. Marcelli, — qui eum Syracusanis locum, quem eripere belli ac uictoriae lege posset, conseruauit et reddidit, — statua ex aere facta est, ibi inauratam istius et alteram filio statuam ponerent, ut, dum istius hominis memoria maneret, senatus Syracusanus sine lacrimis et gemitu in curia esse non posset. **51** Per eosdem istius furtorum, iniuriarum uxorumque socios istius imperio Syracusis Marcellia tolluntur maximo gemitu luctuque ciuitatis, quem illi diem festum cum recentibus beneficiis C. Marcelli debitum reddebant, tum generi, nomini, familiae Marcellorum maxima uoluntate tribuebant. Mithridates in Asia, cum eam prouinciam totam occupasset, Mucia non sustulit. Hostis, et hostis in ceteris

scelera sunt quae per *ed. Lambin* 1584 ; et illa scelera [quae per... Cleomenem] *Kayser* || ciuitate illa *Lg* ciuitate *ceteri mss., uulgo* || βουλευτήριον : βουλευτηρίου *Baiter*; buleuterium *mss., uulgo* ; buleuterion *Beck* || nomine appellant : nominant *p, alii mss.*; uocant *uulgo* || Syracusanis locum *om. Lg, Kayser* || et reddidit : ac reddidit *Lg*[1], *Kayser, Mueller* || statua ex aere facta est : statua est *c, Lg* ;[1] statua ex aere facta *uulgo* ; statua est [ex aere facta] *Mueller* ; statua [ex aere facta] est *Peterson* || ponerent *Lg*[1] : posuerunt *p* ; posuerint *ceteri mss., uulgo.*

51. Marcellia : Marcellea *uulgo* || luctuque : et luctu *Lg, Mueller* || C. Marcelli *Lg* : M. Marcelli *ceteri mss., uet. editt.*

ils ont obtenu de pouvoir célébrer les autres jours de fête !

52 Mais il est vrai que tu leur as institué à la place un jour illustre où ils devaient célébrer les fêtes de Verrès, ce jour en vue duquel on devait mettre à l'adjudication pour plusieurs années tout ce qui serait nécessaire aux cérémonies sacrées et aux festins publics ! Au milieu de ses actes incroyables d'impudence, il est temps de nous donner quelque relâche : évitons de nous imposer trop de tension, de paraître traiter tout cela avec une douloureuse indignation. Le jour, en effet, la voix, les poumons me feraient défaut, si je voulais maintenant le proclamer à grands cris : quelle misère ! quelle indignité ! Un jour de fête qui porte le nom de cet homme célébré chez les citoyens d'une ville qui voit en lui l'auteur de sa ruine complète ! O illustres fêtes en l'honneur de Verrès ! Est-il, je te prie, un seul endroit où tu te sois présenté sans l'y apporter avec toi, ce jour de fête ? En effet, quelle est la maison, quelle est la ville, quel est enfin le lieu consacré où tu sois allé et où tu n'aies tout balayé, laissé partout place nette ? Aussi peut-on appeler avec raison ces fêtes des *Verries* (1), elles qui semblent devoir l'origine de leur institution, non pas à ton nom, mais à l'œuvre de tes mains et à la nature de tes actes.

L'affaire d'Épicrate de Bidis

XXII **53** Avec quelle facilité progressent peu à peu l'injustice et l'habitude de faire le mal, quelle est la difficulté de les réprimer, voyez-le, juges. Bidis (2) est une ville de bien peu d'importance, non loin de Syracuse. Là, le pre-

(1) C'est toujours le même jeu de mots : [*Verria*] *euersum*. Voir, plus haut, VII, 19 [*Verres*] *ad euerrendam prouinciam.*

Verrès affectait de croire que ces fêtes dureraient après son départ ; il pouvait ainsi faire adjuger à un plus haut prix par la province les travaux et les fournitures des *Verria*. L'entreprise des fêtes était une *locatio operis faciendi*. On a vu par l'affaire du temple de Castor (*Verr.*, (II), I, XLIX-LIX) comment Verrès savait s'entendre avec un *locator* de son choix. Naturellement, Verrès une fois parti, les *Verria*, qui étaient aussi ridicules que licencieuses, furent abolies (*Verr.*, (II), IV, X, 24 ; LXVII, 151).

(2) Bidis (San Giovanni di Bidini), petite ville forte au sud de Syracuse.

rebus nimis ferus et immanis, tamen honorem hominis deorum religione consecratum uiolare noluit : tu Syracusanos unum diem festum Marcellis impertire noluisti, per quos illi adepti sunt ut ceteros dies festos agitare possent ? **52** At uero praeclarum diem illis reposuisti, Verria ut agerent, et ut ad eum diem quae sacris epulisque opus essent in complures annos locarentur ! Iam in tanta istius impudentia remittendum aliquid uidetur, ne omnia contendamus, ne omnia cum dolore agere uideamur. Nam me dies, uox, latera deficiant, si hoc nunc uociferari uelim, quam miserum indignumque sit istius nomine apud eos diem festum esse qui se istius opera funditus exstinctos esse arbitrentur. O Verria praeclara ! quo accessisti, qua*eso*, quo non attuleris tecum istum diem ? Etenim quam tu domum, quam urbem adisti, quod fanum denique, quod non euersum atque extersum reliqueris ? Qua re appellentur sane ista Verria, quae non ex nomine sed ex manibus naturaque tua constituta esse uideantur.

XXII **53** Quam facile serpat iniuria et peccandi consuetudo, quam non facile reprimatur, uidete, iudices. Bidis oppidum est tenue sane, non longe a Syracusis. Hic

Syracusanos : Syracusanis *b*, δ || noluisti : uetuisti π, *b* || agitare possent *Lg*[1] : agitare possint *c* ; agere possint *ceteri mss.*

52. diem illis *c*, *Lg*[1] : diem *ceteri mss.* || Verria : Verrea *uulgo* (*ita semper*) || iam : sed iam *Lambin*, *uulgo* || uociferari *c*, *Lg* : uociferare *ceteri mss.* || se istius : sese istius *uulgo* || arbitrentur : arbitrantur *Lg*, *Mueller* || quo accessisti quaeso *Peterson* : quo accessisti quasi *c* ; accessisti quo quasi *Lg* ; quo quasi accessisti *b*, *r* ; quasi accessisti *p*, *q* ; quo quaeso accessisti *Lambin*, *Kayser*, *Mueller* ; quoquam si accessisti *uulgo* || tecum istum : istum tecum *Lg*, *Kayser*, *Mueller* || manibus : moribus *P. Manuzio*.

53. hic [longe] : hic longe *Lg* ; huius longe *ceteri mss.*, *uulgo*, *Kayser*. *Verbum* longe *seclusi quod arbitrer propter* longe a Syracusis

mier de la cité est un certain Épicrate. Un héritage de cinq cent mille sesterces lui était venu d'une femme, sa proche parente, si proche que même, fût-elle morte intestat, Épicrate, d'après les lois des Bidiniens, devait être son héritier. L'affaire que j'ai exposée précédemment était toute récente ; — cette affaire d'Héraclius de Syracuse qui n'aurait pas perdu ses biens, s'il ne lui était pas venu un héritage. Cet Épicrate, lui aussi, il lui était venu, comme je l'ai dit, un héritage. **54** Ses ennemis se mirent à songer qu'on pourrait aussi facilement le déposséder de ses biens, puisque c'était sous l'administration de ce même préteur qu'Héraclius avait été dépossédé. Ils prennent en secret leurs dispositions ; ils font avertir Verrès par l'entremise des courtiers qu'il employait pour corrompre les actions judiciaires (1). On établit le plan du procès : les administrateurs de la palestre de Bidis réclameront l'héritage à Épicrate, exactement comme les administrateurs de la palestre de Syracuse avaient réclamé le sien à Héraclius. Jamais vous n'avez vu préteur aussi épris de la palestre ; il est vrai qu'en défendant les intérêts des administrateurs de la palestre, il s'arrangeait de manière à emporter de leur huile (2). Immédiatement, pour qu'il fût versé quelque argent comptant, il fait remettre quatre-vingt mille sesterces à l'un de ses amis. **55** Mais l'opération ne put être tenue assez secrète ; un de ceux qui y avaient assisté en fait informer Épicrate. Tout d'abord, il commence par ne tenir aucun compte de cet avis ; il n'y fait pas attention, car il n'y avait dans sa cause absolument rien qui pût donner matière à contes-

(1) Au sens péjoratif du mot, les *interpretes* sont ou les intermédiaires qui achètent les juges (*Verr.*, I, XII, 36 ; (II), II, XLIV, 108)— Verrès se vantait d'avoir fait acheter tous les siens (*Verr.*, (II), III, LXII, 145), — ou les agents électoraux qui achètent dans les comices les votes en faveur d'un candidat.

(2) Cicéron joue sur le double sens du mot *unctus*, « qui s'est frotté d'huile pour les exercices de la palestre » et « qui s'est engraissé, enrichi » (qui s'est fait graisser la patte). Verrès entré maigre (*siccus*) à la palestre en sort engraissé (*unctus*). Cf. Horace *Epist.*, I, XVI, V, 12 :... accedes siccus ad unctum. Voir, plus haut, la note 4 de la p. 19.

[longe] primus ciuitatis est Epicrates quidam. Huic hereditas HS quingentorum milium uenerat a muliere quadam propinqua, atque ita propinqua ut, ea etiam si intestata esset mortua, Epicratem Bidinorum legibus heredem esse oporteret. Recens erat illa res quam ante demonstraui, de Heraclio Syracusano, qui bona non perdidisset nisi ei uenisset hereditas. Huic quoque Epicrati uenerat, ut dixi, hereditas. **54** Cogitare coeperunt eius inimici nihilo minus eodem praetore hunc euerti bonis posse quo Heraclius esset euersus. Rem occulte instituunt; ad Verrem per eius interpretes deferunt. Ita causa componitur ut item palaestritae Bidini peterent ab Epicrate hereditatem, quem ad modum palaestritae Syracusani ab Heraclio petiuissent. Numquam uos praetorem tam palaestricum uidistis; uerum ita palaestritas defendebat ut ab illis ipse unctior abiret. Qui statim, *quo* quid praesens esset, iubet cuidam amicorum suorum numerari HS LXXX. **55** Res occultari satis non potuit; per quendam eorum qui interfuerant fit Epicrates certior. Primo contemnere et neglegere coepit, quod causa pror-

irrepsisse || Epicrates quidam : quidam Epicrates *Lg, Mueller* || huic hereditas : ei hereditas *Kayser* || recens erat *Lg* : recens Syracusana erat *ceteri mss.,uulgo*; recens [Syracusana] erat *Kayser* || demonstraui : *in hoc uerbo incipit P V* || huic quoque...hereditas *Kayser abesse malit.*

54. hunc euerti : euerti hunc *Lg, Mueller* || quo Heraclius : quam Heraclius *P V, Kayser* || Bidini *P V, c, Lg*[1] : Bidenses *ceteri mss., uulgo* || hereditatem *om. c, Lg* || abiret *P V, c, Lg*[1] : discederet *ceteri mss., uulgo* || quo quid praesens esset *Peterson* : quod statim praesensisset *P V* ; quod praesens esset *ceteri mss.*; cum praesensisset uulgo ; † quod praesens esset *Kayser, Mueller* ; quo praes eius rei esset *coni. Kayser* ; cum rem sensisset *coni. Cobet* || amicorum suorum *P V,π, k*: amicorum *c,Lg*; suorum amicorum *ceteri mss.,uulgo*.

55. potuit : posse *uulgo* ; potest *Lambin* || interfuerant : interfuerat *uulgo* || primo : primum *Lg* (*cf.* § 36 primum illo), *Kayser* || contemnere et neglegere coepit *P V* neglegere coepit et contem-

tation. Mais ensuite il songea à ce qui était arrivé à Héraclius ; il savait bien quels étaient les excès de pouvoir de Verrès. Aussi jugea-t-il que ce qu'il avait de mieux à faire, c'était de s'en aller clandestinement de la province : c'est donc ce qu'il fit ; il partit pour Rhégium.

XXIII A peine a-t-on appris la nouvelle de ce départ, les voici en ébullition, ceux qui avaient donné de l'argent ; ils pensent qu'il est impossible d'intenter aucune action en l'absence d'Épicrate ; car Héraclius, du moins, était présent lorsque, pour la première fois, des juges furent désignés ; mais lui, avant que l'on eût comparu en justice, avant même qu'il eût été parlé de l'objet de la contestation, il avait quitté la partie ; ils pensaient donc impossible d'intenter aucune action contre lui. Ils partent pour Rhégium, ils vont trouver Epicrate ; ils lui exposent — ce qu'il savait — qu'ils ont donné quatre-vingt mille sesterces ; ils lui demandent de leur procurer ce qu'ils ont déboursé, de prendre d'eux telle caution qu'il voudra comme garantie que personne n'agira en justice avec Épicrate à propos de cet héritage. **56** Épicrate répond longuement à ces gens en leur faisant mauvais accueil et les renvoie ; ils s'en retournent de Rhégium à Syracuse et ils commencent, comme c'est l'ordinaire en pareil cas, à se plaindre auprès de beaucoup de personnes : c'est en pure perte qu'ils ont donné quatre-vingt mille sesterces. Le bruit de cette affaire se répandit ; tout le monde commençait à l'avoir à la bouche et à en faire le sujet des conversations. Verrès remet au théâtre sa comédie de Syracuse (1) ; il déclare qu'il veut instruire l'affaire de ce versement de quatre-vingt mille sesterces ; il convoque un grand nombre de témoins. Les Bidiniens déclarent qu'ils ont donné de l'argent à Volcatius ; ils n'ajoutent

(1) « Sa Syracusaine» (*Syracusanam suam*), sa comédie à la manière des mimes de Sophron de Syracuse.

Au dire du scholiaste, l'idylle de Théocrite intitulée *Les Syracusaines* est imitée d'un mime de Sophron : peut-être ce mime avait-il pour titre *La Syracusaine*. En ce cas, *Syracusana* serait le titre du mime que Cicéron attribue à Verrès, imitateur à sa manière de Sophron ; il dirait « sa Syracusaine », comme de Térence, imitateur de Ménandre, « son Andrienne ».

sus quod disputari posset nihil habebat. Deinde cum de Heraclio cogitaret et istius libidinem nosset, commodissimum putauit esse de prouincia clam abire; itaque fecit; profectus est Regium.

XXIII Quod ubi auditum est, aestuare illi qui pecuniam dederant, putare nihil agi posse absente Epicrate; nam Heraclius tamen adfuerat, cum primo sunt dati iudices; de hoc qui, ante quam aditum in ius esset, ante quam mentio denique controuersiae facta esset ulla, discessisset, putabant nihil agi posse. Homines Regium proficiscuntur; Epicratem conueniunt; demonstrant, id quod ille sciebat, se HS LXXX dedisse; rogant eum ut sibi id quod ab ipsis abisset pecuniae curet, ab sese caueat quem ad modum uelit, de illa hereditate cum Epicrate neminem esse acturum. **56** Epicrates homines multis uerbis ab se male acceptos dimittit; redeunt illi Regio Syracusas, queri cum multis, ut fit, incipiunt se HS LXXX nummum frustra dedisse. Res percrebruit et in ore atque sermone omnium coepit esse. Verres refert illam suam Syracusanam; ait se uelle de illis HS LXXX cognoscere; aduocat multos. Dicunt Bidini Volcatio se dedisse; illud

nere *Lg, Kayser, Mueller*; neglegere et contemnere coepit *ceteri mss., uulgo* || disputari : dubitari *uulgo* || pecuniam dederant : dederant pecuniam *uulgo* || primo *P V, Lg*[1] : primum *ceteri mss., uulgo* || sunt dati : dati sunt *uulgo* || aditum in ius : in ius aditum *uulgo* || facta esset ulla : facta esset *uulgo* || demonstrant : et demonstrant *Lg, Mueller* || ut sibi id *P V, c, Lg* : ut id *ceteri mss.* || cum Epicrate : cum ipso *Pluygers, Kayser.*

56. ab se male acceptos : male acceptos ab se *P V, Klotz*; a se male acceptos *uulgo*; male ab se acceptos *Kayser* || dimittit *P V, Lg*[1] : dimisit *ceteri mss., uulgo* || ut fit : ita ut fit *uulgo* || se *P V* : sese *ceteri mss., uulgo, Kayser* || refert illam suam : refert illam suam rationem *Lambin*; refert illam fabulam suam *Mueller* || uelle de : *in his uerbis desini P V.*

pas « par l'ordre de Verrès ». Celui-ci mande Volcatius ; que l'argent soit rapporté , c'est l'ordre du préteur. De la meilleure grâce du monde, Volcatius apporte les sesterces, en homme qui ne perdait rien ; il les restitue à la vue de nombreux assistants : les Bidiniens emportent les sesterces.

57 Quelqu'un me dira : « Pourquoi donc trouves-tu la conduite de Verrès répréhensible en cette affaire ? Bien loin d'être un voleur, il n'a pas même souffert qu'un autre le fût ! » Attention ! Vous allez vous rendre compte que cet argent qui a paru sortir de chez lui par la grande route est revenu par le sentier à l'endroit d'où il était sorti (1). Quelle devait être, en effet, la conduite du préteur, lorsque, après avoir instruit l'affaire avec son conseil, il eut découvert qu'un des personnages qui l'accompagnaient avait reçu de l'argent pour porter atteinte au droit, au décret, à une action judiciaire, et cela dans une affaire où la personnalité civile du préteur lui-même et sa considération étaient en jeu, et que, d'autre part, les Bidiniens avaient, en donnant de l'argent, compromis la réputation et la situation sociale du préteur ? Ne devait-il pas sévir à la fois et contre celui qui avait reçu l'argent et contre ceux qui l'avaient donné ? Toi qui avais institué des pénalités à l'endroit de ceux qui auraient rendu un jugement incorrect—ce qui est souvent le fait d'une inadvertance — peux-tu souffrir qu'ils s'éloignent de ton tribunal, sans avoir été punis, ceux qui avaient pensé qu'un décret que tu fais, qu'une action judiciaire que tu ordonnes, peuvent donner lieu à remettre ou à recevoir de l'argent ?

XXIV **58** Volcatius, dans la suite, a conservé auprès de toi la même situation, lui, un chevalier romain, après avoir été frappé d'une telle ignominie ! Est-il, en effet, plus grande turpitude pour un homme de naissance libre, plus grande indignité pour un homme de condition libre,

(1) Encore une expression proverbiale. (Voir p. 74, note 2.) Dans le *De Diuin.*, I, LVIII, 132, Cicéron cite un vers du *Telamo* d'Ennius où les mots *semita* et *uia* sont en antithèse : Qui sibi semitam non sapiunt alteri monstrant uiam.

non addunt, « iussu istius ». Volcatium uocat, pecuniam referri imperat. Volcatius animo aequissimo nummos adfert, qui nihil amitteret, reddit inspectantibus multis : Bidini nummos auferunt.

57 Dicet aliquis : « Quid ergo in hoc Verrem reprehendis, qui non modo ipse fur non est, sed ne alium quidem passus est esse ? » Attendite ; iam intellegetis hanc pecuniam, quae uia modo uisa est exire ab isto, eodem semita reuertisse. Quid enim debuit praetor facere, cum consilio re cognita cum comperisset suum comitem iuris, decreti, iudici corrumpendi causa, — qua in re ipsius praetoris caput existimatioque ageretur, — pecuniam accepisse, Bidinos autem pecuniam contra praetoris famam ac fortunas dedisse ? non et in eum qui accepisset animum aduertisset et in eos qui dedissent ? Tu, qui institueras in eos animum aduertere qui perperam iudicassent, — quod saepe per imprudentiam fit, — hos pateris impune discedere qui ob tuum decretum, ob tuum iudicium pecuniam aut dandam aut accipiendam putarant ?

XXIV **58** Volcatius idem apud te postea fuit, eques Romanus, tanta accepta ignominia ; nam quid est turpius ingenuo, quid minus libero dignum quam in con-

imperat : iubet *Lg, Kayser, Mueller* || qui nihil : quippe qui nihil *Lambin* ; ut qui nihil *Siesbye*.

57. quae uia *Lg* : qua uia *ceteri mss., uulgo* || eodem *Peterson* : eam *Lg*[1], *Kayser, Mueller* ; eadem *ceteri mss., uulgo* ; eamdem *ed. Lemaire* || facere : fecisse *uulgo* || re cognita : cognita causa *Lg*[1], *Kayser, Mueller* || pecuniam accepisse : accepisse *δ* || animum aduertisset (*cf. Diu.* § 28 : animum aduertere ; *Verr.*, (II), III, § 140 ; animum aduertisset ; V, § 105 animum aduertere) : animaduertisset *c, Lg*[1], *editt. recent.*; animum aduertisse *p, q, k* ; animaduertisse *ceteri mss., uulgo* || animum aduertere : animaduertere *mss. et editt.* || ob tuum decretum *om. Lg, secl. Kayser, Mueller* || putarant : putabant *Lg, Kayser, Mueller.*

que de se voir, dans cette si nombreuse assemblée des citoyens de la circonscription judiciaire, contraint par le magistrat à restituer une somme volée ? S'il avait été animé des sentiments que doit avoir, je ne dis pas un chevalier romain, mais n'importe quel homme libre, Volcatius après cela n'aurait pu te regarder en face ; c'est de l'inimitié, c'est de l'hostilité qu'il aurait eue pour toi après avoir reçu un tel outrage, s'il n'y avait pas eu collusion entre vous, s'il ne s'était pas asservi aux intérêts de ta réputation plutôt que de la sienne. A quel point il a été ton ami non seulement alors, tout le temps qu'il est resté dans la province avec toi, mais à quel point il l'est encore maintenant que tu as été abandonné par tous tes autres amis, tu t'en rends bien compte et nous aussi nous pouvons l'apprécier. Rien ne s'est produit à l'insu de Verrès : n'en avons-nous d'autre preuve que le fait que Volcatius ne s'est pas enflammé de colère contre lui ? que le fait que Verrès n'a sévi ni contre Volcatius, ni contre les Bidiniens ? **59** C'est là une grande preuve, mais voici la plus grande qu'on puisse donner : ces Bidiniens eux-mêmes, contre lesquels il a dû être irrité, qui, il l'a appris, se voyant absolument dans l'impuissance d'agir en justice avec Épicrate, celui-ci eût-il été présent, ont, en conséquence, fait des tentatives pour acheter le décret qu'il aurait rendu (1), — ces Bidiniens eux-mêmes, dis-je, il ne se contente pas de leur donner l'héritage qui était venu à Épicrate, mais, comme il l'avait fait dans le cas du Syracusain Héraclius, — et cette fois le procédé était un peu plus atroce encore, puisqu'Épicrate n'avait jamais reçu aucune sommation, — il leur a remis en toute propriété les biens qu'Épicrate tenait de ses pères et sa fortune entière. Il a fait voir ainsi que, suivant une manière de juger nouvelle, il écouterait favorablement toute réclamation contre un absent. Les Bidiniens se présentent

(1) Quand le préteur examine lui-même (*cognoscit*) l'affaire, la décision par laquelle il y met fin est un décret (*decretum*) ; quand il renvoie l'affaire à des juges, leur jugement, qui termine le procès, est une *sentence* (*sententia*). La sentence ou le décret une fois rendu, il y a chose jugée (*res iudicata*).

uentu maximo cogi a magistratu furtum reddere ? qui si eo animo esset quo non modo eques Romanus, sed quiuis liber debet esse, adspicere te postea non potuisset ; inimicus, hostis esset tanta contumelia accepta, nisi tecum tum collusisset et tuae potius existimationi seruisset quam suae. Qui quam tibi amicus non modo tum fuerit quam diu tecum in prouincia fuit, uerum etiam nunc sit cum iam a ceteris amicis relictus es, et tu intellegis et nos existimare possumus. An hoc solum argumentum est nihil isto imprudente factum, quod Volcatius ei non suscensuit ? quod iste neque in Volcatium neque in Bidinos animum aduertit ? **59** Est magnum argumentum, uerum illud maximum, quod illis ipsis Bidinis, quibus is*t*e iratus esse debuit, a quibus comperit, quod iure agere cum Epicrate nihil possent, etiam si adesset, idcirco suum decretum pecunia esse tentatum : *i*is, inquam, ipsis non modo illam hereditatem quae Epicrati uenerat, sed, ut in Heraclio Syracusano, item in hoc, — paulo etiam atrocius, quod Epicrates appellatus omnino non erat, — bona patria fortunasque eius Bidinis tradidit. Ostendit enim nouo modo, si quis quid de absente peteret, se auditurum. Adeunt Bidini, petunt

58. eo animo esset : animo esset eo *Kayser* || tecum tum *Lg, p, q* : tecum *ceteri mss., uulgo, Kayser* || tum fuerit : tam diu fuerit *Mueller* || relictus es : sis relictus *uulgo* || an hoc ad hoc *Lg* ; at hoc *coni. Peterson* || neque... neque *Lg, q* : nec... neque *p, r* ; nec... nec *b, uulgo, Kayser* || animum aduertit *p* : animaduertit *ceteri mss. et editt.*

59. maximum: *in hoc uerbo incipit P V* || Bidinis *secl. Pluygers, Kayser* || quibus iste *Mueller* : quibus ipse *c, Lg* ; quibus *ceteri mss., uulgo, Kayser* || a quibus : ut a quibus *uulgo* || iis *Klotz* : is *P V* ; his *ceteri mss., uulgo, Kayser, Mueller* || uenerat, sed : uenerat, dedit, sed *Klotz* || de absente *P V* : absente *ceteri mss.*; ab absente *uulgo* || se auditurum : auditurum *P V*.

en justice ; ils réclament l'héritage ; les mandataires d'Épicrate (1) requièrent du préteur qu'il ordonne le renvoi de l'affaire à leurs lois nationales ou, conformément à la loi Rupilia, la notification par écrit de l'action. Les adversaires n'osaient pas parler contre cette requête : c'était une impasse d'où on ne trouvait aucun moyen de sortir. Ils accusent Épicrate d'avoir quitté la partie dans une intention frauduleuse ; ils requièrent le préteur de les envoyer en possession de ses biens. **60** Épicrate ne devait pas un sesterce à qui que ce fût ; dans le cas où quelqu'un ferait quelque réclamation, ses amis déclaraient qu'ils supporteraient la suite de l'instance, s'engageaient à donner caution suffisante qu'ils satisferaient à la chose jugée (2).

XXV Toutes ces propositions étaient accueillies froidement. Sur l'avis de Verrès, ils se mettent à accuser Épicrate d'avoir commis des faux en écriture publique, ce dont il était bien loin de pouvoir être soupçonné. Ils requièrent une action contre lui à raison de ce fait. Les amis d'Épicrate s'opposent à ce que, pendant son absence, on constitue aucune instance ou aucune instruction judiciaire du préteur concernant la considération de leur ami ; en même temps, ils ne cessaient de requérir le renvoi de l'affaire à leurs lois nationales. **61** Verrès avait trouvé le joint : du moment qu'il voyait qu'il y avait un point sur lequel, en l'absence d'Épicrate, ses amis ne voulaient pas se porter défendeurs, il donne aussitôt l'assurance qu'il délivrera la formule d'action principalement sur ce point. La chose était claire pour tout le monde : ce n'était pas seulement la somme d'argent que l'on avait fait semblant de faire sortir de chez Verrès qui y était

(1) Les *procuratores* sont les mandataires d'un défendeur absent ; le *cognitor* est le mandataire à qui le défendeur présent a déclaré devant le magistrat qu'il déléguait ses pouvoirs : le défendeur est censé agir par le *cognitor*. Représentants d'un absent auquel ils sont substitués, les *procuratores* agissent en leur propre nom, comme *domini litis*.

(2) La « satisfaction à la chose jugée », dit Ulpien (loi 6, livre XLVI, titre 7), comporte trois clauses (*habet tres clausulas*) : se présenter en justice pour défendre (*de re defendenda*), ne commettre aucun dol (*de dolo malo*), acquitter la condamnation (*de re iudicata*).

hereditatem ; procuratores postulant ut se ad leges suas reiciat aut ex lege Rupilia dicam scribi iubeat. Aduersarii non audebant contra dicere : exitus nullus reperiebatur. Insimulant hominem fraudandi causa discessisse; postulant ut bona possidere iubeat. **60** Debebat Epicrates nummum nullum nemini ; amici, si quis quid peteret, iudicio se passuros, iudicatum solui satis daturos esse dicebant.

XXV Cum omnia consilia frigerent, admonitu istius insimulare coeperunt Epicratem litteras publicas corrupisse, a qua suspicione ille aberat plurimum : actionem eius rei postulant. Amici recusare ne quod iudicium neue ipsius cognitio illo absente de existimatione eius constitueretur, et simul illud idem postulare non desistebant ut se ad leges suas reiceret. **61** Iste amplam nactus, ubi uidet esse aliquid quod amici absente Epicrate nollent defendere, adseuerat se eius rei in primis actionem daturum. Cum omnes perspicerent ad istum non modo illos nummos qui per simulationem ab isto exierant

dicam : litem *Lg*[1] ; legem *b*, *δ* || possidere iubeat *P V*, *c*, *Lg*[1] : possidere liceat *ceteri mss.*, *uulgo*, *Kayser*.

60. nummum nullum nemini : nummum nemini *P V*, *Klotz*, *Kayser* ; nummum [nullum] nemini *Mueller* ; nullum nummum nemini *b*, *δ* ; ullum nummum nemini *uulgo* || iudicio : iudicium *Lambin* || consilia : iudicia *uulgo* || iudicium *P V*, *Lg* : nouum iudicium *ceteri mss.*, *uulgo* || neue : nequa *uulgo* || ipsius : istius *malit J. V. Leclerc* || existimatione eius : eius existimatione *Lg*, *Mueller* || illud idem *Lg* : illud item *P V*, *Klotz*, *Kayser*; idem illud *ceteri mss.*, *uulgo*.

61. amplam nactus *P V*, *Lg*, *p* : amplam occasionem nactus *q*, *r*, *k* ; amplam occasionem calumniae nactus *b*, *δ*, *uulgo*, *Kayser* ; amplam [occasionem calumniae] nactus *Mueller*. (*R. Schöll*, *Archiv für lateinische Lexikographie und Grammatik*, *t.* I, 1885, p. 534, *docuit uerbum* ampla *in sermone plebeio idem ualere ac uerbum* ansa) || absente Epicrate : absentem Epicratem *uulgo* || daturum : esse daturum *uulgo*.

rentrée, mais c'était plus tard des sommes d'argent bien plus importantes qu'il avait enlevées. Les amis d'Épicrate se désistèrent donc de la défense de leur ami ; et, par ordre de Verrès, les Bidiniens possédèrent en toute propriété l'ensemble des biens d'Épicrate. A ces cinq cent mille sesterces de l'héritage se joignirent les quinze cent mille autres qu'il possédait avant d'hériter. Peut-on l'admettre : toute l'affaire a-t-elle été ainsi menée depuis le commencement et ainsi amenée jusqu'au terme, la somme d'argent était-elle d'une si faible importance, Verrès était-il d'un tel caractère que tous les actes dont j'ai fait le récit semblent avoir été accomplis gratuitement ?

62 C'est ici maintenant, juges, que vous allez entendre ce qu'a été la misère des Siciliens. Et le Syracusain Héraclius et le Bidinien Épicrate, expropriés l'un et l'autre de tous leurs biens, vinrent à Rome ; vêtus d'une manière misérable, la chevelure et la barbe très longues, ils restèrent à Rome à peu près deux ans. Cependant, L. Metellus partit pour sa province ; munis des meilleures recommandations, ils partent alors en même temps que Metellus et avec lui. Aussitôt arrivé à Syracuse, Metellus s'empressa de casser les deux arrêts, celui qui concernait Héraclius et celui qui concernait Épicrate. Dans les biens de l'un et de l'autre il ne restait rien qui pût leur être restitué, excepté les propriétés immobilières qui n'avaient pu être emportées.

XXVI **63** C'était de la part de Metellus, à peine arrivé, un début qui sortait de l'ordinaire : tous les actes que Verrès avait commis contre le droit, autant qu'il était en son pouvoir, il les cassait et il les annulait. Pour ce qui est des restitutions (1) qu'il avait ordonné de faire à Héraclius et qui ne se faisaient pas, il ordonnait que l'on se

(1) En ordonnant, sans renvoi devant un *iudex* et par simple *decretum*, la *restitutio in integrum*, le préteur casse des actes juridiques ayant l'autorité de la *res iudicata* et remet les choses en l'état où elles se trouvaient avant ces actes. La *restitutio* une fois prononcée contre les *iudicia* qui l'avaient dépouillé, Héraclius, *restitutus*, « réintégré dans ses droits », a qualité pour exercer l'*addictio* contre ceux qui l'ont lésé. Voir, tome I, note 1 de la p. 152.

reuertisse, sed multo etiam plures eum postea nummos abstulisse, amici Epicratem defendere destiterunt, iste Epicratis bona Bidinos omnia possidere et sibi habere iussit. Ad illa HS ᴅ hereditaria accessit ipsius antiqua HS quindeciens pecunia. Vtrum res ab initio ita ducta est an ad extremum ita perducta, an ita parua est pecunia, an is homo Verres, ut haec quae dixi gratis facta esse uideantur ?

62 Hic nunc de miseria Siculorum, iudices, audite. Et Heraclius ille Syracusanus et hic Bidinus Epicrates, expulsi bonis omnibus, Romam uenerunt ; sordidati, maxima barba et capillo, Romae biennium prope fuerunt. Cum L. Metellus in prouinciam profectus est, tum isti bene commendati cum Metello una proficiscuntur. Metellus, simul ac uenit Syracusas, utrumque rescidit, et de Epicrate et de Heraclio. In utriusque bonis nihil erat quod restitui posset, nisi si quid moueri loco non potuerat.

XXVI **63** Fecerat hoc egregie primo aduentu Metellus, ut omnes istius iniurias, quas modo posset, rescinderet et irritas faceret. Quod Heraclium restitui iusserat

perducta : perducta est *uulgo* || is homo Verres : is Verres *Lg* ; is [homo] Verres *Kayser, Mueller* || esse uideantur : uideantur esse *Lg* (*cf.* § 108 : uideatur esse), *Mueller.*

62. biennium : biennio *P V, Kayser* || cum : quod ad *P V* ; quoad *A. Mai, Klotz, Kayser, Mueller* || L. Metellus *P V, Lg* : Q. Metellus *ceteri mss.* || in prouinciam : hinc *Lg* ; hinc in prouinciam *coni. Peterson* || simul ac uenit : simul aduenit *c, Lg*[1], *k* || rescidit *c, Lg* : rescindit *P V, ceteri mss., Klotz, Kayser* || nisi si quid *c, Lg* : nisi si quod π ; nisi quod *P V, b, ceteri mss., uulgo Klotz, Kayser* || potuerat *c, Lg*[1] : poterat *ceteri mss., uulgo, Klotz, Kayser.*

63. hoc *Lg* : haec *ceteri mss., uulgo* || quod Heraclium *c, Lg* : Heraclium *P V, ceteri mss., uulgo, Klotz, Kayser.*

saisît de la personne de tout sénateur syracusain qu'Héraclius avait fait assigner ; et c'est ainsi qu'on se saisit d'un grand nombre de sénateurs. Quant à Épicrate, les restitutions lui furent faites sur-le-champ. Contre d'autres jugements, soit à Lilybée, soit à Agrigente, soit à Panhorme, il y eut restitution. Pour le taux du cens fixé sous la préture de Verrès, Metellus avait fait savoir qu'il ne le maintiendrait pas. Verrès avait adjugé la ferme de la dîme contrairement à la loi de Hiéron : Metellus avait déclaré dans son édit qu'il l'adjugerait conformément à la loi de Hiéron. Tel était le caractère de tous les actes de Metellus qu'il semblait moins exercer ses propres fonctions de préteur que défaire tout ce qui avait été fait pendant la préture de Verrès. Aussitôt que je fus arrivé en Sicile, il changea complètement. **64** Il lui était venu, deux jours auparavant, un certain Laetilius ; cet homme n'était pas étranger aux lettres, aussi Verrès l'employa-t-il toujours à porter les siennes (1). Ce Laetilius avait apporté un grand nombre de dépêches ; l'une d'elles, qui venait de chez lui, avait produit en Metellus un changement total. Tout à coup, il se mit à déclarer qu'il désirait agir en tout dans l'intérêt de Verrès, qu'il avait avec lui des relations d'amitié et de parenté. Ce fut un étonnement général de voir que l'idée de ces relations ne lui venait à l'esprit qu'après tant d'actes et de décrets qui avaient égorgé Verrès. Il y avait des gens qui pensaient que Laetilius avait été député par Verrès à Metellus pour lui remettre en mémoire les bonnes dispositions qu'ils avaient l'un pour l'autre, leur amitié et leur parenté. Dès ce moment, Metellus demande aux cités des témoignages publics d'éloges ; il ne se contente pas de menaces pour détourner par la crainte les témoins de parler ; il a recours à la violence pour empêcher leurs dépositions. Et si par mon arrivée je n'eusse pas quelque peu réprimé ses efforts,

(1) Encore un des médiocres jeux de mots, trop fréquents dans les *Verrines*. Le service des postes ne sera organisé que sous Auguste. Non inuenio fidelem tabellarium, dit Cicéron (*Epist. ad Attic.*, I, xiii, 1), qui se plaint constamment dans sa correspondance de l'indiscrétion des *tabellarii*, qui ont coutume de délier le paquet de lettres (*fasciculus*) dont ils sont chargés, pour en lire le contenu.

ac non restituebatur, quisquis erat eductus senator Syracusanus ab Heraclio, duci iubebat; itaque permulti ducti sunt. Epicrates quidem continuo est restitutus. Alia iudicia Lilybaei, alia Agrigenti, alia Panhormi restituta sunt. Census qui isto praetore sunt habiti non seruaturum se Metellus ostenderat; decumas, quas iste contra legem Hieronicam uendiderat, sese uenditurum Hieronica lege edixerat. Omnia erant Metelli eius modi ut non tam suam praeturam gerere quam istius praeturam retexere uideretur. Simul atque ego in Siciliam ueni, mutatus est. **64** Venerat ad eum illo biduo Laetilius quidam, homo non alienus a litteris; itaque eo iste tabellario semper usus est. Is epistulas complures attulerat, in his unam domo quae totum mutarat hominem. Repente coepit dicere se omnia Verris causa uelle; sibi cum eo amicitiam cognationemque esse. Mirabantur omnes hoc ei tum denique in mentem uenisse, postea quam tam multis eum factis decretisque iugulasset. Erant qui putarent Laetilium legatum a Verre uenisse, qui gratiam, amicitiam cognationemque commemoraret. Ex illo tempore a ciuitatibus laudationes petere, testes non solum deterrere uerbis, sed etiam ui retinere coepit. Quod nisi ego meo aduentu illius conatus aliquantum repressissem, et apud Siculos non Metelli, sed Glabrionis litteris ac lege

ac non *c, Lg* : non *ceteri mss., uulgo, Klotz, Kayser* || est restitutus : restitutus est *uulgo* || alia Panhormi *om. P V, Lg*[1] || edixerat : dixerat *uulgo* || ut non tam... praeturam retexere : ut totam istius praeturam retexere *uulgo*.

64. semper usus est *P V, p, b* : usus est *Lg*[1] ; usus est semper *ceteri mss.* || mutarat *P V* : immutarat *ceteri mss., uulgo, Kayser* || laudationes *c, Lg* : laudationem *ceteri mss.* || quod nisi ego : quod ego nisi *uulgo*.

employé comme armes de combat auprès des Siciliens, non les lettres de Metellus, mais celles de Glabrio et la loi, il m'eût été impossible de convoquer ici un aussi grand nombre de témoins.

XXVII **65** Mais, ce que j'ai commencé à dire, j'y reviens : prenez connaissance des misères des alliés. Cet Héraclius, dont j'ai parlé, et Épicrate s'avancèrent bien loin à ma rencontre avec tous leurs amis ; à mon arrivée à Syracuse, ils m'adressèrent leurs remerciements en pleurant, ils exprimèrent le désir de quitter avec moi la province pour aller à Rome. Comme il me restait encore un grand nombre de villes où je désirais aller, je fixai avec eux le jour où ils devraient être à Messine et s'y tenir à ma disposition. C'est là qu'ils m'envoyèrent un messager pour me faire savoir qu'ils étaient retenus par le préteur. Or, je les ai appelés en témoignage ; j'ai officiellement donné leurs noms à Metellus ; ils avaient le plus grand désir de venir, ils avaient été accablés des injustices les plus graves : jusqu'à présent ils ne sont pas venus. Tel est le droit dont jouissent nos alliés ; il ne leur est pas même permis de se lamenter sur les dommages qu'ils ont soufferts.

66 Vous avez déjà entendu le témoignage d'Héraclius de Centuripe ; c'est un jeune homme de très grand mérite et de très noble naissance ; on a usé de mauvaises chicanes et de manœuvres perfides pour lui réclamer cent mille sesterces. Verrès fit intervenir des clauses pénales, des compromis (1), et réussit à extorquer quatre cent mille sesterces ; et, comme le jugement sur le compromis avait été rendu en faveur d'Héraclius, — c'était un citoyen de Centuripe qui avait prononcé entre deux concitoyens — Verrès ordonna que la sentence fût sans valeur et jugea que ce juge avait jugé à faux ; il lui interdit de siéger au sénat, de paraître dans les endroits publics et de jouir des avantages dont jouit le public ; il déclara dans son édit que, si quelqu'un le frappait, il ne donnerait pas d'action d'injures ; que, si quelque réclamation en justice

(1) Pour le *compromissum*, voir tome I, p. 139, note 1. La clause pénale est l'amende (*poena*) que la partie qui contrevient à la sentence arbitrale doit payer à la partie adverse.

pugnassem, tam multos testes huc euocare non potuissem.

XXVII **65** Verum, quod institui dicere, miserias cognoscite sociorum. Heraclius ille et Epicrates longe mihi obuiam cum suis omnibus processerunt, uenienti Syracusas egerunt gratias flentes, Romam mecum decedere cupiuerunt. Quod erant oppida mihi complura etiam reliqua quae adire uellem, constitui cum hominibus quo die mihi Messanae praesto essent. Eo mihi nuntium miserunt se a praetore retineri. Quibus ego testimonium denuntiaui, quorum edidi nomina Metello, cupidissimi ueniendi, maximis iniuriis adfecti, adhuc non uenerunt. Hoc iure sunt socii ut iis ne deplorare quidem de suis incommodis liceat.

66 Iam Heracli Centuripini, optimi nobilissimique adulescentis, testimonium audistis ; a quo HS $\overline{\text{c}}$ per calumniam malitiamque petita sunt. Iste poenis compromissisque interpositis HS $\overline{\text{cccc}}$ extorquenda curauit, quodque iudicium secundum Heraclium de compromisso factum erat, cum ciuis Centuripinus inter duos ciues diiudicasset, id irritum iussit esse eumque iudicem falsum iudicasse iudicauit; in senatu esse, locis commo-

tam multos testes *Klotz, Mueller* : tam multos testis *P V, Kayser*; tam multos [testis] *Peterson*; tam multos *ceteri mss., uulgo.*

65. sociorum *P V, c, Lg* : Siculorum *ceteri mss., uulgo* || mecum decedere *P V, Lg* : decedere mecum *ceteri mss., uulgo* || oppida mihi *P V, Lg* : mihi oppida *ceteri mss., uulgo* || praesto essent : praesto adessent *P V, Klotz* || edidi nomina *P V, Lg* : nomina edidi *ceteri mss., uulgo* || ueniendi : ueniundi *P V, Klotz, Mueller.*

66. iste : iste ad praesens *P V* ; iste [ad praesens] *Klotz* || de compromisso : de compromissis *uulgo* || cum ciuis *P V, Lg* : quod cum ciuis *b* · quod ciuis *ceteri mss., uulgo* || duos : duo *Lg, Mueller* || diiuidicasset *c, Lg* : iudicasset *P V, b, uulgo* ; iudicauisset *ceteri mss., Kayser* || in senatu esse *c, Lg*[1] : in senatu ne esse *P V* ; in senatu ne esset *ceteri mss., uulgo*.

était faite contre lui, il donnerait pour juge quelqu'un de sa cohorte et ne lui délivrerait pas à lui-même de formule pour aucune action judiciaire. **67** Telle était la valeur de l'autorité morale de Verrès que personne n'a jamais frappé ce juge, alors que, par ses paroles, le préteur le permettait dans sa province, et, par ses actes y exhortait ; que personne n'a jamais fait la moindre réclamation en justice contre ce juge, alors que le préteur avait fait savoir que son autorité donnait toute licence aux mauvaises chicanes ; mais cet homme resta chargé de cette grave ignominie tout le temps que le préteur est demeuré dans la province. Après qu'il eut inspiré aux juges une telle crainte par ces procédés nouveaux dont il n'y avait jamais eu d'exemple, pensez-vous qu'il y ait eu en Sicile un seul jugement dans une affaire de propriété (1), qu'il n'ait fait rendre sur un signe de tête ? Vous semble-t-il que, s'il a agi ainsi, c'était seulement pour enlever — ce qu'il a, d'ailleurs, fait — cette somme d'argent à Héraclius ? N'était-ce pas plutôt — et il trouvait là le moyen de faire un butin immense — pour que, à titre de jugements rendus, les biens et les fortunes de tous se trouvassent en son pouvoir à lui seul ?

L'affaire de Sopater

XXVIII **68** Quant aux enquêtes judiciaires sur des faits entraînant la peine capitale, est-il besoin que je recueille chaque affaire et chaque cause ? Parmi beaucoup de traits qui se ressemblent, je choisirai ceux où il me paraîtra que l'improbité s'élève le plus haut.

Il y avait un certain Sopater, habitant d'Halicye, qui, dans sa ville, allait de pair avec les citoyens les plus riches et les plus honnêtes ; accusé par ses ennemis d'un crime capital devant le préteur C. Sacerdos, il fut facilement libéré de cette action judiciaire. Le même Sopater fut dénoncé à C. Verrès, quand celui-ci eut succédé à Sacerdos, par les mêmes ennemis, pour le même fait. Dans cette affaire, Sopater ne voyait aucune difficulté et parce qu'il

(1) Voir *Verr.*, I, v, 13.

disque publicis uti uetuit; si quis eum pulsasset, edixit sese iudicium iniuriarum non daturum ; quicquid ab eo peteretur, iudicem de sua cohorte daturum, ipsi autem nullius actionem rei se daturum. **67** Quae istius auctoritas tantum ualuit ut neque illum pulsaret quisquam, cum praetor in prouincia sua uerbo permitteret, re hortaretur, neque quisquam ab eo quicquam peteret, cum iste calumniae licentiam sua auctoritate ostendisset ; ignominia autem illa grauis tam diu in illo homine fuit, quam diu iste in prouincia mansit. Hoc iniecto metu iudicibus nouo more, nullo exemplo, ecquam rem putatis esse in Sicilia nisi ad nutum istius iudicatam ? Vtrum id solum uidetur esse actum, quod est tamen actum, ut haec Heraclio pecunia eriperetur, an etiam illud, in quo praeda erat maxima, ut nomine iudiciorum omnium bona atque fortunae in istius unius essent potestatem ?

XXVIII **68** Iam uero in rerum capitalium quaestionibus quid ego unam quamque rem colligam et causam ? Ex multis similibus ea sumam quae maxime improbitate excellere uidebuntur.

Sopater quidam fuit Halicyensis, homo domi suae cum primis locuples atque honestus ; is ab inimicis suis apud C. Sacerdotem praetorem rei capitalis cum accusatus esset, facile eo iudicio est liberatus. Huic eidem Sopatro idem inimici ad C. Verrem, cum is Sacerdoti successisset,

se daturum *P V* : sese daturum *ceteri mss., uulgo, Mueller.*

67. ostendisset *P V, c, Lg*[1] : possedisset *ceteri mss.*; praebuisset *Lambin* ; dedisset *uulgo* || homine fuit : homine *Lg* ; homine mansit *Lambin, Mueller* || mansit : fuit mansit *Lg, q* ; fuit *Mueller* || nouo more : nouo iure *P V* || haec Heraclio : Heraclio *uulgo* || potestatem *c, Lg* : potestate *ceteri mss., uulgo, Kayser.*

68. Halicyensis : Halyciensis *P V, p, q* ; Haliciensis *uulgo*

était innocent, et parce qu'il estimait que Verrès n'oserait pas frapper de nullité le jugement rendu par Sacerdos. Il est cité comme défendeur; la cause est plaidée à Syracuse (1); les griefs dont traite l'accusation sont ceux qu'antérieurement non seulement la défense mais le jugement rendu avaient réduits à néant. **69** La cause de Sopater était défendue par Q. Minucius, chevalier romain, l'un des premiers de son ordre par son éclatante distinction et par son honorabilité ; Minucius, juges, n'est pas pour vous un inconnu. Il n'y avait rien dans la cause qui parût devoir inspirer aucune crainte ou même le moindre doute. Cependant, un affranchi de Verrès, Timarchide, qui est un de ses agents subalternes, et, — de très nombreux témoins vous l'ont appris dans la première action — son intermédiaire et son chargé d'affaires dans toutes les transactions de ce genre, Timarchide vient trouver Sopater ; il l'avertit de ne pas avoir trop de confiance dans le jugement rendu par Sacerdos et dans sa propre cause ; ses accusateurs, lui dit-il, et ses ennemis ont dans l'esprit la pensée de donner de l'argent au préteur ; mais le préteur aimerait mieux en recevoir pour le salut de l'accusé ; il aimerait mieux aussi, si c'était possible, ne pas casser un arrêt par lequel il y avait chose jugée. Surpris à l'improviste par cette démarche inattendue, Sopater éprouva une forte émotion et ne trouva dans le moment rien à répondre à Timarchide, si ce n'est qu'il examinerait ce qu'il avait à faire ; et, en même temps, il lui fit voir qu'il se trouvait dans une situation pécuniaire très difficile. Il en référa ensuite à ses amis ; fort de leur autorité — ils l'engageaient à racheter son salut, — il va trouver Timarchide. En lui exposant ses difficultés, il l'amène à se contenter de quatre-vingt mille sesterces et il lui compte cette somme.

(1) Halycie (aujourd'hui Salemi), ville située entre Lilybée et Entelle, est séparée de Syracuse par presque toute la longueur de la Sicile. Sopater, citoyen d'Halycie, est, comme Sthenius, citoyen de Thermes (voir, plus loin, xxxiv, 83 ; xxxviii, 94), assigné à Syracuse, lieu de résidence du propréteur, qui fait ressortir à son *forum* la plupart des affaires entraînant la peine capitale.

eiusdem rei nomen detulerunt. Res Sopatro facilis uidebatur, et quod erat innocens et quod Sacerdotis iudicium improbare istum ausurum non arbitrabatur. Citatur reus ; causa agitur Syracusis ; crimina tractantur ab accusatore ea quae erant antea non solum defensione, uerum etiam iudicio dissoluta. **69** Causam Sopatri defendebat Q. Minucius, eques Romanus in primis splendidus atque honestus, uobisque, iudices, non ignotus. Nihil erat in causa quod metuendum aut omnino quod dubitandum uideretur. Interea istius libertus et accensus Timarchides, qui est, id quod ex plurimis testibus priore actione didicistis, rerum huiusce modi omnium transactor et administer, ad Sopatrum uenit ; monet hominem ne nimis iudicio Sacerdotis et causae suae confidat ; accusatores inimicosque eius habere in animo pecuniam praetori dare ; praetorem tamen ob salutem malle accipere, et simul malle, si fieri posset, rem iudicatam non rescindere. Sopater, cum hoc illi improuisum atque inopinatum accidisset, commotus est sane neque in praesentia Timarchidi quid responderet habuit, nisi se consideraturum quid sibi esset faciendum, et simul ostendit se in summa difficultate esse nummaria. Post ad amicos rettulit ; qui cum ei fuissent auctores redimendae salutis, ad Timarchidem uenit. Expositis suis difficultatibus, hominem ad HS LXXX perducit, eamque ei pecuniam numerat.

|| innocens : *in hoc uerbo desinit P V.*

69. Timarchides *Lg*[1] : idem Timarchides *ceteri mss., uulgo* || causae suae : causae *uulgo* || ob salutem : a salute *c, Lg*[1], *uulgo* || sibi esset faciendum *c, Lg* : sibi de ea re esset faciendum *ceteri mss., uulgo* ; sibi [de ea re] esset faciendum *Kayser, Klotz.*

XXIX **70** Le jour était venu où la cause devait se plaider : alors, il n'y avait ni crainte, ni inquiétude chez tous ceux qui défendaient Sopater. L'accusation ne se fondait sur rien ; l'affaire avait été jugée ; Verrès avait reçu l'argent : qui aurait pu douter du résultat ? Ce jour-là, on ne termine pas les plaidoiries (1) ; l'affaire est renvoyée. Pour la seconde fois, Timarchide vient chez Sopater ; il lui dit que ses accusateurs promettent au préteur une somme beaucoup plus forte que celle qu'il avait donnée lui-même ; par conséquent, s'il avait le moindre bon sens, il devait voir ce qu'il avait à faire. Malgré sa double situation de Sicilien et d'accusé, c'est-à-dire d'homme pour qui le droit n'est pas équitable et qui se trouve dans une conjoncture défavorable, il ne put cependant supporter ni écouter plus longtemps Timarchide. « Faites, lui dit-il, ce qui vous plaira : je ne vais pas donner davantage. » Tel était aussi l'avis de ses amis et de ses défenseurs, d'autant plus que Verrès, quelles que fussent les dispositions qu'il montrait dans cette commission d'enquête, avait cependant, siégeant en son conseil, des hommes honorables de la circonscription judiciaire de Syracuse (2) que Sacerdos avait eus lui aussi dans son conseil, alors que ce même Sopater avait été renvoyé absous. Voici quel était leur raisonnement : on ne pouvait arriver d'aucune manière sur la même accusation, avec les mêmes témoins, à faire condamner Sopater par les mêmes hommes qui auparavant l'avaient absous. C'est donc avec cette espérance, qui leur est commune à tous, qu'ils se présentent à l'action judiciaire.

71 Ils s'y étaient rendus ; ceux qui avaient coutume de

(1) Les avocats des deux parties ont fait, chacun à sa manière, le résumé de la cause (*causae coniectio*) ; mais ils n'ont pas achevé le développement des moyens invoqués de part et d'autre avec production des preuves et dépositions des témoins. — Voir la note 1 de la p. 69.

(2) Comme le *iudex* désigné par le préteur (cf. *Pro P. Quinctio*, I, 5 ; II, 10 ; VI, 22 ; X, 34 ; *Pro Q. Roscio com.*, IV, 12), le préteur lui-même est assisté d'un *consilium*. En Sicile, le *consilium* du propréteur est composé de citoyens romains honorables, principalement de *negotiatores*. Mais les membres du *consilium* n'ont que voix consultative et ne participent pas à la décision du préteur, qui est seul juge et qui porte seul la sentence.

XXIX **70** Postea quam ad causam dicendam uentum est, tum uero sine metu, sine cura omnes erant qui Sopatrum defendebant. Crimen nullum erat, res erat iudicata, Verres nummos acceperat : quis posset dubitare quidnam esset futurum ? Res illo die non peroratur, iudicium dimittitur. Iterum ad Sopatrum Timarchides uenit, ait accusatores eius multo maiorem pecuniam praetori polliceri quam quantam hic dedisset ; proinde, si saperet, uideret quid sibi esset faciendum. Homo, quanquam erat et Siculus et reus, hoc est et iure iniquo et tempore aduerso, ferre tamen atque audire diutius Timarchidem non potuit. « Facite, » inquit, « quod libet ; daturus non sum amplius. » Idemque hoc amicis eius et defensoribus uidebatur, atque eo etiam magis quod iste, quoquo modo se in ea quaestione praebebat, tamen in consilio habebat homines honestos e conuentu Syracusano, qui Sacerdoti quoque in consilio fuerant tum cum est idem hic Sopater absolutus. Hoc rationis habebant, facere eos nullo modo posse ut eodem crimine isdem testibus Sopatrum condemnarent idem homines qui antea absoluissent. Itaque hac una spe ad iudicium uenitur.

71 Quo postea quam est uentum, cum in consilium frequentes conuenissent idem qui solebant, et hac una

70. sine metu *om. Lg, secl. Mueller* || res erat iudicata *Lg*[1] : res iudicata *ceteri mss., uulgo* || iudicium dimittitur *Lg, p, q* : dimittitur iudicium *ceteri mss., uulgo, Kayser* || si saperet : saperet *c, Lg*[1] || uideret quid sibi esset faciendum : uideret *c, Lg* : uideret [quid sibi esset faciendum] *Kayser, Klotz, Mueller, Peterson* || quod libet *c, Lg* : quod uobis libet *ceteri mss., uulgo*; quod [uobis] libet *Kayser, Klotz* || tamen in consilio : in consilio tamen *Lg*[1], *Klotz, Kayser, Mueller* || est idem *c, Lg* : esset idem *ceteri mss., uulgo* || idem homines *abesse malit Pluygers, secl. Kayser.*

71. est uentum : uentum est *b, Lg* (*corr. man. pr.*), *uulgo, Kayser* || hac una spe : hac spe *Lg*[1], *Kayser, Klotz* ; hac [una] spe *Mueller.*

faire partie du conseil s'y étaient rendus en grand nombre : l'ensemble des moyens de défense de Sopater était fondé sur cette espérance commune à tous que leur donnaient le grand nombre et la considération des membres du conseil composé, comme je l'ai dit, des mêmes hommes qui avaient déjà libéré Sopater de cette même accusation : apprenez comment ont paru au grand jour, je ne dis pas sans se couvrir à l'abri de quelque motif, mais même sans se dissimuler en rien, l'improbité et l'audace de cet homme. M. Petilius, chevalier romain, était au nombre des membres de son conseil ; il lui donna l'ordre d'aller faire son office : il était, en effet, juge dans une affaire de droit privé. Petilius s'y refusait, parce que ses amis, qu'il désirait avoir dans son conseil, étaient retenus par Verrès dans son propre conseil. Celui-ci, homme de sentiments libéraux, déclare qu'il ne retient aucun de ceux qui désireraient être les assesseurs de Petilius. En conséquence, tous les membres du conseil se retirent ; car les autres obtiennent aussi de ne pas être retenus : ils déclaraient qu'ils désiraient assister soit l'une, soit l'autre des parties qui étaient engagées dans cette instance. En conséquence, c'est avec sa cohorte, composée de gens sans aucune valeur morale, que Verrès reste seul. **72** Minucius, qui défendait Sopater, n'en faisait aucun doute : puisque Verrès avait renvoyé son conseil, ce n'est pas ce jour-là qu'il informerait de cette affaire, et voici que, tout à coup, Minucius reçoit l'ordre de parler. « Devant quels juges ? » répond-il. « Devant moi, dit Verrès, si je te parais capable de juger, quand il s'agit d'un Sicilien, d'un misérable Grec. » — « Tu en es capable, dit Minucius, mais je désirerais vivement la présence de ceux qui avaient été présents antérieurement et qui avaient déjà examiné l'affaire. » — « Parle, dit Verrès, ils ne peuvent être présents. » — « En effet, par Hercule ! dit Minucius, moi aussi, Petilius m'a demandé d'être présent dans son conseil. » **73** Et, en disant ces mots, le voilà qui se prépare à quitter les bancs de la défense. Verrès irrité le poursuit de ses paroles qui sont d'une grande véhémence et se met à lui adresser même de graves menaces, en l'accusant de

spe tota defensio Sopatri niteretur, consili frequentia et dignitate, et quod erant, ut dixi, idem qui antea Sopatrum eodem illo crimine liberarant, cognoscite hominis apertam ac non modo non ratione, sed ne dissimulatione quidem tectam improbitatem et audaciam. M. Petilium, equitem Romanum, quem habebat in consilio, iubet operam dare, quod rei priuatae iudex esset. Petilius recusabat, quod suos amicos, quos sibi in consilio esse uellet, ipse Verres retineret in consilio. Iste homo liberalis negat se quemquam retinere eorum qui Petilio uellent adesse. Itaque discedunt omnes ; nam ceteri quoque impetrant ne retineantur ; qui se uelle dicebant alterutri eorum qui tum illud iudicium habebant adesse. Itaque iste solus cum sua cohorte nequissima relinquitur. **72** Non dubitabat Minucius, qui Sopatrum defendebat, quin iste, quoniam consilium dimisisset, illo die rem illam quaesiturus non esset, cum repente iubetur dicere. Respondet : « Ad quos? »—« Ad me,» inquit, « si tibi idoneus uideor qui de homine Siculo ac Graeculo iudicem. » —« Idoneus es, » inquit, « sed peruellem adessent ii qui adfuerant antea causamque cognorant. »—« Dic, » inquit ; « illi adesse non possunt. »—« Nam hercule, » inquit Minucius, « me quoque Petilius ut sibi in consilio adessem rogauit. » **73** Et simul a subselliis abire coepit. Iste iratus hominem uerbis uehementioribus prosequitur, atque ei grauius etiam minari

non modo non : non modo [non] *Mueller* || quod rei : cui (= quoi) rei *J. S. Speijer* || ipse Verres : ipse [Verres] *Kayser* || retineret in consilio *Lg*[1] : retineret *ceteri mss., uulgo.*

72. respondet *om. Lg*[1], *secl. Mueller* || idoneus es : idoneus *Lg*[1] ; idoneus [es] *Mueller* || adfuerant antea : antea adfuerant *Lg, Mueller* || Minucius : Q. Minucius *uulgo* || adessem : essem *Lg*[1], *Klotz, Kayser, Mueller.*

soulever contre lui une telle accusation et de le rendre odieux.

XXX Minucius faisait des affaires à Syracuse dans des conditions où il n'oubliait pas son droit et sa dignité, en homme qui savait qu'il devait augmenter sa fortune dans la province sans rien perdre de sa liberté : il répondit à Verrès ce qu'il jugea bon de répondre, ce que comportaient les circonstances et la cause ; il déclara que, puisque le conseil avait été renvoyé et relevé des fonctions qui lui étaient déléguées, il ne défendrait pas la cause de Sopater. Il quitta donc les bancs de la défense ; c'est aussi ce que firent, à l'exception des Siciliens, tous les autres amis de Sopater et tous ceux qui avaient été convoqués pour l'assister (1). **74** Quant à Verrès, malgré l'incroyable violence de son caractère, malgré son audace, quand il se vit tout à coup seul, abandonné, ce fut chez lui une grande crainte, un trouble profond; que faire, de quel côté se tourner, il n'en savait rien. Prononcer en ce moment le renvoi de l'enquête, appeler ensuite au conseil les assesseurs qu'il avait relevés des fonctions qui leur étaient confiées, c'était, il le voyait, l'acquittement de Sopater ; d'autre part, condamner cet homme malheureux et innocent, sans que le préteur eût auprès de lui son conseil, sans que l'accusé eût son défenseur et les amis convoqués pour l'assister, casser le jugement rendu par C. Sacerdos, c'était s'attirer une haine publique si lourde qu'il ne se sentait pas capable d'en soutenir le poids. Aussi bouillonnait-il dans l'irrésolution ; il se tournait d'un côté, puis de l'autre ; et ce n'était pas son esprit seul, c'était aussi son corps qui s'agitait, si bien que tous ceux qui assistaient à cette scène pouvaient comprendre quel combat la crainte et le désir passionné se livraient dans son âme. L'assemblée des hommes de la circonscription judiciaire était très nombreuse, leur silence profond ; on était en grande attente : dans quel sens ses désirs passionnés allaient-ils faire éruption ? On voyait sans cesse l'a-

(1) Les *aduocati*, qu'il ne faut pas confondre avec les avocats, *patroni* (*Verr.*, I, xiv, 41), sont les personnes que le plaideur convoque pour le soutenir de leur influence (*Pro P. Quinctio*, viii, 31 ; xiv, 47).

coepit, quod in se tantum crimen inuidiamque conflaret.

XXX Minucius, qui Syracusis sic negotiaretur ut sui iuris dignitatisque meminisset, et qui sciret se ita in prouincia rem augere oportere ut ne quid de libertate deperderet, homini quae uisa sunt, et quae tempus illud tulit et causa, respondit, causam sese dimisso atque ablegato consilio defensurum negauit. Itaque a subselliis discessit, idemque hoc praeter Siculos ceteri Sopatri amici aduocatique fecerunt. **74** Iste quanquam est incredibili importunitate et audacia, tamen subito solus destitutus pertimuit et conturbatus est; quid ageret, quo se uerteret nesciebat. Si dimisisset eo tempore quaestionem, post, illis adhibitis in consilium quos ablegarat, absolutum iri Sopatrum uidebat ; sin autem hominem miserum atque innocentem ita condemnasset, cum ipse praetor sine consilio, reus autem sine patrono atque aduocatis fuisset, iudiciumque C. Sacerdotis rescidisset, inuidiam se sustinere tantam non posse arbitrabatur. Itaque aestuabat dubitatione, uersabat se utramque in partem non solum mente, uerum etiam corpore, ut omnes qui aderant intellegere possent in animo eius metum cum cupiditate pugnare. Erat hominum conuentus maximus, summum silentium, summa exspectatio quonam esset eius cupiditas eruptura ; crebro se accensus demit-

73. conflaret *c, Lg*[1] : conflarit *ceteri mss.* || se ita *Lg, Lambin*: ita se *ceteri mss., uulgo, Kayser* || rem augere *editt.*: rem agere *mss.* || homini quae uisa sunt : quae ei uisum est QVINTIL., *I. O.*, IV, II, 67.

74. adhibitis in consilium : adhibitis *uulgo* || ablegarat : ablegauerat *Klotz, Kayser* || ita condemnasset : condemnasset *uulgo* || ipse praetor : iste praetor *Lg*[1] ; ipse [praetor] *Kayser* || tantam non posse : tantam posse non *Lg, Mueller* ; non posse tantam *b, δ, uulgo* || utramque in partem : in utramque partem *uulgo, Kayser* || cum cupiditate : cupiditatemque *uulgo* || se accensus demittebat :

gent subalterne Timarchide se pencher à l'oreille de Verrès. **75** Mais à la fin : « Allons, parle ! » dit-il. L'accusé le prie, le supplie au nom des dieux d'instruire l'affaire avec le concours de son conseil. Alors, il fait aussitôt appeler les témoins ; courtes dépositions de l'un d'eux, puis d'un autre ; aucun interrogatoire ; l'huissier prononce la formule : « Les débats sont clos (1). » Comme s'il craignait que Petilius eût terminé ou renvoyé son affaire de droit privé et qu'il revînt au conseil avec tous ceux qui l'avaient suivi, Verrès se hâte de sauter à bas de son siège ; et cet accusé innocent, qui avait été absous par C. Sacerdos, cet accusé dont la cause n'avait pas été plaidée, c'est d'après la sentence prononcée par son scribe, par son médecin et par son haruspice qu'il le condamne.

XXXI **76** Retenez, juges, retenez cet homme dans la cité romaine ; épargnez-le, conservez-le : qu'il soit avec vous pour juger les affaires, qu'il soit au Sénat pour donner sans aucune passion son avis sur la guerre et sur la paix. Et, cependant, nous n'avons guère, le peuple romain n'a guère à s'inquiéter de ce que pourra être au Sénat l'avis donné par Verrès. Quelle sera, en effet, son autorité ? Donner un avis : quand en aura-t-il l'audace ou le pouvoir ? A quel moment de l'année, d'ailleurs, si ce n'est au mois de février, cet homme, qui a de telles habitudes de débauche et d'oisiveté, pourra-t-il aspirer à siéger dans la curie ? Mais, certainement, qu'il y vienne ; qu'il décrète la guerre contre les Crétois, qu'il accorde la liberté aux Byzantins, qu'il donne le titre de roi à Ptolémée, que toutes ses paroles, que tous ses votes soient au gré d'Hortensius : tout cela n'a pour nous qu'une médiocre importance, tout cela ne met que médiocrement notre vie dans une

(1) C'est la formule que l'huissier prononce après que les témoins ont achevé leurs dépositions : *Ils ont dit.* L'orateur termine aussi d'ordinaire son discours, accusation ou défense, par la même formule : *J'ai dit.* (Cf. *Verr.*, I, XVIII, 56 : *Dixi.*) Quand les accusateurs et les défenseurs ont cessé les uns et les autres de parler, l'huissier répète : *Ils ont dit.* (Cf. Quintilien, *I. O.*, I, V, 43 :... *dixere*... de pluribus patronis praeco pronuntiet.) Les débats sont clos : ils le sont forcément aussitôt après les courtes dépositions des quelques témoins, puisque l'avocat de Sopater est parti.

tebat ad aurem Timarchides. **75** Tum iste aliquando « Age dic ! » inquit. Reus orare atque obsecrare ut cum consilio cognosceret. Tum repente iste testes citari iubet ; dicit unus et alter breuiter ; nihil interrogatur ; praeco DIXISSE pronuntiat. Iste, quasi metueret ne Petilius priuato illo iudicio transacto aut *prolato* cum ceteris in consilium reuerteretur, ita properans de sella exsilit, hominem innocentem a C. Sacerdote absolutum indicta causa de sententia scribae, medici haruspicisque condemnat.

XXXI **76** Retinete, retinete hominem in ciuitate, iudices, parcite et conseruate, ut sit qui uobiscum res iudicet, qui in senatu sine ulla cupiditate de bello et pace sententiam ferat. Tametsi minus id quidem nobis, minus populo Romano laborandum est, qualis istius in senatu sententia futura sit. Quae enim eius auctoritas erit ? quando iste sententiam dicere audebit aut poterit ? quando autem homo tantae luxuriae atque desidiae nisi Februario mense adspirabit in curiam ? Verum ueniat sane, decernat bellum Cretensibus, liberet Byzantios, regem appellet Ptolomaeum, quae uult Hortensius omnia dicat et sentiat; minus haec ad nos, minus ad uitae nostrae

demittebat se accensus *uulgo* || Timarchides *secl. Pluygers, Kayser.*

75. reus orare atque obsecrare *c, Lg*[1] : Sopatrus implorare deum fidem atque hominum obsecrare *p, q, k* ; Sopatrus implorare hominum atque deum fidem *b, δ, uulgo* || tum repente : cum repente *Kayser* || prolato *Zumpt* : perlato *c, Lg*[1] ; dilato *ceteri mss., uulgo* || exsilit : exsiluit *uulgo* || a C. Sacerdote *c*: ac Sacerdote *Lg* ; Sacerdote *ceteri mss.* || haruspicisque : haruspicis *Lg* ; haruspicis [que] *Mueller* || condemnat : condemnauit *uulgo.*

76. uobiscum : nobiscum *uulgo* || sententiam ferat : sententiam dicat *Lambin* || minus populo : et populo *Lg, Mueller* ; populo *b* || tantae luxuriae atque desidiae *Lg*[1] : tanta luxuria atque desidia *ceteri mss., uulgo* || Ptolomaeum : Ptolemaeum *uulgo, Kayser* ||

situation critique, tout cela ne fait courir que des risques médiocres à notre existence sociale. **77** Mais voici ce qui est d'une importance capitale, voici ce qui est formidable, ce qui doit épouvanter tout homme de bien : si quelque puissance parvient à l'arracher de cette action judiciaire, Verrès sera nécessairement au nombre des juges, il donnera nécessairement son avis dans les questions où la personnalité civile d'un citoyen romain est en jeu ; il sera nécessairement le porte-enseigne dans l'armée de celui qui veut posséder l'empire des actions judiciaires. Voilà ce que le peuple romain refuse de tolérer, voilà ce que le peuple romain ne peut pas supporter. Il vous le crie, il vous en donne la permission : si ce sont des hommes de cette espèce qui vous charment, si c'est grâce à eux que vous voulez donner de la splendeur à votre ordre et constituer un ornement pour la curie, libre à vous d'avoir cet homme avec vous comme sénateur, et même, si tel est votre désir, de l'avoir pour juge dans les affaires qui vous sont personnelles ; mais ceux qui n'appartiennent pas à votre ordre, ceux à qui les admirables lois Cornéliennes ne donnent pas la faculté de récuser plus de trois juges (1), ceux-là ne veulent pas avoir pour juge dans les affaires qui leur sont personnelles un homme aussi cruel, aussi scélérat, aussi impie.

XXXII **78**. En effet, s'il y a de l'infamie — et, selon moi, c'est l'acte le plus honteux, c'est celui qui de tous est le plus impie, — s'il y a de l'infamie à recevoir de l'argent pour une affaire à juger, à engager pour de l'argent sa loyauté et sa religion, combien n'y a-t-il pas une plus grande infamie, une plus grande improbité, une plus grande indignité à condamner celui dont on a reçu de l'argent pour l'absoudre, de telle sorte qu'un préteur n'observe même pas, quand il s'agit de rester fidèle à sa parole, les usages des brigands ! C'est un crime de recevoir de l'argent de l'accusé : combien le crime n'est-il pas plus grand quand on en reçoit de l'accusateur, combien n'est-il pas plus grand encore, quand on en reçoit

(1) Voir tome II, note 1 de la page 90.

discrimen, minus ad fortunarum nostrarum periculum pertinent. **77** Illud est capitale, illud formidolosum, illud optimo cuique metuendum, quod iste, ex hoc iudicio si aliqua ui se eripuerit, in iudicibus sit necesse est, sententiam de capite ciuis Romani ferat, sit in eius exercitu signifer qui imperium iudiciorum tenere uult. Hoc populus Romanus recusat, hoc ferre non potest ; clamat permittitque uobis ut, si istis hominibus delectemini, si ex eo genere splendorem ordini atque ornamentum curiae constituere uelitis, habeatis sane istum uobiscum senatorem, etiam de uobis iudicem, si uultis, habeatis ; de se homines, si qui extra istum ordinem sunt, quibus ne reiciendi quidem amplius quam trium iudicum praeclarae leges Corneliae faciunt potestatem, hunc hominem tam crudelem, tam sceleratum, tam nefarium nolunt iudicare.

XXXII **78** Etenim si illud est flagitiosum, quod mihi omnium rerum turpissimum maximeque nefarium uidetur, ob rem iudicandam pecuniam accipere, pretio habere addictam fidem et religionem, quanto illud flagitiosius, improbius, indignius, eum a quo pecuniam ob

haec... pertinent : hoc... pertinet *Lg, Mueller.*

77. illud est *Lg*[1] : illud, illud est *ceteri mss., uulgo, Kayser* ; illud [illud] est *Mueller* || ex hoc iudicio si : si ex hoc iudicio *Lg, Klotz, Kayser, Mueller* || se eripuerit : sese eripuerit *Lg, Klotz, Kayser, Mueller* || ex eo genere *c, Lg* : ex isto genere *ceteri mss., Klotz, Kayser* ; ex hoc genere *uulgo* || istum uobiscum *c* : istum nobiscum *Lg*[1] ; uobiscum istum *ceteri mss., uulgo* ; uobis istum *Lambin* || etiam de uobis *c, Lg*[1] ; istum de uobis *ceteri mss.*; istum etiam de uobis *uulgo* || si qui... sunt *secl. Pluygers, Kayser* || reiciendi : reiciundi *ed. Lemaire, Klotz, Mueller.*

78. flagitiosum *c, Lg* : tam flagitiosum *ceteri mss.*; iam flagitiosum *Klotz, Kayser.*

à la fois de l'accusateur et de l'accusé ! Ta loyauté, tu l'avais exposée en vente dans ta province : aussi, celui qui l'a emporté auprès de toi, c'est celui qui a donné le plus d'argent. Je te fais cette concession : il se peut que quelque autre ait quelquefois commis quelque acte de ce genre. Mais, une fois ta loyauté et ta religion engagées à une des parties, moyennant de l'argent que tu as reçu, que tu aies ensuite fait abandon de la même loyauté et de la même religion à la partie adverse pour une somme plus grande ! Tu tromperas donc les deux parties ; tu feras abandon de ta loyauté et de ta religion à celle des deux que tu voudras, et, celle que tu auras trompée, tu ne lui rendras même pas son argent ? **79** Que va-t-on me parler d'un Bulbus, d'un Staienus (1) ? Avons-nous jamais entendu citer, avons-nous jamais vu un personnage aussi monstrueux, aussi prodigieux ? Il traite avec l'accusé, ensuite il s'arrange avec l'accusateur ; les hommes honorables qui ont déjà étudié la cause, il les relève des fonctions qui leur ont été déléguées, il les renvoie du conseil, et c'est lui seul qui condamne un accusé déjà absous, de qui il a reçu de l'argent et à qui il ne rend pas cet argent ! Et c'est cet homme que nous aurons au nombre des juges ! Et c'est cet homme qui occupera sa place comme juge dans l'une des deux décuries (2), la décurie sénatoriale ! Et c'est cet homme qui jugera dans des affaires où la personnalité d'un homme libre est en jeu ! Et c'est à cet homme que sera confiée la tablette judiciaire — et cette tablette, ce n'est pas seulement avec de la cire (3), c'est même avec du sang, si tel est son bon plaisir, qu'il y fera une marque.

(1) Il est souvent question dans le *Pro A. Cluentio* de Bulbus et de C. Aelius Paetus Staienus, juges convaincus de s'être fait acheter par l'accusé et aussi par l'accusateur.

(2) La *lex Aurelia iudiciaria* a institué trois décuries de juges (voir tome II, note 1 de la p. 205). Cicéron ne considère ici que les deux premières, celle des sénateurs et celle des chevaliers ; il ne tient pas compte de la décurie des *tribuni aerari*, qui leur a été adjointe.

(3) Voir tome II, note 1 de la p. 41.

absoluendum acceperis condemnare, ut ne praedonum quidem praetor in fide retinenda consuetudinem conseruet ! Scelus est accipere ab reo : quanto magis ab accusatore, quanto etiam sceleratius ab utroque ! Fidem cum proposuisses uenalem in prouincia, ualuit apud te plus is qui pecuniam maiorem dedit. Concedo ; forsitan aliquis aliquando eius modi quidpiam fecerit. Cum uero fidem ac religionem tuam iam alteri addictam pecunia accepta habueris, post*ea* eandem aduersario tradideris maiore pecunia, utrumque falles, et trades cui uoles, et ei quem fefelleris ne pecuniam quidem reddes ? **79** Quem mihi tu Bulbum, quem Staienum ? quod umquam huiusce modi monstrum aut prodigium audiuimus aut uidimus, qui cum reo transigat, post cum accusatore decidat, honestos homines, qui causam norint, ableget a consilioque dimittat, ipse solus reum absolutum, a quo pecuniam acceperit, condemnet pecuniamque non reddat ? Hunc hominem in iudicum numero habebimus ? hic alteram decuriam senatoriam iudex obtinebit ? hic de capite libero iudicabit ? huic iudicialis tabella committetur ? quam iste non modo cera, uerum etiam sanguine, si uisum erit, notabit.

conseruet *Lg*[1] : conseruaret *ceteri mss.*, *uulgo* || accipere ab reo : ab reo accipere *Lg*, *Mueller* || quanto magis *Lg*, *b* : quanto maius *ceteri mss.*, *Kayser* || iam alteri *c*, *Lg* : alteri *ceteri mss.* || pecunia accepta : accepta pecunia *Lg*, *Mueller* || postea eandem *Mueller* : postea tandem *Lg* ; post eandem *ceteri mss.*, *uulgo*, *Kayser* || aduersario *c*, *Lg* : aduersariis *ceteri mss.* || utrumque... uoles et *secl. Pluygers*, *Kayser* || et trades cui uoles *om. Lg*, *secl. Mueller*.

79. Staienum : Stalenum *uulgo* || huiusce modi *Lg* : huius modi *ceteri mss.*, *uulgo* || a consilioque *c*, *Lg*[1] : consilioque *ceteri mss.* || pecuniamque non : pecuniam non *Kayser* || hic alteram... obtinebit *secl. Pluygers*, *Kayser* || si uisum erit : si uisus erit *Lg* ; si usus erit *Gulielmius* ; si iussus erit *O. Hirschfeld* ; si sui iuris erit *coni. Mueller*.

XXXIII **80** Quel est, en effet, celui de ces crimes qu'il nie avoir commis ? Un seul peut-être, parce qu'il lui est nécessaire de le nier : le fait d'avoir reçu de l'argent. Comment ne le nierait-il pas ? Mais le chevalier romain qui a défendu Sopater, qui a pris part à toutes ses résolutions, à toutes ses affaires, Q. Minucius déclare, après avoir prêté serment, qu'il a été donné de l'argent ; il déclare, après avoir prêté serment, que Timarchide a déclaré, qu'une somme d'argent plus forte était donnée par les accusateurs. Semblable déclaration sera faite par beaucoup de Siciliens, par tous les habitants d'Halicye, même par le fils de Sopater, cet adolescent encore revêtu de la robe prétexte, qui a été privé par cet homme si cruel de son père, qui était aussi innocent qu'on peut l'être, et de la fortune paternelle. **81** Mais, quand même je ne pourrais pas, grâce aux témoins, montrer avec évidence que tu as reçu de l'argent, pourrais-tu nier, vas-tu nier en ce moment qu'après avoir renvoyé ton conseil, qu'après avoir écarté ces hommes du premier mérite, qui avaient siégé dans le conseil de C. Sacerdos et qui avaient coutume de siéger dans le tien, tu as rendu un jugement quand il y avait chose jugée ? Que, ce même homme que C. Sacerdos, après avoir eu recours à son conseil, après avoir instruit l'affaire, avait absous, ce même homme, toi, après avoir écarté ton conseil et sans avoir instruit l'affaire, tu l'as condamné ? Quand tu auras avoué ces faits, qui se sont passés publiquement au siège de la circonscription judiciaire de Syracuse (1), à la face et sous les yeux de la province, certes, nie alors, si tu le désires, que tu as reçu de l'argent : tu trouveras, je le crois volontiers, quelqu'un qui, en voyant tous les faits qui se sont passés publiquement, fasse une enquête sur tes actes secrets, ou qui hésite s'il faut de préférence ajouter foi à mes témoins ou à tes défenseurs.

82 J'ai déjà dit auparavant que je ne ferai point l'énumération de tous les actes de Verrès en ce genre, mais que je choisirai ceux qui me paraîtront remarquables entre tous.

(1) Le mot *forum* désigne d'abord la place d'une ville où les

XXXIII **80** Quid enim horum se negat fecisse ? illud uidelicet unum, quod necesse est, pecuniam accepisse. Quidni iste neget ? At eques Romanus, qui Sopatrum defendit, qui omnibus eius consiliis rebusque interfuit, Q. Minucius, iuratus dicit pecuniam datam, iuratus dicit Timarchidem dixisse maiorem pecuniam ab accusatoribus dari ; dicent hoc multi Siculi, dicent omnes Halicyenses, dicet etiam praetextatus Sopatri filius, qui ab isto homine crudelissimo patre innocentissimo pecuniaque patria priuatus est. **81** Verum si de pecunia testibus planum facere non possem, illud negare posses aut nunc negabis, te consilio tuo dimisso, uiris primariis qui in consilio C. Sacerdoti fuerant tibique esse solebant remotis, de re iudicata iudicauisse ? teque eum quem C. Sacerdos adhibito consilio causa cognita absoluisset, eundem remoto consilio causa incognita condemnasse ? Cum haec confessus eris, quae in foro palam Syracusis in ore atque in oculis prouinciae gesta sunt, negato tum sane, si uoles, te pecuniam accepisse : reperies, credo, aliquem qui, cum haec quae palam gesta sunt uideat, quaerat quid tu occulte egeris, aut qui dubitet utrum malit meis testibus an tuis defensoribus credere.

82 Dixi iam ante me non omnia istius quae in hoc genere essent enumeraturum, sed electurum ea quae maxime excellerent.

XXXIV Accipite nunc aliud eius facinus nobile et

80. iuratus... datam *secl. Kayser* || pecuniam ab accusatoribus *Lg* : ab accusatoribus pecuniam *ceteri mss., uulgo* || multi Siculi : Siculi omnes *uulgo.*

81. C. Sacerdoti : C. Sacerdotis *uulgo* || iudicauisse : iudicasse *uulgo* || tum sane : sane *uulgo* || te pecuniam : pecuniam *uulgo.*

82. iam ante *Lg* : iam antea *ceteri mss.*; iam antea iudices *uulgo*

L'affaire de Sthenius

XXXIV Écoutez maintenant le récit d'une autre grande action de Verrès ; celle-là est notoire ; il en a été parlé souvent et en plus d'un endroit ; elle est d'un tel caractère qu'elle paraît renfermer en elle seule toutes les mauvaises actions à la fois. Accordez-moi une diligente attention : vous trouverez, en effet, que cette grande action est née de la cupidité, qu'elle s'est accrue par des attentats aux mœurs, qu'elle s'est achevée et consommée dans la cruauté. **83** Sthenius, cet homme que vous voyez assis auprès de nous, est un citoyen de Thermes ; autrefois, son très grand mérite et sa très grande noblesse l'avaient fait connaître de beaucoup de personnes ; maintenant, c'est son malheur, c'est l'insigne injustice dont il a été victime de la part de Verrès qui le font connaître de tout le monde. Verrès avait eu des relations d'hospitalité avec lui ; non seulement il avait été souvent chez lui à Thermes, mais il avait même habité chez lui : et, cependant, il a enlevé de sa maison tout ce qui pouvait quelque peu attirer l'attention ou les regards. Tous ces objets précieux, Sthenius, en effet, avait, dès son adolescence, mis peut-être un peu trop de passion à se les procurer : c'étaient une élégante collection de vaisselle en airain de Délos et de Corinthe, des tableaux, et même, pour la fortune d'un homme de Thermes, une assez grande quantité d'argenterie bien travaillée. Tous ces objets précieux, alors qu'il était en Asie pendant sa jeunesse, il s'était, comme je l'ai dit, passionné à se les procurer, moins pour son agrément particulier que pour celui de nos concitoyens, ses hôtes et ses amis, quand il les invitait et quand ils faisaient leur entrée dans sa ville. **84** Tous ces objets, Verrès les enleva, soit qu'il les demandât, soit qu'il les requît, soit qu'il les prît ; Sthenius supportait ces pertes le mieux qu'il pouvait. Il avait naturellement l'âme angoissée en voyant que dans sa maison si bien ornée, si bien fournie de tout, Verrès avait

habitants de la région se réunissent à date fixe pour le marché, la foire ; puis, le centre politique et social de la région, en particulier le siège de la circonscription judiciaire où les sessions du tribunal se tiennent périodiquement.

multis locis saepe commemoratum, et eius modi ut in uno omnia maleficia inesse uideantur. Attendite diligenter ; inuenietis enim id facinus natum a cupiditate, auctum per stuprum, crudelitate perfectum atque conclusum. **83** Sthenius est, hic qui nobis adsidet, Thermitanus, antea multis propter summam uirtutem summamque nobilitatem, nunc propter suam calamitatem atque istius insignem iniuriam omnibus notus. Huius hospitio Verres cum esset usus, et cum apud eum non solum Thermis saepe numero fuisset, sed etiam habitasset, omnia domo eius abstulit quae paulo magis animum cuiuspiam aut oculos possent commouere. Etenim Sthenius ab adulescentia paulo studiosius haec compararat : supellectilem ex aere elegantiorem et Deliacam et Corinthiam, tabulas pictas, etiam argenti bene facti, prout Thermitani hominis facultates ferebant, satis. Quae cum esset in Asia adulescens studiose, ut dixi, comparárat, non tam suae delectationis causa quam ad inuitationes aduentusque nostrorum hominum, suorum amicorum atque hospitum. **84** Quae postea quam iste omnia abstulit, alia rogando, alia poscendo, alia sumendo, ferebat Sthenius ut poterat ; angebatur animi necessario quod

|| attendite diligenter inuenietis enim *c, Lg* : attendite enim diligenter inuenietis *ceteri mss.*

83. hic qui *Lg* : is qui *ceteri mss., uulgo* || nobis adsidet : adsidet *Kayser* || suam calamitatem : summam calamitatem *uet. editt., J. J. Hartmann* || et cum apud eum : et [cum] apud eum *Kayser* || non solum : solum *Lg* ; non modo solum *π, k, b* ; non modo *uulgo* ; [non solum] *Kayser, Mueller* || sed etiam habitasset *om. Lg, secl. Kayser, Mueller* || omnia domo eius : domo eius omnia *uulgo, Kayser* || haec comparárat : hanc comparárat *Lg, Mueller* || tabulas : et tabulas *Lg, Mueller* || dixi : *in hoc uerbo incipit P V* || comparárat : comparat *P V* || suorum amicorum : amicorum *c, Lg*[1] ; amicorum suorum *uulgo, Kayser*; [suorum] amicorum *Mueller, Peterson.* ||

84. angebatur animi necessario *P V c* : angebatur omni neces-

presque fait le dénûment et le vide ; mais, toutefois, il ne faisait part de son chagrin à personne ; il estimait qu'il devait supporter ces injustices en silence, puisqu'elles étaient le fait du préteur, avec calme, puisqu'elles étaient le fait de son hôte. **85** Sur ces entrefaites, emporté par sa passion bien connue, — le bruit s'en est répandu en tous lieux — comme il avait vu certaines statues d'une grande beauté et d'une grande antiquité, qui étaient exposées à Thermes dans les endroits publics, Verrès s'en éprit ; il se mit à demander à Sthenius de s'engager à lui prêter ses services et son aide pour les enlever. Sthenius ne se contenta pas de lui opposer un refus, mais il lui démontra même qu'il était absolument impossible que ces statues très antiques, ces monuments de P. Scipio l'Africain fussent enlevés de la ville sans qu'une grave atteinte fût portée à la cité de Thermes et à l'empire du peuple romain.

XXXV **86** Il faut, en effet, que je vous fasse aussi connaître en même temps l'humanité et l'équité de l'Africain. La ville d'Himère avait été autrefois prise par les Carthaginois (1) ; c'était parmi les villes de Sicile une des premières par son illustration et par les objets précieux qui l'ornaient. En homme qui jugeait qu'il était digne du peuple romain, une fois la guerre terminée, de faire recouvrer aux alliés par notre victoire les biens qu'ils avaient perdus, Scipion, après la prise de Carthage, s'occupa de faire restituer à tous les Siciliens tout ce qu'il put. Himère avait été détruite ; ceux de ses citoyens que les calamités de la guerre avaient laissés vivants s'étaient établis à Thermes, dans les limites du même territoire, non loin de la ville d'autrefois et ils estimaient qu'ils recouvraient la fortune et la considération de leurs pères,

(1) Himère avait été fondée en 105/649 par des colons d'origine grecque sur la côte nord de la Sicile, à l'embouchure du fleuve Himera. Pendant les deux cent quarante ans de son existence, elle eut à soutenir des guerres continuelles contre les établissements phéniciens qui l'enveloppaient. Enfin, en 345/409, elle fut prise d'assaut par une armée carthaginoise qui avait débarqué au cap Lilybée. Toute la population mâle fut massacrée, et la ville, complètement détruite, ne fut jamais rebâtie.

domum eius exornatam et instructam fere iam iste reddiderat nudam atque inanem ; uerum tamen dolorem suum nemini impertiebat ; praetoris iniurias tacite, hospitis placide ferendas arbitrabatur. **85** Interea iste cupiditate illa sua nota atque apud omnes peruagata, cum signa quaedam pulcherrima atque antiquissima Thermis in publico posita uidisset, adamauit ; a Sthenio petere coepit ut ad ea tollenda operam suam profiteretur seque adiuuaret. Sthenius uero non solum negauit, sed etiam ostendit fieri id nullo modo posse ut signa antiquissima, monumenta P. Africani, ex oppido Thermitanorum incolumi illa ciuitate imperioque populi Romani tollerentur.

XXXV **86** Etenim ut simul Africani quoque humanitatem et aequitatem cognoscatis, oppidum Himeram Carthaginienses quondam ceperant, quod fuerat in primis Siciliae clarum et ornatum. Scipio, qui hoc dignum populo Romano arbitraretur, bello confecto socios sua per nostram uictoriam reciperare, Siculis omnibus Carthagine capta quae potuit restituenda curauit. Himera deleta quos ciues belli calamitas reliquos fecerat, ii se Thermis collocarant in isdem agri finibus neque longe

sario *Lg* ; angebatur tamen animi dolore necessario *p, q, k, uulgo* ; tangebatur tamen animi dolore necessario *b, δ, Lambin* || et instructam *P V, Lg*[1] : atque instructam *ceteri mss., uulgo.*

85. iste cupiditate *P V, Lg*[1] : cupiditate iste *ceteri mss., uulgo* || peruagata : peruulgata *uulgo* || seque adiuuaret : seseque adiuuaret *P V, Klotz, Kayser* || non solum negauit *P V, Lg* : non solum id negauit *ceteri mss.* || fieri id : id fieri *uulgo.*

86. Africani *P V, Lg* : P. Africani *ceteri mss., uulgo* || humanitatem et aequitatem *P V, Lg* : humanitatem *ceteri mss.* || arbitraretur : arbitrabatur *Lg* || se Thermis *P V, Lg* : sese Thermis *ceteri mss., uulgo, Kayser* || isdem agri finibus : eiusdem agri finibus *uulgo* || neque longe : nec longe *P V, Klotz, Kayser.*

du moment que les monuments qui avaient orné la ville de leurs ancêtres étaient établis dans leur ville. **87** C'étaient des statues d'airain en grand nombre, parmi lesquelles il en était une d'une grande beauté, Himère en personne, représentée, d'après le nom de la ville et du fleuve, avec les traits et l'extérieur d'une femme. Il y avait aussi une statue du poète Stésichore — un vieillard courbé, avec un livre (1) — qui passait pour un chef-d'œuvre de l'art. Stésichore a vécu à Himère ; mais il a et il a toujours eu dans la Grèce entière un grand honneur et un grand nom à cause de son souverain génie. Voilà les statues que Verrès convoitait avec une passion qui allait jusqu'à la folie. Il y avait encore, j'allais l'oublier, une chèvre, une vraie merveille : nous-mêmes, malgré notre grossière ignorance en matière d'art (2), nous pouvons nous rendre compte de tout le métier, de toute la grâce de cette œuvre. Ces statues et d'autres encore, Scipion ne les avait pas négligemment laissées à l'abandon pour qu'un connaisseur tel que Verrès pût les emporter ; il les avait restituées aux habitants de Thermes. Ce n'est pas qu'il ne possédât lui-même des jardins, une propriété aux environs de Rome, quelque endroit enfin où il pût les placer : mais c'est que, s'il les avait emportées chez lui, on ne les aurait pas longtemps appelées les statues de Scipion, mais bientôt les statues de ceux, quels qu'ils fussent, à qui sa mort les aurait fait passer ; tandis que, maintenant, placées là où elles sont, elles me semblent devoir rester toujours et être toujours appelées les statues de Scipion.

XXXVI **88** Ces statues, Verrès les réclamait donc ; on traitait cette question au sénat. Sthenius opposa la plus vive résistance ; et, comme il est un des premiers entre tous les Siciliens par l'abondance de sa parole, il

(1) Le poète sicilien Tisias, à qui son génie valut le surnom de Stésichore (maître de chœur), vécut à Himère où probablement il était né. Il mourut très vieux, à quatre-vingt-cinq ans selon Lucien (*Macrob.*, 36). Cicéron, qui rappelle que son grand âge ne le força pas au silence (*De Senect.*, VII, 23), cite (*Epist. ad Attic.*, IX, XIII, 1) le premier vers, devenu proverbial, de sa célèbre *Palinodie*.

(2) Dans le *De Signis*, Cicéron affecte d'ignorer même les noms des artistes grecs les plus célèbres (*Verr.*, (II), IV, II, 4 ; III, 5).

ab oppido antiquo, et se patrum fortunas et dignitatem reciperare arbitrabantur, cum illa maiorum ornamenta in eorum oppido collocabantur. **87** Erant signa ex aere complura ; in his eximia pulchritudine ipsa Himera in muliebrem figuram habitumque formata ex oppidi nomine et fluminis. Erat etiam Stesichori poetae statua senilis incurua cum libro, summo, ut putant, artificio facta, qui fuit Himerae, sed et est et fuit tota Graecia summo propter ingenium honore et nomine. Haec iste ad insaniam concupiuerat. Etiam, quod paene praeterii, capella quaedam est, ea quidem mire, ut etiam nos qui rudes harum rerum sumus intellegere possumus, scite facta et uenuste. Haec et alia Scipio non neglegenter abiecerat, ut homo intellegens Verres auferre posset, sed Thermitanis restituerat, non quo ipse hortos aut suburbanum aut locum omnino ubi ea poneret nullum haberet, sed quod, si domum abstulisset, non diu Scipionis appellarentur, sed eorum ad quoscumque illius morte uenissent : nunc iis locis posita sunt ut mihi semper Scipionis fore uideantur itaque dicantur.

XXXVI **88** Haec cum iste posceret ageretur que ea res in senatu, Sthenius uehementissime restitit multaque, ut in primis Siculorum in dicendo copiosus est,

et se *Lg, Peterson* : ii se *P V, Klotz* ; ei se *Kayser, Mueller* ; hi se *ceteri mss., uulgo* ; ibi se *J. J. Hartman* || fortunas et *P V*: fortunam et *b* ; fortunam ac *ceteri mss., uulgo, Mueller*.

87. eximia pulchritudine : mira pulchritudine *uulgo* || ex... fluminis *secl. Pluygers, Kayser* || ut putant : *in his uerbis desinit P V* || qui fuit Himerae *c, Lg*: ab eo qui fuit Himerae *ceteri mss., uet. editt.*; qui floruit Himerae *Cobet* ; qui fuit Himeraeus *Bake, Kayser* || sed et est *c, Lg* : sed est *ceteri mss.* || tota Graecia *c, Lg* : tota in Graecia *ceteri mss., uet. editt.* || possumus : possimus *uulgo* || Verres *secl. Bake, Kayser* || sed quod si *c, Lg* : sed si *ceteri mss., uulgo* || illius morte : ipsius morte *uulgo* || iis locis : his locis *uulgo*.

88. iste posceret : iste postea posceret *Lg, Kayser*.

rappela bien des souvenirs : il serait, disait-il, plus honorable pour les habitants de Thermes d'abandonner leur ville que d'en laisser enlever les monuments des ancêtres, les dépouilles des ennemis, les bienfaits du plus illustre des hommes, les preuves de l'alliance du peuple romain et de son amitié. Toutes les âmes furent profondément émues ; il ne se rencontra personne qui ne déclarât qu'il valait mieux mourir. Aussi cette ville est-elle jusqu'à présent à peu près la seule dans le monde entier que Verrès ait trouvée où il n'ait pu enlever du domaine public aucune œuvre d'art ni par la violence, ni par des manœuvres occultes, ni par l'autorité de son pouvoir, ni grâce à son crédit, ni à prix d'argent. Mais, ses désirs passionnés pour les œuvres d'art, j'en parlerai ailleurs. Maintenant, c'est à Sthenius que je dois revenir.

89 Violemment irrité contre Sthenius, enflammé de colère, Verrès lui annonce qu'il rompt avec lui tout lien d'hospitalité ; il émigre de sa maison, ou plutôt il en sort définitivement, car il en avait déjà émigré avant ces événements (1). Il est aussitôt invité à prendre domicile chez eux par les plus grands ennemis de Sthenius ; leur intention était de l'exciter contre Sthenius par quelques mensonges, par quelques incriminations. Or, ces ennemis de Sthenius étaient Agathinus, homme noble, et Dorotheus, qui avait pour femme Callidama, fille de cet Agathinus. Verrès avait entendu parler de Callidama : aussi aima-t-il mieux aller s'établir chez le gendre d'Agathinus. Il ne s'était écoulé qu'une nuit depuis son arrivée, et déjà il aimait Dorotheus d'une telle affection qu'on eût dit que tout était commun entre eux ; il avait pour Agathinus les égards que l'on a pour quelqu'un qui vous touche de près et qui est un proche parent ; déjà même il paraissait dé-

(1) Il abandonne définitivement (*exit*) une maison où il avait son domicile officiel et d'où il avait déjà délogé en fait (*emigrarat*), probablement pour ses équipées amoureuses.

La vulgate, qui admet *migrarat*, entend que Verrès quitte la maison sans emporter de mobilier (*emigrat*), parce qu'il avait déjà déménagé les objets précieux de Sthenius (*migrarat*). Mais *migrare* n'a pas dans le latin classique le sens de *déménager*. C'est au IIe siècle qu'Aulu-Gelle (*N. A.*, II, XXIX, 16) dira : Cassita nidum migrauit.

commemorauit : urbem relinquere Thermitanis esse honestius quam pati tolli ex urbe monumenta maiorum, spolia hostium, beneficia clarissimi uiri, indicia societatis populi Romani atque amicitiae. Commoti animi sunt omnium; repertus est nemo quin mori diceret satius esse. Itaque hoc adhuc oppidum Verres inuenit, prope solum in orbe terrarum, unde nihil eius modi rerum de publico per uim, nihil occulte, nihil imperio, nihil gratia, nihil pretio posset auferre. Verum hasce eius cupiditates exponam alio loco ; nunc ad Sthenium reuertar.

89 Iratus iste uehementer Sthenio atque incensus hospitium ei renuntiat, domo eius emigrat atque adeo exit ; nam iam ante emigrarat. Eum autem statim inimicissimi Stheni domum suam inuitant, ut animum eius in Sthenium inflammarent ementiendo aliquid et criminando. Hi autem erant inimici Agathinus, homo nobilis, et Dorotheus, qui habebat in matrimonio Callidamam, Agathini eius filiam ; de qua iste audierat, itaque ad generum Agathini migrare maluit. Vna nox intercesserat cum iste Dorotheum sic diligebat ut diceres omnia inter eos esse communia, Agathinum ita obseruabat ut aliquem adfinem atque propinquum ; contemnere etiam

Thermitanis *c,Lg*[1] : Thermitanos *ceteri mss., uulgo* || quin mori : qui non mori *Lg* (*cf.* § 149 : qui non perisse), *Mueller* || nihil pretio : nihil precario *uet. editt., Klotz, Kayser* || uerum *Lg, b* ; uerum tamen *ceteri mss., uulgo, Klotz, Kayser.*

89. iratus iste : itaque iste *uulgo* || atque incensus *c, Peterson* : et incensus *Lg* (*cf.* § 95 : et indigna), *p, q, k, Kayser, Mueller* ; incensus *b, δ* ; infestus *uulgo* || ante emigrarat : ante migrarat *uulgo* || statim... suam : suam statim *b, δ, uulgo, Kayser* || inimici *secl. ed. Lemaire, del. J. J. Hartman* || Agathini eius : Agathini [eius] *Bake, Kayser* ; eius *J. J. Hartman* || ad generum [Agathini] *Bake, Kayser.*

daigner cette statue d'Himère, car l'extérieur, les traits du visage de la femme de son hôte avaient pour lui un charme bien plus grand.

XXXVII **90** Il se met donc à exciter par ses exhortations ces deux hommes à créer quelque danger à Sthenius, à imaginer contre lui quelque accusation. Ils déclaraient qu'ils n'avaient moyen de faire aucune déclaration contre lui. Alors, il leur fit savoir clairement, il leur donna l'assurance que, quelle que fût l'accusation contre Sthenius qu'il leur plairait de porter auprès de lui, aussitôt la dénonciation faite leur affirmation serait une preuve. En conséquence, ils ne remettent pas au lendemain ; dès le jour même, ils assignent Sthenius, ils affirment qu'il a commis des faux en écriture publique(1). Sthenius réclame: étant donné que ce sont des concitoyens qui agissent en justice avec lui pour une question de faux en écriture publique ; étant donné que pour une affaire de cet ordre l'action doit être instituée d'après les lois des citoyens de Thermes ; étant donné que le Sénat et le peuple romain, vu l'amitié et la fidélité constante des citoyens de Thermes, leur ont rendu leur ville, leur territoire et leurs lois ; étant donné que, plus tard, Publius Rupilius, en vertu d'un sénatus-consulte, d'après l'avis des dix délégués du Sénat, a donné aux Siciliens une législation aux termes de laquelle les citoyens doivent agir en justice entre eux conformément à leurs lois et que Verrès lui-même a cette disposition dans son édit : à toutes ces causes, Sthenius présente requête que son affaire soit renvoyée aux lois de son pays. **91** Verrès — c'est l'homme le plus équitable du monde, le plus étranger à toute passion, — donne l'assurance que c'est lui qui connaîtra de l'affaire ; que Sthenius vienne à la neuvième heure, prêt à plaider sa cause : tel est l'ordre de Verrès. Il n'y avait rien qui fût obscur dans les desseins de cet homme sans probité, de cet homme impie ; lui-même, il ne les avait pas suffisamment dissimulés et la femme (2) n'avait pu se taire. On se rendit

(1) Crime capital puni de mort par la *lex Cornelia*.

(2) Callidama, femme légitime de Dorotheus, qui est aussi la femme de Verrès.

signum illud Himerae iam uidebatur, quod eum multo magis figura et liniamenta hospitae delectabant.

XXXVII **90** Itaque hortari homines coepit ut aliquid Sthenio periculi crearent criminisque confingerent. Dicebant se illi nihil habere quod dicerent. Tum iste iis aperte ostendit et confirmauit eos in Sthenium quicquid uellent, simul atque ad se detulissent, probaturos. Itaque illi non procrastinant, Sthenium statim educunt, aiunt ab eo litteras publicas esse corruptas. Sthenius postulat ut, cum secum sui ciues agant de litteris publicis corruptis, eiusque rei legibus Thermitanorum actio sit, senatusque et populus Romanus Thermitanis, quod semper in amicitia fideque mansissent, urbem, agros legesque suas reddidisset, Publiusque Rupilius postea leges ita Siculis ex senatus consulto de x legatorum sententia dedisset ut ciues inter sese legibus suis agerent, idemque hoc haberet Verres ipse in edicto : ut de his omnibus causis se ad leges reiceret. **91** Iste homo omnium aequissimus atque a cupiditate remotissimus se cogniturum esse confirmat ; paratum ad causam dicendam uenire hora nona iubet. Non erat obscurum quid homo improbus ac nefarius cogitaret ; neque enim ipse satis occultarat, nec mulier tacere potuerat. Intellectum est id istum agere ut, cum Sthenium sine ullo argumento ac sine teste dam-

90. iste iis : iste is *p* ; his iste *b* ; iste his *uulgo, Kayser* || uellent : uellent dicerent *p, alii mss., uet. editt.* || cum secum *c, Lg* : secum *ceteri mss., uet. editt.* || senatusque et populus : cum senatus populusque *uulgo* || urbem : urbes *uulgo* || inter sese : inter se *Lg, b, uulgo, Kayser, Mueller* || hoc haberet *Lg* : hoc habuerit *ceteri mss., uulgo.*

91. a cupiditate *c, Lg* : a cupiditate omni *ceteri mss.*; a cupiditate [omni] *Kayser, Klotz* ; a cupiditate omnium *uulgo* || nona : octaua δ, *uet.editt.* || potuerat *Lg* : poterat *ceteri mss., uulgo* || istum agere : ipsum agere *uulgo.*

compte que, s'il agissait ainsi, c'était—l'homme impie!—pour pouvoir, après avoir condamné Sthenius sans preuve et sans témoin, soumettre un homme noble, un homme de cet âge, un homme qui avait été son hôte, au supplice si cruel des verges. Les desseins de Verrès étaient d'une telle évidence que, conformément à l'avis de ses amis et de ses hôtes, Sthenius quitta Thermes et se réfugia à Rome : il aimait mieux se confier à la mauvaise saison et aux flots que de ne pas éviter cette tempête, cette calamité commune à tous les Siciliens.

XXXVIII **92** En homme exact et diligent, à la neuvième heure, Verrès est à son tribunal ; il fait appeler Sthenius ; il voit que Sthenius fait défaut. Le voici aussitôt qui se consume de dépit, qui est en proie à une colère furieuse ; il envoie des esclaves de Vénus (1) chez Sthenius ; il en envoie à cheval partout dans les environs des terres et des maisons de campagne de Sthenius. Et c'est ainsi qu'en attendant qu'on lui apporte quelque nouvelle certaine, il reste au forum d'où il ne s'en va pas avant la troisième heure de la nuit. Le lendemain matin, il descend au forum ; il mande Agathinus auprès de lui ; il lui ordonne d'accuser Sthenius absent de faux en écriture publique. L'accusation était de telle nature que, même sans adversaire et en face d'un juge hostile à l'accusé, Agathinus ne trouvait rien à dire. **93** Aussi, se borna-t-il à poser la question en quelques mots : sous la préture de Sacerdos, disait-il, Sthenius avait commis des faux en écriture publique. A peine l'avait-il dit, Verrès prononce QUE STHENIUS SEMBLE (2) AVOIR COMMIS DES FAUX EN ÉCRITURE PUBLIQUE ; et, de plus, voici ce que ce fidèle de Vénus ajoute par une innovation sans précédent : QUE, POUR CE MOTIF, IL FERA VERSER A VÉNUS ÉRYCINE UNE SOMME DE CINQ

(1) Les *Venerii* ou *serui Venerii* (*Verr.*, (II), III, xx, 50 ; xxxviii, 87 ; lxii, 143 ; IV, xlvi, 104 ; V, liv, 141), esclaves attachés au temple du mont Éryx, servent d'appariteurs à Verrès, qui, en récompense adjuge les dîmes à certains d'entre eux, Diognetus, Bariobal, Symmachus (*Verr.*, (II), III, xxxviii, 86 ; xxxix, 89 ; xl, 92).

(2) Terme consacré pour les sentences judiciaires ; cf. *Acad. pr.*, II, I, xlvii, 146 :... quae iurati iudices cognouissent, ut ea non esse facta, sed ut *uideri* pronuntiaret.

nasset, tum homo nefarius de homine nobili atque id aetatis suoque hospite uirgis supplicium crudelissime sumeret. Quod cum esset perspicuum, de amicorum hospitumque suorum sententia Thermis Sthenius Romam profugit : hiemi fluctibusque sese committere maluit quam non istam communem Siculorum tempestatem calamitatemque uitaret.

XXXVIII **92** Iste homo certus et diligens ad horam nonam praesto est, Sthenium citari iubet. Quem postea quam uidet non adesse, dolore ardere atque iracundia furere coepit, Venerios domum Stheni mittere, equis circum agros eius uillasque dimittere. Itaque dum exspectat quidnam sibi certi adferatur,ante horam tertiam noctis de foro non discedit. Postridie mane descendit; Agathinum ad se uocat ; iubet eum de litteris publicis in absentem Sthenium dicere. Erat eius modi causa ut ille ne sine aduersario quidem apud inimicum iudicem reperire posset quid diceret ; **93** itaque tantum uerbo posuit, Sacerdote praetore Sthenium litteras publicas corrupisse. Vix ille hoc dixerat cum iste pronuntiat STHENIVM LITTERAS PVBLICAS CORRVPISSE VIDERI ; et hoc praeterea addit homo Venerius nouo modo nullo exemplo, OB EAM REM HS D VENERI ERYCINAE DE STHENI

fluctibusque sese : sese fluctibusque *uulgo, Kayser* || uitaret *Lg* : uitare *ceteri mss., uulgo,Kayser.*

92. nonam : octauam *uet. editt.* || domum *c, Lg* : in domum *ceteri mss., uulgo* || equis *c, Lg* : equites *ceteri mss., uulgo* || dum exspectat *c, Lg* : cum exspectat *ceteri mss., uet. editt.* || quidnam : ecquidnam *H. A. Koch* || discedit *Lg* : discessit *ceteri mss., uulgo* || ad se : ad sese *uulgo* || inimicum iudicem : iniquum iudicem *Bake, Kayser* || quid diceret : quod diceret *Bake, Kayser.*

93. hoc praeterea : haec praeterea *uulgo* || addit *c, Lg* : addidit *ceteri mss., uulgo.*

CENT MILLE SESTERCES PRISE SUR LES BIENS DE STHENIUS. Et ces biens, il les met aussitôt en vente et il les aurait vendus, pour peu qu'on eût apporté le moindre retard à lui compter cette somme. **94** La somme avait été comptée ; il ne se tint pas pour satisfait de cet acte d'iniquité. Publiquement, du haut de son siège, du haut de son tribunal, il prononce que, SI QUELQU'UN DÉSIRAIT ACCUSER STHENIUS ABSENT D'UN CRIME ENTRAINANT LA PEINE CAPITALE, IL DÉCLARERAIT CET ACCUSATEUR RECEVABLE DANS SA DÉNONCIATION ; et, en même temps, il se met à exhorter Agathinus, son nouveau parent par alliance, son nouvel hôte, à se charger de cette cause, à déférer en justice le nom de Sthenius. Mais alors Agathinus dit bien nettement — tout le monde l'entendit — qu'il ne ferait pas cela ; son inimitié contre Sthenius n'allait pas jusqu'à déclarer qu'il n'était pas étranger à quelque crime entraînant la peine capitale. En ce moment, un certain Pacilius, homme besoigneux et sans consistance, s'approche soudainement et déclare que, si on le lui permettait, il désirait déférer en justice le nom de Sthenius absent. Verrès répond que c'est permis, autorisé par l'usage, et qu'il le déclarera recevable dans sa dénonciation. Le nom de Sthenius est donc déféré à la justice ; et, aussitôt, un édit du préteur ordonne à Sthenius d'avoir à se trouver à Syracuse aux calendes de décembre. **95** Celui-ci était arrivé à Rome ; la traversée avait été assez heureuse, quoiqu'on fût déjà dans la mauvaise saison ; rien, dans ce voyage, ne lui avait été aussi défavorable, aussi implacable que les dispositions du préteur, qui était son hôte. Il fit à ses amis un rapport de son affaire; elle paraissait à tous, comme elle l'était en réalité, pénible et déplorable.

XXXIX C'est pourquoi, dans le Sénat, les consuls Cn. Lentulus et L. Gellius (1) en parlent immédiatement ; ils demandent qu'on décide de statuer, si les Pères Conscrits le jugent convenable, que, dans les provinces, les absents ne soient pas accusés de crimes entraînant la peine capi-

(1) Cn. Cornelius Lentulus Clodianus et L. Gellius Poplicola, consuls de l'an 682 / 72. Voir tome II, note 1 de la p. 188.

BONIS *SE* EXACTVRVM, bonaque eius statim coepit uendere ; et uendidisset, si tantulum morae fuisset quo minus ei pecunia illa numeraretur. **94** Ea postea quam numerata est, contentus hac iniquitate iste non fuit ; palam de sella ac tribunali pronuntiat, SI QVIS ABSENTEM STHENIVM REI CAPITALIS REVM FACERE VELLET, SESE EIVS NOMEN RECEPTVRVM, et simul ut ad causam accederet nomenque deferret, Agathinum, nouum adfinem atque hospitem, coepit hortari. Tum ille clare omnibus audientibus se id non esse facturum, neque se usque eo Sthenio esse inimicum ut eum rei capitalis adfinem esse diceret. Hic tum repente Pacilius quidam, homo egens et leuis, accedit ; ait, si liceret, absentis nomen deferre se uelle. Iste uero et licere et fieri solere, et se recepturum ; itaque defertur ; edicit statim ut Kalendis Decembribus adsit Sthenius Syracusis. **95** Hic qui Romam peruenisset, satisque feliciter anni iam aduerso tempore nauigasset, omniaque habuisset aequiora et placabiliora quam animum praetoris atque hospitis, rem ad amicos suos detulit, quae, ut erat acerba atque indigna, sic uidebatur omnibus.

XXXIX Itaque in senatu continuo Cn. Lentulus et L. Gellius consules faciunt mentionem placere statui, si patribus conscriptis uideretur, ne absentes homines in

se exacturum *Halm, Mueller, Peterson* : exacturum *mss., uulgo, Kayser.*

94. iste non : non *uulgo* || de sella ac tribunali pronuntiat : pronuntiat de sella ac tribunali *Lg, Mueller* || se id *Lg* : sese id *ceteri mss., uulgo* || tum repente : repente *Lg* || absentis nomen : nomen absentis *b, uulgo, Kayser.*

95. peruenisset : uenisset *uulgo* || erat... uidebatur : erant... uidebantur *uulgo* || atque indigna : et indigna *Lg* (*cf.* § 89 : et incensus), *Kayser, Mueller* || L. Gellius *c, Lg* : Lucullus *p, b, uet. editt.*; Lucillus *ceteri mss.*

tale ; ils font connaître au Sénat toutes les circonstances de la cause de Sthenius, ainsi que la cruauté et l'iniquité de Verrès. A la séance du Sénat assistait Verrès, le père de cet homme, et il allait en pleurant supplier chacun des sénateurs d'épargner son fils ; et, cependant, il n'avait guère de succès, car la volonté du Sénat était absolue ; et, en conséquence, les avis que l'on prononçait étaient que, COMME STHENIUS AVAIT ÉTÉ ACCUSÉ EN SON ABSENCE, IL FALLAIT DÉCIDER QU'IL N'Y AVAIT LIEU DE RENDRE AUCUN JUGEMENT AU SUJET D'UN ABSENT ET QUE, SI QUELQUE JUGEMENT AVAIT ÉTÉ RENDU, CE JUGEMENT NE DEVAIT PAS ÊTRE RATIFIÉ. **96** Ce jour-là, on ne put rien terminer, car l'heure était avancée et le père de Verrès avait trouvé des sénateurs pour consumer le temps en discours (1). Ensuite, le vieillard se rend auprès de tous les défenseurs, de tous les hôtes de Sthenius ; il leur demande, il les prie de ne pas attaquer son fils, de ne pas avoir d'inquiétude au sujet de Sthenius ; il leur donne l'assurance qu'il aura soin d'empêcher que, du fait de son fils, il ne soit causé aucun tort à Sthenius ; il enverra à cet effet des hommes sûrs en Sicile, et par terre et par mer (2). Il y avait encore un espace d'environ trente jours avant les calendes de décembre, date où, en vertu de l'édit du préteur, Sthenius devait être présent à Syracuse. **97** Les amis de Sthenius sont ébranlés ; ils espèrent que les lettres et les messagers du père feront revenir le fils de sa folie furieuse. Le Sénat ne s'occupe plus désormais de l'affaire de Sthenius. De la maison paternelle des messagers arrivent à Verrès ; ils lui portent les lettres de son père antérieurement aux calendes de décembre, alors que l'affaire de Sthenius était encore pour lui dans toute son intégralité ; dans le même

(1) La *transactio* (*transigi*) est la décision qui met fin au débat ; l'heure avancée ne permet pas de prendre le sénatus-consulte qui, pour être valable, doit avoir été voté avant le coucher du soleil. Cicéron écrit à son frère (*Epist. ad Quintum fr.*, II, XI [XIII], 2) à propos d'une séance du Sénat : Actum est eo die nihil ; nox diremit. Dans l'*Epist. ad Attic.*, IV, II, 4, il fait le tableau d'une autre séance où l'obstruction des sénateurs empêche le vote du sénatus-consulte avant la nuit.

(2) Par terre : on suit la voie de terre jusqu'à Rhégium où on s'embarque. Par mer : on s'embarque à Ostie.

prouinciis rei fierent rerum capitalium ; causam Stheni totam et istius crudelitatem et iniquitatem senatum docent. Aderat in senatu Verres pater istius et flens unum quemque senatorum rogabat ut filio suo parceret ; neque tamen multum proficiebat ; erat enim summa uoluntas senatus. Itaque sententiae dicebantur : CVM STHENIVS ABSENS REVS FACTVS ESSET, DE ABSENTE IVDICIVM NVLLVM FIERI PLACERE, ET, SI QVOD ESSET FACTVM, ID RATVM ESSE NON PLACERE. **96** Eo die transigi nihil potuit, quod et id temporis erat et ille pater istius inuenerat homines qui dicendo tempus consumerent. Postea senex Verres defensores atque hospites omnes Stheni conuenit, rogat eos atque orat ne oppugnent filium suum, de Sthenio ne laborent ; confirmat iis curaturum se esse ne quid ei per filium suum noceretur ; se homines certos eius rei causa in Siciliam et terra et mari esse missurum. Et erat spatium dierum fere XXX ante Kalendas Decembres, quo die iste ut Syracusis Sthenius adesset edixerat. **97** Commouentur amici Stheni ; sperant fore ut patris litteris nuntiisque filius ab illo furore reuocetur. In senatu postea causa non agitur. Veniunt ad istum domestici nuntii litterasque a patre adferunt ante Kalendas

senatorum *Lg* : senatorem *ceteri mss.*, *uulgo*, *Kayser* || absens reus : reus absens *Lg*, *q*, *r*, *Mueller* || nullum fieri : fieri nullum *Lg*, *Mueller*.

96. pater istius *secl. Bake*, *Kayser* || senex Verres *secl. Bake*, *Kayser* || oppugnent filium suum : oppugnent filium [suum] *Kayser* || confirmat iis : confirmat his *uulgo* || per filium suum : per filium *Lg*[1] || noceretur : noceatur *Ernesti* || [et] terra *Halm*, *Kayser* || esse missurum : missurum *uulgo* || quo die *c*, *Lg* : quo *ceteri mss.*, *uet. editt.*

97. ab illo furore : ab incepto furore *uulgo*, *Klotz* ; ab incepto *uet. editt.*, *Kayser* || postea causa : post ea causa *Bake*, *Kayser*, *Klotz* || litterasque : litteras *Lg*, *Kayser*

temps, on lui apporte un grand nombre de lettres sur le même sujet, venant de beaucoup de ses amis et de ses intimes.

XL Verrès avait toujours compté pour rien, au prix de ses désirs passionnés, son devoir, le danger auquel il s'exposait, la piété filiale, les sentiments qu'un homme doit avoir ; dans cette circonstance également, il ne pensa pas à faire céder ses excès de pouvoir à l'autorité des avertissements de son père, aux désirs exprimés par les prières qui lui étaient adressées : donc, le matin des calendes de décembre, conformément aux termes de son édit, il fait citer Sthenius. **98** Si c'était à la prière de quelque ami, dans des sentiments de bienveillance ou dans des vues intéressées que ton père t'eût fait cette demande, le désir paternel n'en aurait pas moins dû être sur toi du plus grand poids ; mais c'est dans l'intérêt de ta personnalité civile qu'il te faisait cette demande, qu'il t'avait envoyé de chez lui des hommes sûrs ; et ces hommes étaient arrivés auprès de toi alors que l'affaire était encore pour toi dans toute son intégralité : et, dans ces conditions mêmes, à défaut de la piété filiale, la considération de ton propre salut n'a pu te ramener au devoir et au bon sens ? Il appelle le défendeur : celui-ci ne répondit pas ; il appelle l'accusateur. — Juges, veuillez y faire attention : à quel point la fortune elle-même ne s'est-elle pas montrée l'adversaire de la folie de cet homme ! Et, en même temps, voyez quel hasard est venu en aide à la cause de Sthenius ! — On appelle l'accusateur, M. Pacilius ; j'ignore par suite de quel hasard il ne répondit pas à l'appel, il ne se présenta pas. **99** Si Sthenius avait été mis en accusation alors qu'il était présent, fût-il même convaincu d'un méfait manifeste, cependant, comme l'accusateur faisait défaut, Sthenius ne devait pas être condamné. En effet, si un défendeur pouvait être condamné en l'absence de l'accusateur, je ne serais pas venu, moi, de Vibo à Velia (1), sur un mauvais petit navire, au milieu des armes dirigées

(1) Vibo, port dans le Bruttium ; Velia, port en Lucanie. Pour ce voyage de Cicéron, voir tome II, p. 79, et *Verr.*, I, II, 3 ; (II), V, XVII, 44.

Decembres, cum isti etiam tum de Sthenio in integro tota res esset, eodemque ei tempore de eadem re litterae complures a multis eius amicis ac necessariis adferuntur.

XL Hic iste, qui prae cupiditate neque offici sui neque periculi neque pietatis neque humanitatis rationem habuisset umquam, neque in eo quod monebatur auctoritatem patris, neque in eo quod rogabatur uoluntatem anteponendam putauit libidini suae, mane Kalendis Decembribus, ut edixerat, Sthenium citari iubet. **98** Si abs te istam rem parens tuus alicuius amici rogatu benignitate aut ambitione adductus petisset, grauissima tamen apud te uoluntas patris esse debuisset ; cum uero abs te tui capitis causa peteret hominesque certos domo misisset, hique eo tempore ad te uenissent cum tibi in integro tota res esset, ne tum quidem te potuit si non pietatis, at salutis tuae ratio ad officium sanitatemque reducere ? Citat reum ; non respondit ; citat accusatorem ; (attendite, quaeso, iudices, quanto opere istius amentiae fortuna ipsa aduersata sit, et simul uidete qui Stheni causam casus adiuuerit) ; citatus accusator, M. Pacilius, nescio quo casu non respondit, non adfuit. **99** Si praesens Sthenius reus esset factus, si manifesto in maleficio teneretur, tamen, cum accusator non adesset, Sthenium condemnari non oporteret. Etenim si posset reus absente accusatore damnari, non ego a Vibone Veliam paruulo nauigio inter fugitiuorum ac praedonum

in integro *c,Lg*[1] : integra *ceteri mss., uulgo.* || eodemque ei tempore : eodemque tempore *Lg*[1]; eodemque [ei] tempore *Kayser, Mueller.*

98. adductus *c, Lg* [1] : inductus *ceteri mss., uulgo* || hique : iique *Klotz* ; eique *Kayser* || non respondit : non respondet *uulgo, Kayser* || iudices : iudices uidete *uulgo* || quanto opere *c, p* : quantopere *ceteri mss., uulgo* || non adfuit *secl. Pluygers, Kayser.*

99. damnari : condemnari *Lg*[1], *Klotz, Kayser, Mueller.*

contre moi par les esclaves fugitifs et les pirates, et aussi par toi. Toute cette diligence que j'ai faite alors au péril de ma vie, c'était pour que tu ne fusses pas rayé de la liste des accusés, ce qui serait arrivé, si je n'avais pas été présent au jour marqué. Ce qui devait donc, dans l'action judiciaire intentée contre toi, être l'objet de tous tes vœux, c'est-à-dire mon absence alors que j'avais été cité, pourquoi n'as-tu pas pensé que le même fait, c'est-à-dire l'absence de son accusateur, devait profiter à Sthenius ? Et ainsi Verrès a fait en sorte que cette affaire se terminât exactement comme elle avait commencé : celui qu'il avait mis en accusation, alors qu'il était absent, c'est en l'absence de l'accusateur qu'il le condamne.

XLI **100** Dans les premiers jours qui suivirent la condamnation, on lui annonçait — son père le lui avait écrit aussi et longuement — que l'affaire de Sthenius avait été agitée au Sénat ; que, de plus, dans une assemblée du peuple, le tribun de la plèbe M. Palicanus (1) avait exprimé des plaintes à propos du procès de Sthenius ; que moi-même, enfin, devant le collège des tribuns qui, dans un édit pris à l'unanimité, avaient déclaré ne permettre le séjour à Rome de quiconque aurait été condamné pour un crime entraînant la peine capitale, j'avais plaidé la cause de Sthenius, et que, comme j'avais exposé les faits de la même manière que je viens de les exposer devant vous et démontré qu'il n'y avait à tenir aucun compte de cette condamnation, les dix tribuns de la plèbe avaient statué et prononcé à l'unanimité QU'IL NE SEMBLAIT PAS QUE L'ÉDIT EMPÊCHAT STHENIUS D'AVOIR LA PERMISSION DE SÉJOURNER A ROME. **101** Toutes ces nouvelles qu'on lui

(1) M. Lollius Palicanus (voir tome II, *Préface*, p. XIII), ardent défenseur de la plèbe contre Sylla, réussit à rendre au tribunat son ancienne puissance. Il fut candidat au consulat en 687 / 67 : le consul en exercice, C. Calpurnius Piso, déclara qu'il se refuserait à proclamer consul, s'il était élu, un homme dont les actes méritaient plutôt le supplice que le consulat. (Valère Maxime, III, VIII, 3.) Cicéron, qui ne prend pas cette candidature au sérieux (*Epist. ad Attic.*, I, I, 1) juge Palicanus *aptior auribus imperitorum* (*Brutus*, LXII, 223). D'après Salluste (*Hist.*, I, Fragm. 44, éd. Maurenbr.), il est *loquax magis quam facundus.*

ac tua tela uenissem, quo tempore omnis illa mea festinatio fuit cum periculo capitis, ob eam causam ne tu ex reis eximerere si ego ad diem non adfuissem. Quod igitur tibi erat in tuo iudicio optatissimum, me cum citatus essem non adesse, cur Sthenio non putasti prodesse oportere, cum eius accusator non adfuisset ? Itaque fecit ut exitus principio simillimus reperiretur : quem absentem reum fecerat, eum absente accusatore condemnat.

XLI **100** Nuntiabatur illi primis illis temporibus, id quod pater quoque ad eum pluribus uerbis scripserat, agitatam rem esse in senatu ; etiam in contione tribunum plebis de causa Stheni, M. Palicanum, esse questum ; postremo me ipsum apud hoc collegium tribunorum plebis, cum eorum omnium edicto non liceret Romae quemquam esse qui rei capitalis condemnatus esset, egisse causam Stheni, et, cum ita rem exposuissem quem ad modum nunc apud uos, docuissemque hanc damnationem duci non oportere, x tribunos plebis hoc statuisse, idque de omnium sententia pronuntiatum esse : NON VIDERI STHENIVM IMPEDIRI EDICTO QVO MINVS EI ROMAE LICERET ESSE. **101** Cum haec ad istum adferrentur, pertimuit aliquando et commotus est ; uertit stilum in tabulis suis, quo facto causam omnem euertit suam ; nihil enim sibi reliqui fecit quod defendi aliqua ratione posset.

ad diem non adfuissem : non adfuissem ad diem *uulgo* || itaque : ita *Lg^1*, *Halm*, *Kayser*.

100. illi : isti *Kayser*, *Mueller* || ipsum apud : *in his uerbis incipit P V* || hoc collegium : collegium hoc *uulgo* || Romae quemquam : quemquam Romae *uulgo* || ita rem : rem ita *Lg*, *p*, *b*, *uulgo*, *Mueller* || x tribunos : tribunos *uulgo* || de omnium *P V*, *c*, *Lg^1* : omnium *ceteri mss.* || Romae liceret *P V*, *Lg*: liceret Romae *ceteri mss.*, *uulgo*.

101. pertimuit *P V*, *c*, *Lg* : timuit *ceteri mss.*, *uulgo*.

apportait lui causèrent à la fin une grande crainte et une violente émotion ; il passa son style à l'envers sur ses tablettes, et, ce faisant, il renversa toute sa cause (1) ; il ne s'est, en effet, réservé aucun moyen de défense qu'il pût présenter raisonnablement. Car, s'il disait pour se défendre : « Il est permis de déclarer recevable la dénonciation contre un absent ; qu'on procède ainsi dans la province, aucune loi ne l'interdit... » — ce serait là un moyen de défense sans valeur et sans honnêteté ; mais Verrès aurait l'air cependant de s'appuyer sur quelque moyen de défense ; enfin, en désespoir de cause, il pouvait chercher un dernier refuge dans cette excuse : il avait péché par ignorance, il estimait son acte licite. Moyen de défense misérable ! Cependant il aurait eu l'air de dire quelque chose. Il efface de ses tablettes ce qui y était inscrit et il y porte comme un fait exact que la dénonciation a eu lieu en présence de Sthenius.

XLII **102** Voyez ici dans combien de filets il s'est enlacé : d'aucun d'eux il ne se tirera jamais. D'abord lui-même, en Sicile, souvent et publiquement, du haut de son tribunal de préteur, il avait déclaré, et, dans des conversations particulières, il avait exposé à bien des gens qu'il est licite d'admettre comme recevable une dénonciation contre un absent; que, ce qu'il avait fait, il avait des exemples pour le faire. Voilà les paroles qu'il a dites plusieurs fois : dans la première action, Sex. Pompeius Chlorus l'a déclaré : c'est un homme dont j'ai déjà dit quel est le mérite ; — Cn. Pompeius Theodorus (2) l'a déclaré aussi : c'est un homme qui, dans de très nombreuses et de très importantes affaires, a obtenu l'entière approbation de Cn. Pompeius, ce très illustre citoyen ; il occupe une place très distinguée dans l'estime de tous ; — Posides Macro de Solunte l'a déclaré aussi : c'est un homme particulière-

(1) Encore un jeu de mots pénible. Pour effacer, on fait passer sur la cire le bout aplati du style, on retourne le style à l'envers (*uertere*) ; en effaçant ce qui est tracé sur les tablettes, Verrès ruine, renverse (*euertere*) toute sa cause.

(2) Le grand Pompée avait conféré le droit de cité romaine au Sicilien Theodorus, quand il était venu dans l'île en 672 / 82. — Voir tome II, note 1 de la p. 126.

Nam si ita defenderet : « Recipi nomen absentis licet; hoc fieri in prouincia nulla lex uetat, » mala et improba defensione, uerum aliqua tamen uti uideretur ; postremo illo desperatissimo perfugio uti posset, se imprudentem fecisse, existimasse id licere. Quanquam haec perditissima defensio est, tamen aliquid dici uideretur. Tollit ex tabulis id quod erat, et facit coram esse delatum.

XLII **102** Hic uidete in quot se laqueos induerit, quorum ex nullo se umquam expediet. Primum ipse in Sicilia saepe et palam de loco superiore dixerat et in sermone multis demonstrarat licere nomen recipere absentis ; se exemplo fecisse quod fecisset. Haec eum dictitasse priore actione et Sex. Pompeius Chlorus dixit, de cuius uirtute antea commemoraui, et Cn. Pompeius Theodorus, homo et Cn. Pompei, clarissimi uiri, iudicio plurimis maximisque in rebus probatissimus et omnium existimatione ornatissimus, et Posides Macro Soluntinus, homo summa nobilitate, existimatione, uirtute ornatissimus, et hac actione quam uoletis multi dicent, et qui ex isto ipso

Recipi... uetat : Recepi nomen absentis ; licet hoc fieri in prouincia, nulla lex uetat *P V,p,q, Klotz,Kayser* || illo desperatissimo: illo tamen desperatissimo *Lg, p, r, Kayser* ; tamen illo desperatissimo *corr. Lg man. pr., Mueller* || perfugio uti: uti profugio *b* || id licere : haec licere *P V* || haec perditissima: perditissima *uulgo* || et facit: facit *Lg* ; [et] facit *Kayser, Mueller* || coram esse delatum *P V, Lg*[1] : coram delatum esse *b, δ, uulgo*; coram omnibus esse delatum *π, k*.

102. se laqueos *P, V, Lg* : laqueos se *ceteri mss., uet. editt.* || ex nullo se umquam : ex nullo se uideri umquam *p*[2]; ex nullo se uideri *q, k, alii mss.*; ex nullo se, iudices, umquam *Peterson* || expediet : expediret *p, alii mss., uulgo* || et palam : palam *Lg* ; [et] palam *Mueller* || exemplo : exemplo multorum *P V, Klotz* || fecisse quod fecisset : fecisse id quod fecisset *p, uulgo* ; id fecisse quod fecisset *q* || dictitasse : dictasse *uet. editt.* || uirtute ornatissimus *P V, Lg* : uirtute *ceteri mss., uulgo, Kayser* || ex isto ipso : ex isto *P V*.

ment distingué, à la fois par sa haute noblesse, par l'estime dont il jouit, et par son mérite ; et, dans la présente action, autant de témoins que vous voudrez le déclareront, aussi bien des hommes du premier mérite appartenant à notre ordre, qui le lui ont entendu dire à lui-même, que d'autres qui étaient présents quand la dénonciation contre Sthenius absent fut admise comme recevable. Ensuite, à Rome, quand cette affaire fut traitée au Sénat, tous les amis de Verrès, et même, parmi eux, son père, disaient pour sa défense : C'est un acte licite ; on a souvent agi ainsi ; ce qu'il avait fait, c'est d'après les exemples et les institutions d'autres magistrats qu'il le faisait. **103** Il le déclare, en outre, le témoignage de la Sicile tout entière qui, dans les requêtes adressées en commun par toutes les cités aux consuls, demandait aux Pères Conscrits, les priait de statuer que les dénonciations contre les absents ne fussent pas considérées comme recevables. C'est à ce sujet que Cn. Lentulus, patron de la Sicile, ce très illustre jeune homme, a déclaré, vous l'avez entendu, que les Siciliens, alors qu'ils l'instruisaient de la cause qu'il avait à plaider en leur faveur au Sénat, s'étaient plaints du malheur de Sthenius, et que c'est à cause de l'injustice dont Sthenius avait été victime qu'ils avaient décidé d'adresser la requête dont je viens de parler. **104** Voilà ce qui en était ; dans cette situation, Verrès, as-tu pu être doué d'une telle folie, d'une telle audace qu'à propos d'un fait aussi clair, aussi prouvé par les témoins, aussi divulgué de tous côtés par toi-même, tu aies osé falsifier les registres publics ? Mais comment les as-tu falsifiés ? Ne l'as-tu pas fait de manière à permettre à tes registres eux-mêmes, dans le cas où nous aurions tous gardé le silence, de prononcer ta condamnation ? Qu'on prenne, je vous prie, le registre ; qu'on le fasse circuler, qu'on le montre. Voyez-vous le passage où il donne comme un fait exact que la dénonciation a eu lieu en présence de Sthenius ? Ce passage est tout entier dans un endroit raturé. Qu'y avait-il là d'écrit auparavant ? Quelle est la faute que cette rature a corrigée ? Quelle preuve, juges, avez-vous à attendre de nous à l'appui de notre accusation ? Nous

audierunt uiri primarii nostri ordinis, et alii qui interfuerunt cum absentis nomen reciperetur. Deinde Romae, cum haec acta res esset in senatu, omnes istius amici, in his etiam pater eius hoc defendebat, licere fieri ; saepe esse factum ; iste quod fecisset aliorum exemplo institutoque fecisse. **103** Dicit praeterea testimonium tota Sicilia, quae in communibus postulatis ciuitatum omnium consulibus edidit, rogare atque orare patres conscriptos ut statuerent ne absentium nomina reciperentur. Qua de re Cn. Lentulum, patronum Siciliae, clarissimum adulescentem, dicere audistis, Siculos, cum se causam quae sibi in senatu pro his agenda esset docerent, de Stheni calamitate questos esse, propterque hanc iniuriam quae Sthenio facta esset eos statuisse ut hoc quod dico postularetur. **104** Quae cum ita essent, tantane amentia praeditus atque audacia fuisti ut in re tam clara, tam testata, tam abs te ipso peruulgata tabulas publicas corrumpere auderes ? At quem ad modum corrupisti ? nonne ita ut omnibus nobis tacentibus ipsae tuae te tabulae condemnare possent? Cedo, quaeso, codicem, circumfer, ostende. Videtisne totum hoc nomen, coram ubi facit delatum, esse in litura ? Quid fuit istic antea scriptum ? quod mendum ista litura correxit ? Quid a nobis, iudices, ex-

audierunt : audierint *uulgo* || interfuerunt : interfuerint *uulgo* || cum haec acta res esset in senatu : cum haec ac- *in his uerbis desinit P V*; cum res esset acta in senatu *p*, *b*, *uulgo* ; cum acta res in senatu *Lg* ; cum haec acta res est in senatu *Klotz*, *Kayser*; cum acta res in senatu est *Mueller* || iste quod *c*, *Lg*[1] : istum quod *ceteri mss.*, *uulgo*.

103. quae sibi in senatu pro his : quae pro his sibi in senatu *uulgo* || hoc quod dico : quod dico *uulgo*.

104. praeditus : *hoc uerbum suspectum Gulielmius habet* || tuae te *Lg* : tuae *p*, *q*, *b* ; te tuae *uulgo*, *Kayser* || cedo quaeso *c*, *Lg* : quaeso *ceteri mss.*, *uulgo* || totum hoc nomen : hoc totum nomen *Lg*, *Klotz*, *Kayser*, *Mueller*.

n'avons rien à dire. Les registres sont à votre portée ; les registres proclament hautement qu'ils ont été falsifiés, altérés par des ratures. **105** As-tu confiance que tu pourras t'échapper de ces accusations, alors que nous, ce n'est pas d'après des conjectures douteuses que nous te poursuivons, mais d'après les traces que tu as laissées empreintes sur les registres publics et qui y sont toutes fraîches ? Et voilà le personnage que l'on a vu juger, sans avoir entendu la cause, Sthenius coupable de faux en écriture publique, lui qui ne pourra pas se défendre d'avoir commis un faux en écriture publique, précisément à propos de Sthenius ?

XLIII **106** Voyez maintenant un autre trait de folie ; voyez comme, en cherchant à se tirer du filet, il s'y embarrasse. Le mandataire qu'il assigne à Sthenius, qui est-ce ? Un homme qui lui est uni par les liens du sang, un proche parent ? Non. Quelque habitant de Thermes, quelque homme honorable et de noble famille ? Pas même un citoyen de ce rang. Mais un Sicilien dont la situation a quelque éclat, quelque dignité ? Aucun Sicilien. Qui donc alors ? Un citoyen romain. A qui pourra-t-on le faire croire ? Sthenius, qui était le plus noble personnage de sa cité, qui avait une parenté si étendue et des amitiés si nombreuses, qui était en outre si puissant dans la Sicile tout entière par son autorité et par son crédit, Sthenius n'a pu trouver aucun Sicilien pour être son mandataire ? Cela, le feras-tu croire ? Ou bien, a-t-il lui-même préféré un citoyen romain ? Indique-moi un Sicilien, qui, mis en accusation, a jamais eu un citoyen romain pour mandataire (1). Les documents de tous ceux qui ont été préteurs avant toi, produis-les, déploie-les devant nous. Si tu y trouves un seul précédent, que la chose se soit passée comme tu la montres consignée dans tes registres, je le concèderai.

(1) On voit que, malgré cette grande amitié des Siciliens pour les Romains dont Cicéron parle si complaisamment (III,7), jamais un Sicilien ne choisit pour mandataire un citoyen romain. Il est donc invraisemblable que Sthenius ait désigné comme *cognitor* un Claudius assez peu connu pour devoir être désigné par le nom de sa tribu (voir tome II, note 3 de la p. 96), et qui, de plus, était son ennemi personnel.

spectatis argumenta huius criminis ? Nihil dicimus; tabulae sunt in medio, quae se corruptas atque interlitas esse clamant. **105** Ex istis etiam tu rebus effugere te posse confidis, cum te nos non opinione dubia, sed tuis uestigiis persequamur, quae tu in tabulis publicis expressa ac recentia reliquisti ? Is mihi etiam Sthenium litteras publicas corrupisse causa incognita iudicauit, qui defendere non poterit se non *in* ipsius Stheni nomine litteras publicas corrupisse ?

XLIII **106** Videte porro aliam amentiam ; uidete ut, dum expedire sese uult, induat. Cognitorem adscribit Sthenio — quem ? cognatum aliquem aut propinquum ? Non. Thermitanum aliquem, honestum hominem ac nobilem ? Ne id quidem. At Siculum, in quo aliquis splendor dignitasque esset ? Neminem. Quid igitur ? Ciuem Romanum. Cui hoc probari potest ? Cum esset Sthenius ciuitatis suae nobilissimus, amplissima cognatione, plurimis amicitiis, cum praeterea tota Sicilia multum auctoritate et gratia posset, inuenire neminem Siculum potuit qui pro se cognitor fieret ? Hoc probabis ? An ipse ciuem Romanum maluit ? Cedo, cui Siculo, cum is reus fieret, ciuis Romanus cognitor factus umquam sit. Omnium praetorum litteras qui ante te fuerunt profer, explica ; si unum inueneris, ego hoc tibi, quem ad modum in tabulis scriptum habes, ita gestum esse concedam. **107** At,

105. ex istis : ex his *Lg, Klotz, Kayser, Mueller* || poterit *Pluygers* : potuit *c, Lg, uet. editt., Klotz*; potuerit *ceteri mss., uulgo* || in ipsius *Lambin* : ipsius *c, Lg* ; ex ipsius *ceteri mss., uulgo.*

106. neminem : minime *uulgo* || quid igitur : quid ergo *Lg, Mueller* ; quem igitur *Lambin, uulgo, Kayser* || qui pro se cognitor : qui cognitor *Lg* ; qui [pro se] cognitor *Mueller* || ante te : antea *b* ; ante *δ, uulgo.*

107 Mais Sthenius, je veux le croire, a pensé qu'il était glorieux pour lui de choisir dans le nombre des citoyens romains, dans la foule de ses amis et de ses hôtes, celui qu'il constituerait son représentant. Qui a-t-il choisi ? Qui trouve-t-on inscrit sur les registres ? C. Claudius, fils de Caius, de la tribu Palatina. Je ne m'enquiers pas de savoir quel est ce Claudius, ce que sont l'éclat et l'honorabilité de sa situation, la capacité de son esprit, l'autorité et la dignité qui lui ont valu que Sthenius s'écartât de la coutume de tous les Siciliens et se constituât pour mandataire un citoyen romain. Je ne m'enquiers en rien de tout cela ; peut-être, en effet, n'est-ce pas l'éclat de la situation de cet homme, mais les rapports de familiarité qu'il avait avec lui, que Sthenius a pris en considération. Mais, que répondra-t-on, si c'est un fait que, dans le monde entier, Sthenius n'a pas eu de plus grand ennemi que ce C. Claudius, aussi bien de tout temps que dans l'affaire d'aujourd'hui et dans le temps présent ? Si c'est un fait que, dans cette question de faux en écriture publique, Claudius s'est présenté en justice contre lui, a combattu contre lui par tous les moyens : que devons-nous croire plutôt, ou que c'est dans l'intérêt de Sthenius que son ennemi est devenu son mandataire, ou que, pour mettre Sthenius en danger, c'est toi qui as abusé du nom de son ennemi ?

XLIV **108** Et, pour que personne ne puisse avoir le moindre doute sur le caractère de toute cette affaire, bien que — et j'y compte avec confiance — depuis longtemps, l'improbité de cet homme soit évidente pour tout le monde, je vous prie cependant de m'accorder encore un peu d'attention. Vous voyez ce personnage à la chevelure légèrement crépue, au teint basané, qui nous regarde de l'air d'un homme qui se croit doué d'un esprit très pénétrant ; — ce personnage qui tient des tablettes, qui écrit, qui donne des avis à Verrès, qui est tout près de lui. Ce personnage, c'est C. Claudius ; en Sicile, on le considérait comme étant le dépositaire des fonds du préteur, son courtier de corruption, l'agent qui menait à bien ses affaires ; on voyait en lui presque un collègue de Timar-

credo, Sthenius hoc sibi amplum putauit, eligere ex ciuium Romanorum numero, ex amicorum atque hospitum suorum copia, quem cognitorem daret. Quem delegit ? quis in tabulis scriptus est ? C. Claudius C. F. Palatina. Non quaero quis hic sit Claudius, quam splendidus, quam honestus, quam idoneus propter cuius auctoritatem et dignitatem Sthenius ab omnium Siculorum consuetudine discederet et ciuem Romanum cognitorem daret. Nihil horum quaero ; fortasse enim Sthenius non splendorem hominis, sed familiaritatem secutus est. Quid ? si omnium mortalium Sthenio nemo inimicior quam hic C. Claudius cum semper tum in his ipsis rebus et temporibus fuit, si de litteris corruptis contra uenit, si contra omni ratione pugnauit, utrum potius pro Sthenio inimicum cognitorem esse factum an te ad Stheni periculum inimici eius nomine abusum esse credemus ?

XLIV **108** Ac ne qui forte dubitet cuius modi hoc totum sit negotium, tametsi iam dudum omnibus istius improbitatem perspicuam esse confido, tamen paulum etiam attendite. Videtis illum subcrispo capillo, nigrum, qui eo uultu nos intuetur ut sibi ipse peracutus esse uideatur, qui tabulas tenet, qui scribit, qui monet, qui proximus est. Is est Claudius, qui in Sicilia sequester istius, interpres, confector negotiorum, prope collega Timarchidi numerabatur, nunc obtinet eum locum

107. amplum putauit *Lg*[1] : amplum esse putauit *ceteri mss.*, *uulgo* || ex ciuium : e ciuium *uulgo, Kayser* || Sthenio nemo : nemo Sthenio *Lg* (*ut uidetur*), *Kayser, Klotz, Mueller* || cum semper : tum semper *uulgo* || ad... periculum : in... periculo *uulgo*.

108. ne qui : ne quis δ, *uulgo, Kayser* || hoc totum *Lg*[1] : totum *ceteri mss.*, *uulgo* || esse uideatur : uideatur esse *Lg* (*cf.* § 61 : uideantur esse), *Mueller*.

chide. Maintenant, il occupe une place si importante qu'il semble le céder à peine dans l'intimité de Verrès à cet Apronius qui déclarait être le collègue et le compagnon, non pas de Timarchide, mais bien de Verrès lui-même. **109** Doutez encore, si vous le pouvez : il a choisi cet homme de préférence entre tous, pour lui faire jouer ce rôle malhonnête de mandataire supposé ; n'était-ce pas parce qu'il pensait trouver en lui l'ennemi le plus acharné de Sthenius, l'ami le plus dévoué à sa propre personne ? Maintenant, hésiterez-vous, juges, en face d'une telle cruauté, d'une telle injustice de la part de Verrès, hésiterez-vous à exercer votre vindicte ? Hésiterez-vous à suivre l'exemple de ces juges, qui, une fois Cn. Dolabella condamné, ont cassé la condamnation de Philodamus d'Opunte (1), non pas qu'il eût été mis en accusation alors qu'il était absent, ce qui est la chose la plus inique et la plus barbare, mais parce qu'il avait été mis en accusation alors qu'il était déjà investi par ses concitoyens d'une mission à Rome ? Ce que ces juges, dans une cause de bien moindre importance, ont décidé, en se conformant à l'équité, hésiterez-vous à le décider dans une cause des plus graves, et cela surtout quand une telle décision est déjà confirmée par l'autorité d'autres juges ?

XLV **110** Mais, C. Verrès, quel est l'homme que tu as accablé d'une si grande, d'une si insigne injustice ? Quel est l'homme que tu as condamné en son absence pour faux en écriture publique, sans avoir instruit la cause ? Quel est l'homme contre lequel tu as déclaré valable une dénonciation faite en son absence ? Quel est l'homme que tu as condamné, alors qu'il était absent et qu'il n'y avait ni grief, ni témoin contre lui, ni même un accusateur ? Quel est cet homme ? Dieux immortels ! Je ne dirai pas que c'était ton ami, ce qui est un titre si illustre parmi

(1) Cn. Cornelius Dolabella, le propréteur de Cilicie, qui avait eu Verrès comme légat et comme proquesteur et qui fut condamné pour crime de concussion (*Verr.*, (II), I, XXXVIII, 97). On ne sait rien de Philodamus d'Oponte en Locride — qu'il ne faut pas confondre avec Philodamus de Lampsaque, dans la région de l'Hellespont (*Verr.*, (II), I, XXV-XXX).

ut uix Apronio illi de familiaritate concedere uideatur, *ei* qui se non Timarchidi sed ipsius Verris collegam et socium esse dicebat. **109** Dubitate etiam, si potestis, quin eum iste potissimum ex omni numero delegerit cui hanc cognitoris falsi improbam personam imponeret, quem et huic inimicissimum et sibi amicissimum esse arbitraretur ! Hic uos dubitabitis, iudices, tantam istius audaciam, tantam crudelitatem, tantam iniuriam uindicare ? dubitabitis exemplum illorum iudicum sequi, qui damnato Cn. Dolabella damnationem Philodami Opuntii resciderunt, quod is non absens reus factus esset, quae res iniquissima atque acerbissima est, sed cum ei legatio iam Romam a suis ciuibus esset data ? Quod illi iudices multo in leuiore causa statuerunt aequitatem secuti, uos id statuere in grauissima causa, praesertim aliorum auctoritate iam confirmatum, dubitabitis ?

XLV **110** At quem hominem, C. Verres, tanta, tam insigni iniuria adfecisti ? quem hominem absentem de litteris corruptis causa incognita condemnasti ? cuius absentis nomen recepisti ? quem absentem non modo sine crimine et sine teste, uerum etiam sine accusatore damnasti ? Quem hominem ? di immortales ! non dicam amicum tuum, quod apud homines clarissimum est, non hos-

ei qui *Mueller, Peterson* : et qui *mss., uulgo, Kayser* ; et *malit delere J. V. Leclerc* || Timarchidi : Timarchidis *uulgo.*

109. hanc cognitoris falsi improbam *c, Lg* : improbam *b* ; cognitoris falsi improbam *ceteri mss.*; improbam falsi cognitoris *uulgo* || amicissimum *c, Lg*[1] : amicum *ceteri mss., uulgo* || uos dubitabitis : uos dubitatis *Lg, δ, uulgo* || dubitabitis exemplum : dubitatis exemplum *Lg, δ, uulgo* || illorum iudicum *Lg, π* : iudicum illorum *b, uulgo, Kayser* || atque acerbissima : et acerbissima *b, δ, uulgo* || iam Romam : Romam *uulgo* || dubitabitis : dubitatis *c, Lg.*

110. quem hominem absentem... condemnasti *c, Lg* : *om. ceteri mss., uulgo* ; *secl. Kayser* || clarissimum est : carissimum est *uulgo, Kayser.*

les hommes ; je ne dirai pas non plus que c'était ton hôte, ce qui est un titre si sacré : car il n'est rien que je rappelle moins volontiers à propos de Sthenius, il n'est rien d'autre que je trouve qu'on puisse reprendre en lui, si ce n'est que lui, un homme si honnête et si intègre, il t'a invité à demeurer dans sa maison, toi, un homme en qui on ne trouve qu'attentats aux mœurs, actes déshonorants, scélératesses ; si ce n'est que lui, qui avait été et qui était encore l'hôte de C. Marius, de Cn. Pompeius, de C. Marcellus, de L. Sisenna, ton défenseur (1), de tant d'autres personnages de la plus haute valeur morale, au nombre des noms de ces hommes si illustres il a ajouté aussi dans la liste de ses hôtes ton nom à toi. **111** Aussi, pour ce qui est des droits de l'hospitalité violée et du crime impie que tu as commis en cette circonstance, je ne formule aucune plainte. Ce que je déclare ici n'est point pour ceux qui connaissent Sthenius — c'est-à-dire pour aucun de ceux qui ont été en Sicile, car il n'est aucun d'eux qui ignore quel est l'éclat de sa situation dans sa propre cité, de quelle considération et de quelle estime il jouit auprès de tous les Siciliens, — mais c'est pour que ceux-là aussi qui n'ont pas été dans cette province puissent se rendre compte de ce qu'est l'homme en la personne de qui tu as institué un exemple qui, tant à cause de l'iniquité de l'acte lui-même que de la considération de celui qui en était victime, devait paraître à tout le monde cruel et intolérable.

XLVI **112** Est-ce bien ce Sthenius, qui, dans sa ville, a obtenu toutes les magistratures sans aucune difficulté et les a exercées de la manière la plus noble et la plus magnifique ? — qui, de son propre argent, a donné comme décoration à une ville qui est loin d'être très grande de très grands bâtiments d'intérêt commun (2), de très grands monuments ? — qui a mérité par les services rendus à la république de Thermes et à l'ensemble des Siciliens qu'on ait fixé dans la salle du sénat, à Thermes, une table

(1) Pour L. Cornelius Sisenna, voir tome II, p. 83.

(2) Il y a une différence entre les *loca communia* et les *opera publica* (*Verr.*, I, IV, 12), qui sont des édifices monumentaux. Cf. *Epist. ad Famil.*, XIII, XI, 1 :... sarta tecta aedium sacrarum locorumque communium.

pitem, quod sanctissimum est; nihil enim minus libenter de Sthenio commemoro, nihil aliud in eo quod reprehendi possit inuenio, nisi quod homo frugalissimus atque integerrimus te, hominem plenum stupri, flagiti, sceleris, domum suam inuitauit, nisi quod, qui C. Mari, Cn. Pompei, C. Marcelli, L. Sisennae, tui defensoris, ceterorum uirorum fortissimorum hospes fuisset atque esset, ad eum numerum clarissimorum hominum tuum quoque nomen adscripsit. **111** Qua re de hospitio uiolato et de tuo isto scelere nefario n*i*l queror; hoc dico non iis qui Sthenium norunt, hoc est nemini eorum qui in Sicilia fuerunt, — nemo enim ignorat quo hic in ciuitate sua splendore, qua apud omnes Siculos dignitate atque existimatione sit; sed ut illi quoque qui in ea prouincia non fuerunt intellegere possint in quo homine tu statueris exemplum eius modi, quod cum propter iniquitatem rei tum etiam propter hominis dignitatem acerbum omnibus atque intolerandum uideretur.

XLVI **112** Estne Sthenius is qui, omnes honores domi suae facillime cum adeptus esset, amplissime ac magnificentissime gessit, qui oppidum non maximum maximis ex pecunia sua locis communibus monumentisque decorauit, cuius de meritis in rem publicam Thermitanorum Siculosque uniuersos fuit aenea tabula fixa Thermis in

te hominem plenum : te plenum *Klotz, Kayser* || ceterorum : ceterorumque *uulgo* || uirorum fortissimorum *c, Lg* : fortissimorum *ceteri mss.* || adscripsit : adscripserit *p, q, b, δ*.

111. tuo isto : isto tuo *uulgo* || scelere nefario *Lg, p, q* : nefario scelere *ceteri mss., uulgo, Kayser* || nil queror *Peterson auctore Zielinski* : nihil queror *mss. et editt.* || tu statueris : statueris *Lg, Klotz, Kayser*; [tu] statueris *Mueller* || eius modi : huius modi *Lg*[1], *b, δ, Klotz, Kayser, Mueller* || cum propter : tum propter *uulgo*.

112. ac magnificentissime : *in his uerbis incipit C.*

d'airain où une mention publique de ses bienfaits était inscrite et gravée ? Cette table, elle a été alors arrachée par ton ordre : mais, maintenant, elle a été par mes soins transportée ici, pour que tout le monde pût connaître quels honneurs Sthenius avait reçus parmi ses concitoyens et combien grande était sa considération. **113** Est-ce bien lui, qui, accusé devant Cn. Pompeius(1), cet homme si illustre, parce que, à cause de ses liens d'intimité et d'hospitalité avec C. Marius, ses ennemis et ses accusateurs déclaraient qu'il avait professé des sentiments hostiles à la République, est-ce bien lui, qui, cité en justice pour une incrimination où il y avait plus de haine que de vérité, a été absous par Cn. Pompeius dans de telles conditions que, pendant l'action judiciaire elle-même, Cn. Pompeius le jugeait très digne d'être son hôte ? Est-ce bien lui qui fut si fortement loué et défendu par tous les Siciliens que ce même Cn. Pompeius pouvait penser qu'en l'acquittant ce n'était pas seulement la reconnaissance d'un seul homme, mais aussi celle de la province tout entière qu'il s'attirait ? Enfin, est-ce bien lui qui a été animé de tels sentiments envers la République et qui, grâce à son autorité, a eu un tel pouvoir sur ses concitoyens qu'il est parvenu à faire seul en Sicile, sous ta préture, ce que non seulement aucun Sicilien, mais même la Sicile tout entière n'aurait pu faire : t'empêcher d'enlever de la ville de Thermes aucune statue, aucun objet précieux, de rien enlever des édifices sacrés et du domaine public, alors surtout que les œuvres d'art remarquables se trouvaient à Thermes en grand nombre et que, toutes, tu les avais convoitées. **114** Pour conclure, vois maintenant entre toi, sous le nom de qui on fête en Sicile certains jours, on célèbre ces fameuses *Verries*, toi, en l'honneur de qui s'élèvent à Rome des statues

(1) Envoyé par Sylla en Sicile pour combattre les partisans de Marius, Pompée, après la défaite et la mort de Carbon, se montra, au dire de Plutarque (*Pompée*, x), très modéré pour les vaincus. A l'enquête qu'il fit sur les actes des Himéréens, c'est-à-dire des habitants de Thermes, fidèles partisans de Marius, Sthenius que Plutarque appelle Σθένις ὁ δημαγωγός, le chef de la cité — se déclara seul coupable et demanda à être seul puni. Charmé de ces nobles paroles, Pompée ne punit personne et devint l'am de Sthenius.

curia, in qua publice erat de huius beneficiis scriptum et incisum? quae tabula tum imperio tuo reuulsa, nunc a me tamen deportata est, ut omnes huius honores inter suos et amplitudinem possent cognoscere. **113** Estne hic qui apud Cn. Pompeium, clarissimum uirum, cum accusatus esset, quod propter C. Mari familiaritatem et hospitium contra rem publicam sensisse eum inimici et accusatores eius dicerent, cumque magis inuidioso crimine quam uero arcesseretur, ita a Cn. Pompeio absolutus est ut in eo ipso iudicio Pompeius hunc hospitio suo dignissimum statueret? ita porro laudatus defensusque ab omnibus Siculis ut idem Pompeius non ab homine solum, sed etiam a prouincia tota se huius absolutione inire gratiam arbitraretur? Postremo estne hic qui et animum in rem publicam habuit eius modi et tantum auctoritate apud suos ciues potuit ut perficeret in Sicilia solus te praetore, quod non modo Siculus nemo sed ne Sicilia quidem tota potuisset, ut ex oppido Thermis nullum signum, nullum ornamentum, nihil ex sacro, nihil de publico attingeres, cum praesertim et essent multa praeclara et tu omnia concupisses? **114** Denique nunc uide, quid inter te, cuius nomine apud Siculos dies festi aguntur et praeclara illa Verria celebrantur, cui statuae Romae stant inauratae

huius beneficiis : eius beneficiis *Klotz* || deportata *C,Lg*[1] : reportata *ceteri ms., uulgo* || huius honores : eius honores *Lg, Klotz, Kayser, Mueller.*

113. cumque magis *π, k* : cum quo magis *C,Lg*[1] ; quod cum magis *b, δ*; cum magis *uulgo* || ita a : ita *C* || statueret *C, Lg, b* : statuerit *ceteri mss., uulgo* || suos ciues : ciues suos *q, r* || nihil ex sacro *om. C, Lg* || de publico : *in his uerbis incipit P V* || et essent : essent *uulgo.*

114. dies festi aguntur *C, Lg* (festi dies *primo, corr. man. pr.*), *Peterson* : dies festi agitantur *P V, ceteri mss* (*cf.* § 154 : dies festi agitantur), *uulgo, Klotz, Mueller* ; festi dies agitantur *Kayser* || Verria : Verrea *uulgo* || cui statuae : cuius statuae *P V, Klotz, Kay-*

dorées, offertes par la confédération des cités de la Sicile, comme nous le lisons dans l'inscription, — vois, dis-je, entre toi et ce Sicilien, qui a été condamné par toi, le patron de la Sicile, quelle n'est pas la différence ! Lui, ce sont en très grand nombre les cités de la Sicile, qui, par leur témoignage et par des délégations envoyées pour cet objet, lui décernent des louanges publiques : toi, le patron de tous les Siciliens, c'est la seule cité des Mamertins, elle qui s'est associée à tes vols et à tes infamies, qui te décerne des louanges publiques — et encore le fait-elle d'une manière toute nouvelle : les délégués t'outragent, la délégation te loue (1) ! Quant à toutes les autres cités, c'est à titre officiel que, par leurs lettres, par leurs délégations, par leurs témoignages, elles t'accusent, elles se plaignent, elles t'inculpent : si tu es absous, elles estiment que leur ruine est consommée.

XLVII **115** Et c'est aux dépens d'un tel homme, c'est avec ses biens, que tu as encore placé sur le mont Éryx un monument de tes vols, de tes infamies, de ta cruauté, un monument où est inscrit le nom de Sthenius de Thermes. J'ai vu le Cupidon d'argent avec son flambeau. Quelle explication, enfin, ou quelle raison qui justifiât l'affectation du butin conquis sur Sthenius à un pareil objet ? Voulais-tu laisser une marque de ta cupidité, élever un trophée (2) de ta victoire sur l'amitié et sur l'hospitalité, ou donner un indice de ton amour ? Voilà comment ils agissent, les hommes qui, vivant dans une profonde immoralité, prennent plaisir, non seulement à la passion et à la volupté, mais même à la renommée de leur propre immoralité ; ils en arrivent à désirer qu'il reste en plus d'un endroit des

(1) Voir, plus haut, v, 13.

(2) Le *praemium* est la part de la *praeda* conquise sur l'ennemi que l'on prélève pour l'offrir à la divinité qui a procuré la victoire. *Praeda* est quae eripitur, *praemium* quod offertur. (Servius *ad Aen.*, XI, v. 78). Le trophée (τρόπαιον), qui doit signaler l'endroit où l'ennemi a pris la fuite (τρέπω, τροπή), est à l'origine un tronc d'arbre auquel on suspend les dépouilles des vaincus. La statue d'argent de l'Amour avec son flambeau est à la fois une offrande à la Vénus du mont Éryx, qui a favorisé les amours de Verrès avec la femme de son hôte, et un trophée élevé à la mémoire de la ruine de Sthenius.

a communi Siciliae, quem ad modum inscriptum uidemus, datae — uide, inquam, quid inter te et hunc Siculum, qui abs te est, patrono Siciliae, condemnatus, intersit. Hunc ciuitates ex Sicilia permultae testimonio suo legationibusque ad eam rem missis publice laudant : te, omnium Siculorum patronum, una Mamertina ciuitas, socia furtorum ac flagitiorum tuorum, publice laudat — ita tamen nouo more ut legati laedant, legatio laudet — ceterae quidem ciuitates publice litteris, legationibus, testimoniis accusant, queruntur, arguunt : si tu absolutus sis, se funditus euersas esse arbitrantur.

XLVII **115** Hoc de homine ac de huius bonis etiam in Eryco monte monumentum tuorum furtorum, flagitiorum crudelitatisque posuisti, in quo Stheni Thermitani nomen adscriptum est. Vidi argenteum Cupidinem cum lampade. Quid tandem habuit argumenti aut rationis res quam ob rem in eo potissimum Sthenianum praemium poneretur ? utrum hoc signum cupiditatis tuae an tropaeun necessitudinis atque hospiti an amoris indicium esse uoluisti ? Faciunt hoc homines quos in summa nequitia non solum libido et uoluptas, uerum etiam

ser, Mueller || a communi Siciliae *P V* (*cf.* § 154 : a communi Siciliae) : a communi Sicilia *ceteri mss.* || ad eam rem : ob eam rem *uulgo* || furtorum ac flagitiorum tuorum : tuorum furtorum ac flagitiorum *Kayser* || publice laudat *secl. Pluygers, Kayser* || legati laedant *om. C, Lg*[1] || se funditus euersas *C, Lg* : se euersas funditus *P V, Klotz, Kayser* ; funditus euersas *ceteri mss.*; funditus euersas se *uulgo.*

115. Eryco : Erico *C, Lg* ; Eryce *P. Manuzio, Lambin* ; Erycino *J. V. Leclerc* || furtorum flagitiorum *P V* (*cf.* § 2 : furtis atque flagitiis ; § 114 : furtorum ac flagitiorum ; III, § 84 : furta et flagitia), *Klotz* : flagitiorum *ceteri mss., uulgo, Kayser* ; [furtorum] flagitiorum *Mueller, Peterson* || signum cupiditatis tuae an *Kayser abesse malit* || hoc homines : homines *b.*

marques et des traces de leurs infamies ! **116** Il brûlait d'amour pour la femme de son hôte ; à cause d'elle, il avait violé les lois de l'hospitalité : ce n'était pas assez qu'on le sût, il voulait encore que l'on rappelât toujours le souvenir de cet amour. C'est pourquoi il décida qu'une part privilégiée du butin conquis dans cette affaire qu'il avait dirigée d'après l'accusation d'Agathinus était due de préférence à Vénus, qui avait suscité cette accusation tout entière et cette action judiciaire. Je pourrais croire à ta reconnaissance envers les dieux, si ce n'était pas aux dépens des biens de Sthenius que tu avais offert ce don à Vénus, mais aux dépens des tiens ; c'est ce que tu aurais dû d'autant plus faire que cette même année il t'était venu de Chelidon un héritage (1).

117 Quant à moi, dans ces conditions, n'eussé-je pas, à la demande de tous les Siciliens, accepté de me charger de cette cause, cet office n'eût-il pas été réclamé de moi par l'ensemble de la province, les sentiments, l'amour que j'ai pour la République, l'offense faite à l'estime due à notre ordre et à nos actions judiciaires ne m'eussent-ils pas obligé à agir, et n'aurais-je eu d'autre motif que la manière si cruelle, si scélérate, si impie, dont tu as traité mon ami et mon hôte Sthenius, pour qui j'avais eu pendant ma questure une affection particulière et une très grande estime, que j'avais connu dans ma province si désireux, si jaloux

(1) La mort de Chelidon se place en 682/72, la deuxième année de la propréture de Verrès. La courtisane avait joué un grand rôle pendant la préture urbaine exercée sous ses auspices et d'après ses ordres (*Verr.*, (II), I, XL, 104 ; XLI, 106 ; XLVI, 120 ; LI-LIV ; II, XVI, 39 ; V, XIII, 34). Verrès, qui avait passé toute l'année de sa préture dans sa maison où se traitaient toutes les affaires judiciaires et administratives, dut s'arracher de ses bras pour se rendre dans la province (*Verr.*, (II), V, XV, 38 ; II, IX, 24), où il ne semble pas qu'elle l'ait suivi. Tout au moins Cicéron ne parle pas d'elle ; il cite les nombreuses femmes de Sicile qui lui ont succédé ; il dit de Tertia, la principale favorite, qu'elle était aussi puissante dans la propréture de Sicile que Chelidon l'avait été dans la préture de Rome (*Verr.*, (II), III, XXXIV, 78). Cela n'empêcha pas la maîtresse délaissée de faire Verrès son héritier et Verrès de mettre dans sa maison les objets d'art qui lui venaient de l'héritage de Chelidon (*Verr.*, (II), IV, XXXIII, 71).

ipsius nequitiae fama delectet, ut multis in locis notas ac uestigia suorum flagitiorum relinqui uelint. **116** Ardebat amore illius hospitae, propter quam hospiti iura uiolarat; hoc non solum sciri tum, uerum etiam commemorari semper uolebat; itaque ex illa ipsa re quam accusante Agathino gesserat Veneri potissimum deberi praemium statuit, quae illam totam accusationem iudiciumque conflarat. Putarem te gratum in deos si hoc donum Veneri non de Stheni bonis dedisses, sed de tuis; quod facere debuisti, praesertim cum tibi illo ipso anno a Chelidone uenisset hereditas.

117 Hic ego, si hanc causam non omnium Siculorum rogatu recepissem, si hoc a me muneris non uniuersa prouincia poposcisset, si me animus atque amor in rem publicam existimatioque offensa nostri ordinis ac iudiciorum non hoc facere coegisset, atque haec una causa fuisset quod amicum atque hospitem meum Sthenium, quem ego in quaestura mea singulariter dilexissem, de quo optime existimassem, quem in prouincia existimationis meae studiosissimum cupidissimumque cognossem, tam crudeliter, scelerate nefarieque tractasses, tamen digna causa uideretur cu irnimicitias hominis improbissimi susciperem, ut hospitis salutem fortunasque defen-

delectet *C, Peterson* : delectat *ceteri mss. et editt.* || suorum flagitiorum : scelerum suorum *uulgo.*

116. Veneri potissimum : hostissimum veneri *P V* ; potissimum Veneri *Klotz, Kayser* || putarem : putaram *C, Lg* || non de Sthe... : *in his uerbis desinit P V* || de Stheni bonis : de Stheni *C, Lg.*

117. singulariter : singulare *C, Lg*[1] ; singularie *coni. Gulielmius* || cupidissimumque : *in hoc uerbo desinit C* || cognossem *π* : cognoscerem *k, δ*; cognoscere *Lg* || causa uideretur cur : causa cur *uel* causa esset cur *uulgo.*

d'obtenir mon estime : cependant, ce motif me paraîtrait digne de me faire affronter l'inimitié du plus méchant des hommes pour défendre la vie et la situation sociale de mon hôte. **118** C'est ainsi que bien d'autres que moi ont agi du temps de nos ancêtres ; c'est ainsi que, dernièrement encore, a agi un homme très illustre, Cn. Domitius, qui accusa M. Silanus, homme consulaire, à cause des injustices, dont Aegritomarus, son hôte de la Gaule Transalpine, avait été victime (1). Je me croirais capable de suivre cet exemple de fidélité aux sentiments d'humanité et au devoir et je présenterais à ceux qui me sont unis par les liens de l'amitié et de l'hospitalité un espoir qui leur permît de penser que, grâce à ma protection, ils vivraient d'une vie où il y aurait plus de sécurité. Mais, puisque dans les injustices communes à une province qui en a été tout entière victime, la cause de Sthenius se trouve comprise elle aussi, puisque tout à la fois beaucoup de mes hôtes et de mes amis m'ont pour défenseur à titre public et à titre privé, certes je ne dois pas craindre qu'il vienne à la pensée de personne de croire que, ce que je fais, je ne l'aie pas entrepris sous l'impulsion et la contrainte de la raison du devoir le plus absolu.

Autres crimes de Verrès

XLVIII Mais cessons enfin de nous occuper des affaires que Verrès a instruites et jugées et des formules d'action judiciaire qu'il a délivrées ; le nombre des faits de ce genre est infini : imposons quelques bornes, mettons un terme à notre discours et à nos accusations. C'est à d'autres genres de crimes que nous allons emprunter quelques exemples.

119 Vous avez entendu Q. Varius déclarer que ses mandataires ont dû lui donner cent trente mille sesterces pour faire acte d'administration de la justice ; vous vous souvenez du témoignage de Q. Varius, vous vous souvenez que tous les faits de cette affaire ont été confirmés par le témoignage de C. Sacerdos, cet homme d'une si haute distinction ; vous savez que Cn. Sertius et M. Modius, chevaliers romains, que, de plus, un grand nombre de

(1) Voir *Diu.*, xx, 67.

derem. **118** Fecerunt hoc multi apud maiores nostros, fecit etiam nuper homo clarissimus, Cn. Domitius, qui M. Silanum, consularem hominem, accusauit propter Aegritomari Transalpini hospitis iniurias. Putarem me idoneum qui exemplum sequerer humanitatis atque offici, proponeremque spem meis hospitibus ac necessariis quo tutiorem sese uitam meo praesidio uicturos esse arbitrarentur ; cum uero in communibus iniuriis totius prouinciae Stheni quoque causa contineatur, multique uno tempore a me hospites atque amici publice priuatimque defendantur, profecto uereri non debeo ne quis hoc quod facio non existimet me summi offici ratione impulsum coactumque suscepisse.

XLVIII Atque ut aliquando de rebus ab isto cognitis iudicatisque et de iudiciis datis dicere desistamus, et, quoniam facta istius in his generibus infinita sunt, nos modum aliquem et finem orationi nostrae criminibusque faciamus, pauca ex aliis generibus sumemus.

119 Audistis ob ius dicundum Q. Varium dicere procuratores suos isti centum triginta milia nummum dedisse, meministis Q. Vari testimonium, remque hanc totam C. Sacerdotis, hominis ornatissimi, testimonio comprobari, scitis Cn. Sertium, M. Modium, equites Romanos, sescentos praeterea ciues Romanos multosque Siculos dixisse se isti pecuniam ob ius dicundum dedisse. De quo crimine

118. Transalpini hospitis : Transalpini hominis *Klotz* || sese uitam : uitam sese *uulgo* || de iudiciis : iudiciis *Lg*[1] || sumemus : sumamus *Lambin.*

119. dicundum δ, *uulgo* (cf. (II), I, § 127) : dicendum *ceteri mss.* || triginta *Lg*[1] : et triginta *ceteri mss., uulgo* || Vari : Valerii *c, Lg*[1] || dixisse se *c, Lg* : dixisse *ceteri mss.* || dicundum δ, *uulgo*: dicendum *ceteri mss.*

citoyens romains et beaucoup de Siciliens ont déclaré avoir donné de l'argent à Verrès pour qu'il fît acte d'administration de la justice à leur égard. Pourquoi discuterais-je à propos de ce chef d'accusation, puisqu'il repose tout entier sur les dépositions des témoins ? Pourquoi irais-je produire des arguments à propos de faits sur lesquels personne ne pourrait avoir aucun doute ? Est-il personne qui puisse douter que Verrès n'ait traité en Sicile l'administration de la justice comme une chose que l'on vend, lui qui, à Rome, a vendu tous les articles de son édit et tous ses décrets ? qu'il n'ait reçu de l'argent des Siciliens pour faire intervenir des décrets, lui qui en a réclamé de M. Octavius Ligus (1) pour faire acte d'administration de la justice à son égard ? **120** Est-il, en effet, quelque autre moyen encore de percevoir de l'argent qu'il ait négligé ? quelque moyen, négligé par tous les autres, qu'il n'ait imaginé ? Est-il enfin, dans les cités de la Sicile, une situation que l'on recherche, où il y ait honneur, pouvoir ou fonction administrative, dont tu n'aies fait un instrument de trafic pour toi et l'objet d'un marché public ?

XLIX On a entendu dans la première action les témoignages qui ont été dits à titre privé et à titre public ; les délégués de Centuripe, d'Halèse, de Catane, de Panhorme ont parlé ; ceux aussi de beaucoup d'autres cités et, d'autre part, un très grand nombre de particuliers, à titre privé. Leurs témoignages ont pu vous faire connaître que, dans la Sicile tout entière, pendant un espace de trois ans, il n'est pas une seule cité où un seul sénateur ait été nommé gratuitement ; où un seul ait été nommé, comme le portent leurs lois, par les suffrages ; où un seul ait été nommé autrement que d'après un ordre de Verrès ou d'après ses instructions écrites. Et, pour toutes ces cooptations de sénateurs, non seulement il n'y avait point de suffrages exprimés, mais on ne tenait aucun compte des classes qui permettaient de faire entrer des membres par cooptation dans cet ordre, on n'attribuait aucune valeur

(1) Voir *Verr.*, (II), I, XLVIII, 125-127.

quid ego disputem, cum id totum positum sit in testibus ? quid porro argumenter, qua de re dubitare nemo possit ? An hoc dubitabit quisquam omnium, quin is uenalem in Sicilia iuris dictionem habuerit, qui Romae totum edictum atque omnia decreta uendiderit ? et quin is ab Siculis ob decreta interponenda pecunias ceperit, qui M. Octauium Ligurem pecuniam ob ius dicundum poposcerit ? **120** Quod enim iste praeterea genus pecuniae cogendae praeteriit ? quod non ab omnibus aliis praeteritum excogitauit ? ecqua res apud ciuitates Siculas expetitur, in qua aut honos aliquis sit aut potestas aut procuratio, quin eam rem tu ad tuum quaestum nundinationemque hominum traduxeris ?

XLIX Dicta sunt priore actione et priuatim et publice testimonia ; legati Centuripini, Halaesini, Catinenses, Panhormitanique dixerunt, multarum praeterea ciuitatum, iam uero priuatim plurimi. Quorum ex testimoniis cognoscere potuistis tota Sicilia per triennium neminem ulla in ciuitate senatorem factum esse gratis, neminem, ut leges eorum sunt, suffragiis, neminem nisi istius imperio aut litteris ; atque in his omnibus senatoribus cooptandis non modo suffragia nulla fuisse, sed ne genera quidem spectata esse ex quibus in eum ordinem cooptari liceret, neque census neque aetates neque cetera Siculo-

id totum *c, Lg* : totum *ceteri mss.* || et quin : quin *uulgo* || pecunias ceperit : pecuniam acceperit *uulgo* || dicundum *δ, uulgo* : dicendum *ceteri mss.*

120. iste praeterea *c, Lg*[1] : est praeterea *ceteri mss.* ; praeterea *uulgo* ; iste praetor *coni. Gulielmius* || ecqua res : hec quaere *Lg* ; ecquae res *Halm, Klotz, Mueller* || testimonia : *in hoc uerbo incipit P V* || gratis *mss.* : gratiis *Zielinski, Peterson* || in his : in is *P V* ; his *uulgo* ; in iis *Klotz* ; in eis *Kayser* || neque aetates : neque ætatis *uulgo*.

au cens, à l'âge, ni aux autres conditions qui réglaient les droits des Siciliens. **121** Quiconque a désiré devenir sénateur, fût-ce un enfant, fût-ce un homme convaincu d'indignité ou un citoyen d'un rang qui ne permît pas l'accès au sénat, du moment que, grâce au prix qu'il y mettait, il paraissait à Verrès capable d'avoir gain de cause, celui-là est toujours devenu sénateur. Ce ne sont pas seulement les lois des Siciliens qui n'avaient aucune valeur dans cette question : les lois elles-mêmes, qui leur ont été données par le Sénat et par le peuple romain, n'en avaient pas davantage. En effet, les lois que donne à nos alliés et à nos amis celui qui tient du peuple romain la puissance souveraine et du Sénat le pouvoir de donner des lois (1), ces lois doivent être regardées comme étant les lois du peuple romain et du Sénat.

122 Les habitants d'Halèse, pour prix des nombreux et importants services et bons offices rendus par eux et par leurs ancêtres à notre République, ont pu, en usant de leur droit, récemment sous le consulat de L. Licinius et de Q. Mucius (2), comme ils avaient entre eux des contestations au sujet du mode de cooptation de leur sénat, demander des lois à notre Sénat. Par un sénatus-consulte très honorable pour eux, le Sénat décréta que le préteur C. Claudius Pulcher, fils d'Appius (3), rédigerait des lois pour la cooptation de leur sénat. C. Claudius, après avoir eu recours à tous les Marcellus qui étaient alors à Rome, donna, conformément à leur avis, des lois aux habitants d'Halèse ; il y établit de nombreuses dispositions, concernant l'âge : pour empêcher la nomination comme sénateur de quelqu'un de moins de trente ans ; — les professions lucratives : pour empêcher la nomination de ceux qui les auraient exercées ; — le cens, les autres conditions d'éligibilité. Toutes ces dispositions, avant la préture de Verrès,

(1) P. Rupilius. Voir, plus haut, XIII, 32.

(2) L. Licinius Crassus, le grand orateur, et Q. Mucius Scaeuola, le grand pontife, consuls en 659 / 95.

(3) C. Claudius Pulcher, dont l'édilité en 655 / 99 avait été célèbre par sa magnificence, était le patron des Mamertins (*Verr.*, (II), IV III, 6 ; LIX, 133) ; préteur en 659 / 95, il fut consul en 662 / 92.

rum iura ualuisse; **121** quicumque senator uoluerit fieri, quamuis puer, quamuis indignus, quamuis ex eo loco ex quo non liceret, si is pretio apud istum idoneus esset ut uinceret, factum esse semper ; non modo Siculorum nihil in hac re ualuisse leges, sed ne ab senatu quidem populoque Romano datas. Quas enim leges sociis amicisque dat is qui habet imperium a populo Romano, auctoritatem legum dandarum ab senatu, eae debent et populi Romani et senatus existimari.

122 Halaesini pro multis ac magnis suis maiorumque suorum in rem publicam nostram meritis atque beneficiis suo iure nuper, L. Licinio Q. Mucio consulibus, cum haberent inter se controuersias de senatu cooptando, leges ab senatu nostro petiuerunt. Decreuit senatus honorifico senatus consulto ut iis C. Claudius Appi filius Pulcher praetor de senatu cooptando leges conscriberet. C. Claudius, adhibitis omnibus Marcellis qui tum erant, de eorum sententia leges Halaesinis dedit, in quibus multa sanxit de aetate hominum, ne qui minor XXX annis natus, de quaestu, quem qui fecisset ne legeretur, de censu, de ceteris rebus : quae omnia ante istum praeto-

121. uoluerit *ed. Ald.* 1519 : uoluerat *mss.* || idoneus esset ut uinceret *Klotz* : idone. esset uinceret *P V*; idoneus uinceret *c*; idoneus inueniret *Lg*; fieret idoneus uinceret *uel* ut uinceret *ceteri mss.*; fieret idoneus ut uinceret *uulgo* ; idoneos uinceret *Garatoni, Mueller* ; idoneus esset [uinceret] *Kayser* ; [idoneus] uinceret *Peterson, qui, P V secutus, duas clausulas in unam coiisse putat et ita legendum esse* : quamuis non idoneus esset, si is pretio apud istum uinceret || dandarum : *in hoc uerbo desinit P V* || ab senatu eae debent : a senatu hae debent *uulgo* ; abferiam ace *Lg*, *unde Mueller* ab senatu eas aequum est, *Peterson* ab senatu eas necesse est *coni.*

122. ac magnis : et magnis *uulgo* || ut iis : ut is *Lg*, *b* ; ut his *p*, *uulgo*, *Klotz* ; ut eis (*pro* iis, *ut semper*) *Kayser* || ne qui : inlqui *Lg*[1] ; ne quis *uulgo* || natus : natu *uulgo.*

ont conservé toute leur valeur grâce à l'autorité de nos magistrats et à la volonté absolue des habitants d'Halèse. A partir de sa préture, tout crieur public qui l'a désiré a pu acheter, en y mettant le prix, son entrée dans cet ordre, des enfants de seize et de dix-sept ans ont fait emplette au marché du titre de sénateur; et ce titre que les habitants d'Halèse, ces très anciens et très fidèles alliés et amis, avaient obtenu à Rome qu'il fût interdit de l'accorder chez eux, même par les suffrages des citoyens, Verrès est parvenu à le faire avoir à prix d'argent.

L **123** Les Agrigentins ont, pour la cooptation de leur sénat, les anciennes lois de Scipion (1), qui établissent les mêmes dispositions et, de plus, celle-ci : comme il y a deux classes d'Agrigentins, l'une des anciens habitants, l'autre des colons que le préteur T. Manlius, en vertu d'un sénatus-consulte, a conduits des villes des Siciliens à Agrigente (2), une précaution qui se trouve dans ces lois pourvoit à ce que dans le sénat le nombre des colons ne dépasse pas celui des anciens habitants d'Agrigente. En homme qui avait placé tous les droits au même niveau en les mettant à prix, et qui, au moyen de l'argent, avait fait disparaître toute distinction d'état, toute ligne de démarcation, Verrès ne se contenta pas de bouleverser les conditions d'âge, de rang, de professions lucratives, mais il jeta même la perturbation dans ce qui concernait ces deux classes de citoyens, les anciens et les nouveaux. **124** C'est ainsi qu'un sénateur du nombre des anciens étant décédé et son décès laissant en nombre égal les représentants des deux classes, les lois rendaient nécessaire la cooptation d'un ancien pour conserver à cette classe la supériorité du nombre. Telle était la situation ; cependant, pour acheter cette place de sénateur, il vint à Verrès

(1) C'est l'année de son consulat (549 / 205) que P. Cornelius Scipio, le premier Africain, donna ces lois à Agrigente.

La ville d'Agrigente (aujourd'hui Girgenti), fondée vers l'an 154 / 600, avait reçu sa constitution du philosophe Empédocle, qui était, vers l'an 304 / 450, le chef du parti démocratique de la cité. Agrigente est l'un des *fora* où le propréteur vient chaque année tenir ses sessions judiciaires.

(2) Le préteur T. Manlius conduisit cette colonie en 547 / 207.

rem et nostrorum magistratuum auctoritate et Halaesinorum summa uoluntate ualuerunt. Ab isto et praeco, qui uoluit, illum ordinem pretio mercatus est, et pueri annorum senum septenumque denum senatorium nomen nundinati sunt ; et, quod Halaesini, antiquissimi et fidelissimi socii atque amici, Romae impetrarant, ut apud se ne suffragiis quidem fieri liceret, id pretio ut fieri posset effecit.

L **123** Agrigentini de senatu cooptando Scipionis leges antiquas habent, in quibus et illa eadem sancta sunt et hoc amplius : cum Agrigentinorum duo genera sint, unum ueterum, alterum colonorum quos T. Manlius praetor ex senatus consulto de oppidis Siculorum deduxit Agrigentum, cautum est in Scipionis legibus ne plures essent in senatu ex colonorum numero quam ex uetere Agrigentinorum. Iste, qui omnia iura pretio exaequasset omniumque rerum dilectum atque discrimen pecunia sustulisset, non modo illa quae erant aetatis, ordinis quaestusque permiscuit, sed etiam in his duobus generibus ciuium nouorum ueterumque turbauit. **124** Nam cum esset ex uetere numero quidam senator demortuus, et cum ex utroque genere par numerus reliquus esset, ueterem cooptari necesse erat legibus, ut is amplior numerus esset. Quae cum ita se res haberet, tamen ad

123. de senatu cooptando *secl. Kayser* || T. Manlius : L. Manlius *c, Lg*[1], *Lambin* || essent in senatu *c, Lg* : essent *ceteri mss.* || uetere : ueterum *Hotman, Lambin, Kayser, Klotz* || dilectum : delictum *p* ; delectum *b, uulgo* || ueterumque turbauit : ueterumque delectum ordinemque turbauit *uulgo.*

124. uetere : ueterum *Hotman, Lambin, uulgo, Kayser, Klotz* || ut is amplior : *in his uerbis incipit P V* || haberet : haberent π || emptum uenerunt : uenerunt emptum *uulgo*

non seulement des citoyens anciens, mais aussi des nouveaux. Ce qui en résulte, c'est que, grâce au prix qu'il y a mis, un nouveau citoyen a gain de cause et apporte à Agrigente des instructions écrites, qui lui ont été remises par le préteur. Les Agrigentins envoient à celui-ci une députation pour l'instruire des lois et lui représenter que la coutume a été de tout temps observée : il devait ainsi se rendre compte qu'il avait vendu la place à un homme avec qui il ne lui était pas permis même de faire marché ; il avait déjà reçu le prix de la vente : leur discours ne lui causa pas la moindre émotion. **125** Il agit de même à Héraclée (1). Car, là aussi, des colons ont été conduits par P. Rupilius, qui a donné des lois semblables sur la cooptation du sénat et le nombre d'anciens et de nouveaux citoyens dont il devait se composer. Verrès ne se contenta pas de recevoir de l'argent dans cette cité, comme il l'a fait dans toutes les autres, mais en outre, classes et nombre des anciens et des nouveaux citoyens, il y a tout bouleversé.

LI N'allez pas vous attendre à voir mon discours passer tour à tour dans chacune des cités ; je comprends tout en ces seuls mots : personne, pendant la préture de Verrès, n'a pu devenir sénateur sans lui avoir donné de l'argent.

126 Ce que je viens de dire, je le répète en l'appliquant aux magistratures, aux emplois administratifs (2), aux sacerdoces ; pour toutes ces fonctions, ce ne sont pas seulement les droits des hommes qu'il a repoussés avec dédain, ce sont aussi toutes les religions des dieux immortels. Il existe à Syracuse une loi religieuse qui ordonne de choisir pour chaque année le prêtre de Jupiter par le tirage au sort ; ce sacerdoce est regardé par les Syracusains

(1) Cité grecque qui prétendait devoir son origine à Hercule ou à Minos, Héraclée était voisine d'Agrigente. Conquise par les Carthaginois en 397 / 357, elle devint un de leurs ports de Sicile les plus importants. A la suite de la guerre des esclaves dont elle avait beaucoup souffert, elle commença à décliner.

(2) Les *curationes* étaient les fonctions remplies par des commissaires nommés *curatores*. Si l'on connaît les fonctions des *curatores* dans les municipes sous l'Empire, on a peu de renseignements sur ce qu'elles étaient pendant la République ; les *curatores* étaient probablement chargés des travaux publics : routes service des eaux, égouts.

istum emptum uenerunt illum locum senatorium non solum ueteres, uerum etiam noui. Fit ut pretio nouus uincat litterasque a praetore adferat Agrigentum. Agrigentini ad istum legatos mittunt, qui eum leges doceant consuetudinemque omnium annorum demonstrent, ut iste intellegeret ei se illum locum uendidisse cui ne commercium quidem esse oporteret ; quorum oratione iste, cum pretium iam accepisset, ne tantulum quidem commotus est. **125** Idem fecit Heracleae. Nam eo quoque colonos P. Rupilius deduxit, legesque similes de cooptando senatu et de numero ueterum ac nouorum dedit. Ibi non solum iste ut apud ceteros pecuniam accepit, sed etiam genera ueterum ac nouorum numerumque permiscuit.

LI Nolite exspectare dum omnes obeam oratione mea ciuitates : hoc uno complector omnia, neminem isto praetore senatorem fieri potuisse, nisi qui isti pecuniam dedisset.

126 Hoc idem transfero in magistratus, curationes, sacerdotia ; quibus in rebus non solum hominum iura, sed etiam deorum immortalium religiones omnes repudiauit. Syracusis lex est de religione, quae in annos singulos Iouis sacerdotem sortito capi iubeat, quod apud

illum locum : locum illum *uulgo* || uerum etiam *P V, Lg* : sed etiam *ceteri mss., uulgo* || adferat Agrigentum : auferat *uulgo, Kayser* || illum locum : locum illum *P V, Klotz, Kayser* || cui ne : cui neque *P V.*

125. Heracleae : Heracliae *Lg* || et de numero *P V, Lg* : ac de numero *ceteri mss., uulgo* || complector omnia *P V, c, Lg* : complector crimine omnia *p, b, uulgo* ; complector nomine omnia *ceteri mss.* || isti pecuniam dedisset : pecuniam isti dedisset *Zielinski.*

126. deorum immortalium religiones omnes : deorum religiones immortalium omnes *uulgo* ; deorum immortalium religiones *Klotz* || de religione *e marginali nota in textum irrepsisse Gruter arbitratur.*

comme le plus auguste. **127** Une fois que trois candidats, appartenant aux trois classes de la cité, ont été créés par les suffrages, on a recours au sort. Verrès avait obtenu que ses ordres tinssent lieu de suffrages pour faire proclamer Théomnaste, son ami intime, parmi ces trois candidats ; quant au sort, sur lequel il n'avait pu exercer son empire, on attendait ce qu'il allait faire. Il commence — et il ne trouvait là aucune difficulté — par défendre de tirer au sort : il ordonne de proclamer Théomnaste sans procéder par la voie du sort. Les Syracusains déclarent que les prescriptions religieuses des rites sacrés interdisent absolument d'agir ainsi ; enfin, disent-ils, ce serait un sacrilège. Verrès ordonne qu'on lui lise la loi. On lui en donne lecture ; il y était écrit qu'autant il y aurait eu de noms proclamés, autant on jetterait dans l'urne de tablettes soumises au sort ; celui dont le nom serait sorti, celui-là serait investi du sacerdoce. Verrès est un homme ingénieux ; son esprit est très pénétrant. « C'est parfait, dit-il ; ainsi donc il y a écrit : AUTANT IL Y AURA DE NOMS PROCLAMÉS... Combien donc, dit-il, y en a-t-il de proclamés ? » On lui répond : « Trois. » — « Il n'y a donc rien autre chose à faire que de jeter dans l'urne trois tablettes soumises au sort et que d'en retirer une ? » — « Pas autre chose. » Il en fait jeter trois ; sur toutes les trois le nom de Théomnaste était inscrit. Il s'élève alors une clameur immense ; tout le monde trouve que c'est une indignité, une impiété. Et c'est ainsi que ce très auguste sacerdoce de Jupiter est donné à Théomnaste par de tels moyens (1).

LII **128** A Céphalède (2), le mois est fixé où l'on doit instituer le grand prêtre. Cet honneur était vivement désiré par un certain Artémon, qui avait pour surnom Climachias ; c'était, sans doute, un homme riche et d'une famille noble dans le pays. Mais il ne pouvait d'aucune manière devenir grand-prêtre, si un certain Hérodote

(1) *L'amphipolie* de Zeus Olympios, magistrature suprême et annuelle, avait été, dit Diodore de Sicile (XVI, LXX), établie en 410 / 344 par Timoléon, vainqueur de Denys le tyran, qui avait donné à Syracuse une constitution démocratique. Les années étaient désignées par le nom de l'*amphipole*.

(2) Céphalède, petite ville forte, voisine de Panhorme.

illos amplissimum sacerdotium putatur : **127** cum suffragiis tres ex tribus generibus creati sunt, res reuocatur ad sortem. Perfecerat iste imperio ut pro suffragio Theomnastus, familiaris suus, in tribus illis renuntiaretur : in sorte, cui imperare non potuerat, exspectabant homines quidnam acturus esset. Homo, id quod erat facillimum, primo uetat sortiri : iubet extra sortem Theomnastum renuntiari. Negant id Syracusani per religiones sacrorum ullo modo fieri posse, fas denique negant esse. Iubet iste sibi legem recitari. Recitatur ; in qua scriptum erat ut, quot essent renuntiati, tot in hydriam sortes conicerentur ; cuium nomen exisset, ut is haberet id sacerdotium. Iste homo ingeniosus et peracutus : « Optime, » inquit, « nempe scriptum ita est, QVOT RENVNTIATI ERVNT. Quot ergo, » inquit, « sunt renuntiati ? » Respondent : « Tres. » « Numquid igitur oportet nisi tres sortes conici, unam educi ? » — « Nihil. » Conici iubet tres, in quibus omnibus esset inscriptum nomen Theomnasti. Fit clamor maximus, cum id uniuersis indignum ac nefarium uideretur. Ita Iouis illud sacerdotium amplissimum per hanc rationem Theomnasto datur.

LII **128** Cephaloedi mensis est certus, quo mense sacerdotem maximum creari oporteat. Erat eius honoris cupidus Artemo quidam, Climachias cognomine, homo sane locuples et domi nobilis. Sed is fieri nullo modo poterat,

127. non potuerat *P V*, *π*, *k* : non potuerāt *Lg* ; non poterat *b uulgo*, *Mueller* || iubet iste : iubet ille *uulgo* || recitari *P V*, *c*, *Lg* : legi *ceteri mss.* || scriptum erat ut : *in his uerbis desinit P V* || cuium *c* : ciuium *Lg*[1] ; cuius *ceteri mss.*, *uulgo* || scriptum ita est : ita scriptum est *Lg*, *b*, *Mueller* || inquit sunt *c*, *Lg* : sunt inquit *π* , *k* ; sunt *b*, *δ* || respondent : responsum *uulgo*.

128. Artemo : Arthenio *Lg* ; Athenio *P. Manuzio*.

était présent au moment de l'élection; cette place et cet honneur lui étaient dus pour cette année : c'était une opinion si générale que personne, pas même Climachias, n'y contredisait. L'affaire est rapportée à Verrès et il tranche la question à sa manière : on enlève des vases ciselés qui étaient assez renommés et qui avaient un certain prix (1). Hérodote était à Rome; il pensait qu'il arriverait à temps pour les comices, s'il arrivait la veille de l'élection. Pour que les comices n'eussent pas lieu dans un autre mois que celui où la religion l'exigeait, pour qu'Hérodote ne se vît pas enlever en sa présence cet honneur, — Verrès s'en embarrassait fort peu, mais Climachias ne le voulait absolument pas — notre homme imagine — je l'ai déclaré tout à l'heure : il n'y a pas, il n'y a jamais eu esprit plus subtil que le sien — notre homme, dis-je, imagine un moyen pour que les comices aient lieu dans ce mois fixé par la loi, et pour que, cependant, Hérodote ne puisse y être présent. **129** C'est la coutume des Siciliens et des autres Grecs, comme ils veulent que leurs jours et leurs mois soient d'accord avec le calcul du cours du soleil et de la lune, de retrancher quelquefois du mois, s'il y a discordance, un seul jour ou, tout au plus, un espace de deux jours : c'est ce qu'ils appellent « les jours qu'on retranche » (2) ; pour la même raison, ils allongent quelquefois le mois d'un seul jour ou d'un espace de deux jours. Verrès connaissait cette coutume : voici ce nouvel astronome, moins soucieux de calculer le cours des corps célestes que la valeur de l'argenterie ciselée (3), le voici qui ordonne de retrancher, non pas un jour du mois, mais un mois et demi de l'année : c'est ainsi qu'il était publié que, d'après ses ordres, par exemple, le jour qui devait être celui des ides de janvier était celui des calendes de mars. Cela s'exécute au milieu des réclamations et de la désolation générales. Ce jour était le jour

(1) Ces vases de prix sont naturellement enlevés de la maison de Climachias pour passer dans celle de Verrès.

(2) Ἐξαιρέσιμοι ἡμέραι (Aristote, *Œcon.*, II, XXIX).

(3) On ne peut rendre en français le jeu de mots *caeli*, « ciel », *caelati argenti*, « argenterie ciselée ».

si Herodotus quidam adesset : ei locus ille atque honos in illum annum ita deberi putabatur ut ne Climachias quidem contra diceret. Res ad istum defertur et istius more deciditur : toreumata sane nota et pretiosa auferuntur. Herodotus Romae erat ; satis putabat se ad comitia tempore uenturum si pridie uenisset. Iste, ne aut alio mense ac fas erat comitia haberentur, aut Herodoto praesenti honos adimeretur (id quod iste non laborabat, Climachias minime uolebat), excogitat — dixi iam dudum, non est homo acutior quisquam nec fuit — excogitat, inquam, quem ad modum mense illo legitimo comitia haberentur nec tamen Herodotus adesse posset.
129 Est consuetudo Siculorum ceterorumque Graecorum, quod suos dies mensesque congruere uolunt cum solis lunaeque ratione, ut non numquam, si quid discrepet, eximant unum aliquem diem aut summum biduum ex mense, quos illi ἐξαιρεσίμους dies nominant ; item non numquam uno die longiorem mensem faciunt aut biduo. Quae cum iste cognosset nouus astrologus, qui non tam caeli rationem quam caelati argenti duceret, eximi iubet non diem ex mense, sed ex anno unum dimidiatumque mensem hoc modo ut, quo die uerbi causa esse oporteret Idus Ianuarias, *is* eo die Kalendas Martias proscribi iuberet : itaque fit omnibus recusantibus et plorantibus. Dies is erat legitimus comitiis habendis.

129. ἐξαιρεσίμους *uulgo* : exaeresimos *Kayser, Peterson* ; exhaeresimos *Klotz, Mueller* || faciunt : faciant *malit Peterson* || cum iste *c, Lg* : iste cum *p, b, uulgo, Kayser, Klotz* || cognosset : cognouisset *uulgo* || is eo die *Peterson* : ī eo die *c, Lg* ; eo die *p, uulgo, Klotz* ; in eum diem *Wesenberg, Kayser, Mueller* || proscribi iuberet *c, Lg* : proscriberet *ceteri mss., uulgo* || plorantibus *c, Lg* : implorantibus *ceteri mss., uel. editt.*

fixé par la loi pour la tenue des comices. Voilà comment Climachias fut proclamé grand-prêtre. **130** Hérodote, à son retour de Rome, quinze jours, pensait-il quant à lui, avant les comices, se trouve à l'improviste dans le mois qui suit le mois des comices ; et il s'était déjà passé trente jours depuis que les comices avaient été tenus. Alors, les habitants de Céphalède instituèrent un mois intercalaire long de quarante-cinq jours, pour faire revenir le reste des mois de l'année à leur compte normal de jours. Si la même opération pouvait se faire à Rome, Verrès aurait sans doute, par quelque calcul du même ordre, obtenu de force la suppression des quarante-cinq jours qui séparent les deux séries de jeux — ces quarante-cinq jours, les seuls pendant lesquels l'action judiciaire pouvait avoir lieu (1).

LIII **131** Passons maintenant aux censeurs (2) : comment, pendant la préture de Verrès, ils ont été créés en Sicile, il vaut la peine que vous le connaissiez. La censure est, en effet, chez les Siciliens, une magistrature dont le peuple met le soin le plus diligent à confier le mandat, parce que c'est d'après leur cens que tous les Siciliens versent chaque année leur contribution aux impôts, et que dans l'établissement du cens tout pouvoir est laissé au censeur pour l'estimation de la fortune et la détermination du taux de l'impôt. C'est donc avec le plus grand soin que le peuple choisit l'homme à qui il pourra remettre ses intérêts avec la plus grande confiance ; et, d'un autre côté, à cause de l'importance du pouvoir qu'elle confère, cette magistrature qu'on lutte d'efforts pour obtenir est, de la part du peuple, l'objet de la plus ardente ambition. **132** Dans cette question, Verrès a voulu n'user en rien de manœuvres secrètes, ne commettre aucune fraude de tirage au sort, ne retrancher aucun jour du calendrier.

(1) Il y a à peu près quarante jours (*Verr.*, I, x, 31 : prope XL diebus interpositis) entre les *Ludi Votiui* de Pompée et les *Ludi Victoriae.* Cicéron dit ici *quarante-cinq jours* pour rendre absolument exact le rapport qu'il établit.

(2) Les censeurs des cités de province étaient chargés d'établir le cens des citoyens et de fixer le taux des impôts que chacun d'eux devait payer à la cité.

Eo modo sacerdos Climachias renuntiatus est. **130** Herodotus cum Roma reuertitur, diebus, ut ipse putabat, xv ante comitia, offendit eum mensem qui consequitur mensem comitialem, comitiis iam abhinc xxx diebus factis. Tunc Cephaloeditani fecerunt intercalarium xxxxv dies longum, ut reliqui menses in suam rationem reuerterentur. Hoc si Romae fieri posset, certe aliqua ratione expugnasset iste ut dies xxxxv inter binos ludos tollerentur, per quos solos iudicium fieri posset.

LIII **131** Iam uero censores quem ad modum isto praetore in Sicilia creati sint, operae pretium est cognoscere. Ille enim est magistratus apud Siculos qui diligentissime mandatur a populo propter hanc causam, quod omnes Siculi ex censu quotannis tributa conferunt, in censu habendo potestas omnis aestimationis habendae summaeque faciendae censori permittitur. Itaque et populus cui maximam fidem suarum rerum habeat maxima cura deligit, et propter magnitudinem potestatis hic magistratus a populo summa ambitione contenditur. **132** In ea re iste nihil obscure facere uoluit, non in sor-

130. Roma : ab Roma *Lg*[1] || diebus *c, Lg*: dies *ceteri mss.* || qui consequitur mensem *c, Lg* : *om. ceteri mss.* iam abhinc : iam ab me *q, r* ; iam ÷ abhinc *Mueller* ; iam ante *coni. Halm* || xxx diebus : diebus xxx *Lg, Kayser, Klotz, Mueller* || factis *p, Lg* : habitis *ceteri mss., uulgo* || tunc : tum *Mueller* || fecerunt *c, Lg* : decrerunt *ceteri mss., Klotz, Kayser* ; decreuerunt *uulgo* || xxxxv dies : xxxv dies *c, Klotz, Kayser, Mueller* || dies xxxxv : dies xxxv *c, Klotz, Kayser Mueller* || posset : potest *Lg*[1].

131. isto praetore in Sicilia *Lg*, π : in Sicilia isto praetore *b, uulgo* || creati sint : creati sunt *uulgo* || omnes... conferunt *secl. Kayser* || habendae *secl. Kayser* || faciendae *c, Lg* : faciundae *ceteri mss., uulgo, Mueller* || cui maximam : qui maximum *uulgo* ; cui maxime *J. V. Leclerc.*

132. iste nihil *c, Lg* : nihil *ceteri mss.* || facere uoluit : uoluit *c, Lg*[1].

Assurément, il n'a essayé d'avoir recours à aucune ruse, à aucune méchante subtilité. Mais, pour faire disparaître de toutes les cités le goût et le désir des honneurs et l'ambition, causes ordinaires de ruine pour une république, il annonça que ce serait lui qui, dans toutes les cités, nommerait les censeurs. **133** L'annonce officielle d'un marché si important ouvert par le préteur attire de toutes parts un concours d'acheteurs chez lui, à Syracuse. C'était dans la maison tout entière du préteur une conflagration d'ambitions ardentes et de désirs passionnés. Quoi d'étonnant ? Tous les comices de tant de cités se repliaient sur une seule maison et l'ambition d'une province entière était enfermée dans une seule chambre de repos (1). On s'informait ouvertement des prix ; puis, c'était la vente par licitation (2) ; et alors, deux censeurs pour chaque cité étaient inscrits d'office par Timarchide. C'est lui qui, à force de labeur et de démarches pour cette négociation, à force de peines pour cette opération, parvenait à faire arriver à Verrès, sans aucun souci de sa part, la totalité de l'argent. Quant à ce Timarchide, quelle somme d'argent il a lui-même amassée, vous n'avez pas encore pu le connaître exactement ; mais toutefois, dans la première action, les dépositions de beaucoup de témoins vous ont fait connaître par quels moyens variés et avec quelle improbité il a commis ses déprédations.

Portrait de Timarchide

LIV **134** Mais ne soyez pas étonnés : quelles sont les raisons qui ont permis à cet affranchi de jouir d'un tel pouvoir auprès de Verrès ? Je vais vous exposer en peu de mots ce que c'est que cet homme ; et vous pourrez ainsi connaître à la fois et l'immoralité du préteur, qui l'a gardé avec lui, surtout à ce titre et à ce rang, et la situation

(1) Chambre garnie d'un lit de repos pour le jour ou pour la nuit, le *cubiculum* n'est pas la salle où l'on s'occupe d'administration.

(2) La *licitatio* est la vente aux enchères en général ; l'*auctio* (voir, plus haut, XIX, 46) désigne plutôt la vente judiciaire à l'encan des biens d'un condamné au profit du trésor public.

titione fallere neque dies de fastis eximere. Nihil sane uafre nec malitiose facere conatus est; sed ut studia cupiditatesque honorum atque ambitiones ex omnibus ciuitatibus tolleret, quae res euertendae rei publicae solent esse, ostendit sese in omnibus ciuitatibus censores esse facturum. **133** Tanto mercatu praetoris indicto, concurritur undique ad istum Syracusas; flagrabat domus tota praetoria studio hominum et cupiditate; nec mirum omnibus comitiis tot ciuitatum unam in domum reuocatis, tantaque ambitione prouinciae totius in uno cubiculo inclusa. Exquisitis palam pretiis et licitationibus factis, d*i*scribebat censores binos in singulas ciuitates Timarchides. Is suo labore suisque accessionibus huius negoti atque operis molestia consequebatur ut ad istum sine ulla sollicitudine summa pecuniae referretur. Iam hic Timarchides quantam pecuniam fecerit plane adhuc cognoscere non potuistis; uerum tamen priore actione quam uarie, quam improbe praedatus esset, multorum testimoniis cognouistis.

LIV **134** Sed ne miremini qua ratione hic tantum apud istum libertus potuerit, exponam uobis breuiter quid hominis sit, ut et istius nequitiam qui illum secum habuerit, eo praesertim numero ac loco, et calamitatem pro-

omnibus ciuitatibus : hominibus ciuitatibusque *Lg, Klotz, Kayser, Mueller* || tolleret: tollerentur *Lg, Klotz, Kayser, Mueller* || solent : solerent *Bake, Kayser, Klotz, Mueller.*

133. domus tota : tota domus *Lg, Kayser, Klotz, Mueller* || discribebat(*cf. Pro Quinctio,* XIV, 45 ; *Verr.*, (II), I, XIV, 36) *Mueller, Peterson* : describebat *mss. et editt.* || huius... molestia *secl. Kayser* || molestia *c, Lg* : molestiam *ceteri mss., uel. editt.* || pecuniae *c, Lg* : pecunia *ceteri mss., uulgo* || Timarchides *secl. Bake, Kayser* || priore: in priore *Lg, Kayser, Mueller* || testimoniis *c, Lg*[1] : ex testimoniis *ceteri mss., uulgo.*

déplorable de la province. Dans l'art de corrompre les femmes, dans toutes les pratiques de ce genre, immoralité et libertinage, je constatais de quelle manière admirable les aptitudes naturelles de ce Timarchide convenaient aux passions déshonorantes et à l'immoralité singulière de Verrès ; je constatais qu'il savait suivre à la piste, aborder, engager la conversation, corrompre, faire toutes les manœuvres de ce genre, et cela avec autant d'adresse, autant d'audace, autant d'impudence qu'on peut le souhaiter ; qu'il savait aussi imaginer des moyens admirables de voler. Car, pour Verrès lui-même, ce n'est qu'un gouffre d'avidité, toujours béant et toujours menaçant ; aucune ingéniosité en lui, aucune imagination ; si bien que, chaque fois qu'il agissait spontanément, vous avez pu vous en rendre compte à Rome, il paraissait plutôt ravir par violence que dérober par adresse. **135** Quant à Timarchide, tel était son talent, telle était sa merveilleuse habileté pour le mal, que, dans la province tout entière, tout ce qui pouvait être arrivé à chacun, tout ce dont chacun pouvait avoir besoin, il ne manquait pas de le dépister et de le flairer avec le plus grand soin. Tous les habitants, il en connaissait exactement les adversaires et les ennemis ; il entrait en conversation avec eux, il les sondait ; il pénétrait leurs motifs et leurs intentions réciproques ; il savait l'abondance de leurs moyens et leurs ressources; si c'était nécessaire, il présentait des motifs de crainte ; si c'était avantageux, il montrait des raisons d'espérer. Il tenait en son pouvoir tout ce qu'il y avait d'accusateurs et de délateurs. Voulait-il susciter une mauvaise affaire à quelqu'un, il n'avait aucune peine à y réussir ; tous les décrets de Verrès, tous ses ordres, toutes ses instructions écrites, c'est de la manière la plus habile et la plus adroite qu'il s'employait à les vendre. **136** Mais il ne se contentait pas d'être l'agent de ses passions : il n'avait garde de s'oublier lui-même ; il ne se contentait pas, si Verrès laissait tomber quelques sesterces, de les ramasser — et il s'en était fait beaucoup d'argent —, mais il recueillait aussi les restes de ses plaisirs voluptueux et de ses débauches déshonorantes. Et

uinciae cognoscatis. In mulierum corruptelis et in omni eius modi luxuria atque nequitia mirandum in modum reperiebam hunc Timarchidem ad istius flagitiosas libidines singularemque nequitiam natum atque aptum fuisse ; inuestigare, adire, appellare, corrumpere, quiduis facere in eius modi rebus quamuis callide, quamuis audacter, quamuis impudenter ; eundem mira quaedam excogitare genera furandi ; nam ipsum Verrem tantum auaritia semper hiante atque imminente fuisse, ingenio et cogitatione nulla, ut quicquid sua sponte faciebat, item ut uos Romae cognouistis, eripere potius quam fallere uideretur. **135** Haec uero huius erat ars et malitia miranda, quod accuratissime tota prouincia quid cuique accidisset, quid cuique opus esset, indagare et odorari solebat ; omnium aduersarios, omnium inimicos diligenter cognoscere, colloqui, attentare ; ex utraque parte causas, uoluntates perspicere, facultates et copias ; quibus opus esset metum offerre, quibus expediret spem ostendere ; accusatorum et quadruplatorum quicquid erat, habebat in potestate ; quod cuique negoti conflare uolebat, nullo labore faciebat ; istius omnia decreta, imperia, litteras peritissime et callidissime uenditabat. **136** Ac

134. Timarchidem *secl. Bake, Kayser* || excogitare : excogitasse *Ernesti* || imminente : imminenti *uulgo*.

135. miranda : admiranda *N, Kayser* || accuratissime *c, Lg* : acutissime *p, b, uulgo, Klotz, Mueller* || quid cuique accidisset *c, Lg* : *om. ceteri mss., uet. editt.* || opus esset indagare : esset necesse ndagare *p, b, uulgo* || omnium aduersarios *c, Lg* : *om. ceteri mss., uet. editt.* || ex utraque parte causas uoluntates : ex utraque causa uoluntates *p, q* ; ex utraque causas parte uoluntates *b* ; ex utraque parte uoluntates *Lg* ; ex utraque parte [causas] uoluntates *Kayser, Mueller* ; ex utraque parte causas et uoluntates *Klotz* || metum offerre : metum afferre *uulgo* || conflare *c, Lg* : conflari *ceteri mss., uet. editt.*

voilà pourquoi, en Sicile, ce n'est pas Athénion (1), lui qui ne s'est jamais emparé d'aucune ville, mais c'est, sachez-le bien, c'est l'esclave fugitif Timarchide, qui, dans toutes les villes, pendant une période de trois ans, à été roi; c'est au pouvoir de Timarchide que les alliés les plus anciens, les plus amis du peuple romain, ont vu leurs enfants, leurs mères de famille, leurs biens, toutes leurs fortunes. Et c'est, comme je le dis, ce Timarchide qui, après avoir reçu le prix de leur magistrature, a envoyé dans toutes les cités les censeurs qu'il leur attribuait : pendant la préture de Verrès, il n'y a eu aucune tenue de comices pour l'élection des censeurs; on n'en a même pas donné un faux semblant.

Les statues élevées à Verrès

LV **137** Mais voici le comble de l'impudence : publiquement — c'était, sans doute, rendu loisible par les lois (2), — les censeurs reçurent l'ordre de verser chacun trois cents deniers (3) pour la statue du préteur. Cent trente censeurs ont été nommés; pour obtenir la censure, ils ont donné secrètement et contre les lois la somme dont j'ai parlé (4) ; cette contribution de trente-neuf mille deniers, c'est publiquement, sans porter atteinte aux lois, qu'ils l'ont versée pour ta statue. D'abord, pourquoi une somme si forte ? Ensuite, pour quel motif les censeurs te versaient-ils une contribution destinée à ta statue ? Les censeurs forment-ils quelque ordre, quelque collège, quelque classe ? Car, de tels honneurs, ce sont ou bien les cités qui les rendent au nom du public, ou bien, si ce

(1) En 650 / 104, Athénion s'était mis à la tête des esclaves fugitifs, révoltés contre Rome, qui l'avaient proclamé leur roi. C'est seulement en 653 / 101 que le consul M'. Aquilius parvint à tuer Athénion et à mettre fin ainsi à une guerre Servile qui gênait les Romains, forcés de se réfugier dans les villes où les révoltés, maîtres de la côte occidentale de Sicile, n'avaient pu pénétrer.

(2) Je rends à peu près les allitérations *lice*bat... uide*licet leg*ibus.

(3) A peu près trois cents francs ; le denier, pièce d'argent d'abord de dix as, puis de seize, valait environ un franc au temps de Cicéron.

(4) Voir LIII, 133.

non solum erat administer istius cupiditatum, uerum etiam ipse sui meminerat, neque solum nummos, si qui isti exciderant, tollere solebat, ex quibus pecuniam maximam fecit, sed etiam uoluptatum flagitiorumque istius ipse reliquias colligebat. Itaque in Sicilia non Athenionem, qui nullum oppidum cepit, sed Timarchidem fugitiuum omnibus oppidis per triennium scitote regnasse; in Timarchidi potestate sociorum populi Romani antiquissimorum atque amicissimorum liberos, matres familias, bona fortunasque omnes fuisse. Is igitur, ut dico, Timarchides in omnes ciuitates accepto pretio censores dimisit : comitia isto praetore censorum ne simulandi quidem causa fuerunt.

LV **137** Iam hoc impudentissime : palam — licebat enim uidelicet legibus — singulis censoribus denarii treceni ad statuam praetoris imperati sunt. Censores cxxx facti sunt ; pecuniam illam ob censuram contra leges clam dederunt ; haec denarium xxxviiii milia palam saluis legibus contulerunt in statuam. Primum quo tantam pecuniam ? deinde quam ob rem censores ad statuam tibi conferebant ? Ordo aliqui censorum est, collegium, genus aliquod hominum ? Nam aut publice ciuitates istos honores habent aut, si homines, generatim, ut aratores, ut mercatores, ut nauicularii ; censores

136. meminerat neque solum : meminerat aeque non solum *uulgo* || omnibus : in omnibus *Halm, Kayser, Mueller* || Timarchidi : Timarchidis *uulgo* || Timarchides *secl. Bake, Kayser.*

137. denarii treceni *Mueller, Peterson* : .ccc. *Lg* ; denarii trecenti *ceteri mss., uulgo, Kayser, Klotz* || denarium *om. Lg* || ordo aliqui : ordo aliquis *uulgo* || aut si homines generatim *Peterson* : aut generatim homines *b, uulgo* ; aut si generatim homines *ceteri mss., Klotz* ; aut [si] generatim homines *Kayser* ; aut sic generatim homines *Mueller.*

sont des particuliers, c'est en tant que classes : cultivateurs des terres arables, marchands, entrepreneurs de transports par mer. Mais les censeurs, pourquoi plutôt que les édiles ? En reconnaissance d'un bienfait ? Donc, tu feras cet aveu : ces magistratures t'ont été demandées — qu'elles t'aient été achetées, tu n'auras pas, en effet, l'audace de le dire ; — tu avoueras que tu les as conférées à titre de bienfait et non dans l'intérêt de la République ? Après cet aveu, qui hésitera à penser que ce n'est pas ton ambition de popularité, ton ardeur à placer des bienfaits, mais ta recherche de l'argent qui t'a attiré cette haine et cette aversion chez les peuples de la province tout entière ?

138 En conséquence, ces censeurs ont fait ce qu'ont coutume de faire dans notre République ceux qui ont obtenu leurs magistratures à force de largesses : ils ont donné tous leurs soins à gérer leurs charges de manière à combler le trou creusé dans leur fortune personnelle. Le cens a été établi d'une telle manière, quand tu étais préteur, qu'il n'y avait pas une seule cité dont cette fixation du cens n'empêchât d'administrer les affaires ; en effet, pour tout ce qu'il y avait de gens très riches, le taux du cens avait été réduit ; pour les citoyens les plus pauvres, il avait été augmenté. C'est pourquoi, dans la réquisition de l'impôt sur les biens, une telle charge était imposée à la plèbe que, dussent les hommes se taire, les faits eux-mêmes repousseraient une pareille fixation du cens ; et c'est par les faits eux-mêmes qu'on peut très facilement s'en rendre compte.

LVI L. Metellus, en effet, lui qui, après que je fus arrivé en Sicile pour faire mon enquête, tout à coup, dès la venue de L. Laetilius, devint non seulement l'ami, mais même le parent de Verrès (1), — Metellus, voyant que la situation n'était pas possible avec le taux du cens que Verrès avait fixé, ordonna de se conformer à celui qui avait été établi pendant la préture d'un homme de la plus haute valeur morale et de la plus grande honnêteté

(1) Voir xxvi, 64.

quidem, qui magis quam aediles? Ob beneficium? Ergo hoc fatebere, abs te haec petita esse — nam empta non audebis dicere; te eos magistratus hominibus benefici, non rei publicae causa permisisse? Hoc cum tute fateare, quisquam dubitabit quin tu istam apud populos prouinciae totius inuidiam atque offensionem non ambitionis neque beneficiorum collocandorum, sed pecuniae conciliandae causa susceperis?

138 Itaque illi censores fecerunt idem quod in nostra re publica solent ii qui per largitionem magistratus adepti sunt: dederunt operam ut ita potestatem gererent ut illam lacunam rei familiaris explerent. Sic census habitus est te praetore, ut eo censu nullius ciuitatis res publica posset administrari; nam locupletissimi cuiusque censum extenuarant, tenuissimi auxerant. Itaque in tributis imperandis tantum oneris plebi imponebatur ut, etiam si homines tacerent, res ipsa illum censum repudiaret, id quod intellegi facillime re ipsa potest.

LVI Nam L. Metellus, qui, postea quam ego inquirendi causa in Siciliam ueni, repente L. Laetili aduentu istius non modo amicus, uerum etiam cognatus factus est, — is, quod uidebat istius censu stari nullo modo posse, eum censum obseruari iussit, qui uiro fortissimo atque innocentissimo, Sex. Peducaeo, praetore habitus esset. Erant enim tum censores legibus facti,

empta : erepta *uulgo* || hoc : hoc autem *uulgo* || prouinciae totius : prouinciae istius *uulgo* || ambitionis : ambitionis tollendae (*cf.* § 132 : ambitiones... tolleret) *Pluygers, Kayser.*

138. adepti sunt : *in his uerbis incipit P V* || posset : possit *P V* || censum *P V, c, Lg* : census *ceteri mss., uulgo* || auxerant : hauserant *c, Lg, Graeuius* || homines tacerent : omnes tacerent *P V* || re ipsa potest : potest *Lg* ; [re ipsa] potest *Mueller* || censu stari : census stari *c, Lg* ; censum stare *uulgo* ; in censu stari *Gulielmius.*

Sex. Peducaeus. Car il y avait alors des censeurs nommés suivant les lois, choisis par leurs cités ; au cas où ils se seraient rendus coupables de quelque faute, des peines étaient établies par les lois. **139** Mais, pendant ta préture, y avait-il un censeur qui pût craindre ou la loi, qui n'avait aucun pouvoir sur lui, puisqu'il n'avait pas été créé censeur conformément à la loi, ou, de ta part, quelque punition, puisqu'il n'avait fait que vendre ce qu'il avait acheté de toi ? Metellus peut bien retenir mes témoins, en contraindre d'autres à faire ton éloge, comme il l'a déjà tenté sur beaucoup de personnes : soit, pourvu qu'il continue à agir comme il agit. Est-il, en effet, un magistrat qui ait jamais été accablé par aucun homme d'un tel outrage, d'une telle ignominie ? Tous les cinq ans, la Sicile entière est soumise aux opérations du cens. Ces opérations avaient été faites sous la préture de Peducaeus ; la cinquième année étant tombée pendant ta préture, on les fit de nouveau. L'année suivante, L. Metellus défend que l'on fasse mention du cens que tu avais établi, il déclare qu'il décide de créer de nouveau des censeurs ; et, pendant ce temps, il ordonne de se conformer au cens établi par Peducaeus. Cette mesure eût-elle été prise par un ennemi à toi, quand même la province l'aurait souffert sans peine, un tel jugement porté par un ennemi paraîtrait avoir bien de la gravité. Mais celui qui l'a porté, c'est ton nouvel ami, c'est l'homme qui a tenu à se trouver avec toi des liens de parenté ; c'est que, s'il voulait conserver sa province, s'il voulait lui-même être dans la province hors de toute atteinte, il ne pouvait agir autrement.

LVII **140** Et tu attends encore quel arrêt prononceront ceux qui ont à te juger ? Si Metellus t'avait destitué de ta magistrature, il t'aurait accablé de moins d'ignominie qu'il ne l'a fait en abolissant les actes de ta magistrature et en ordonnant de les considérer comme nuls. Et ce n'est pas dans cette affaire seule qu'il a tenu cette conduite à ton égard, mais, avant mon arrivée en Sicile, dans de très graves et de très nombreuses questions. Car il a ordonné à tes chers Syracusains — ces administrateurs

delecti a suis ciuitatibus, quibus, si quid commisissent, poenae legibus erant constitutae. **139** Te autem praetore quis censor aut legem metueret qua non tenebatur, quoniam creatus lege non erat, aut animaduersionem tuam, cum id, quod abs te emerat, uendidisset ? Teneat iam sane meos testes Metellus, cogat alios laudare, sicut in multis conatus est ; modo haec faciat, quae facit. Quis enim unquam tanta a quoquam contumelia, quis tanta ignominia adfectus est ? Quinto quoque anno Sicilia tota censetur. Erat censa praetore Peducaeo ; quintus annus cum in te praetore*m* incidisset, censa denuo est. Postero anno L. Metellus mentionem tui census fieri uetat ; censores dicit de integro sibi creari placere ; interea Peducaeanum censum obseruari iubet. Hoc si tuus inimicus fecisset, tamen, si animo aequo prouincia tulisset, inimici iudicium graue uideretur. Fecit amicus recens et cognatus uoluntarius ; aliter enim, si prouinciam retinere, si saluus ipse in prouincia uellet esse, facere non potuit.

LVII **140** Exspectas etiam quid hi iudicent ? Si tibi magistratum abrogasset, minore ignominia te adfecisset quam cum ea, quae in magistratu gessisti, sustulit atque irrita iussit esse. Neque in hac re sola fuit eius modi, sed, ante quam ego in Siciliam ueni, in maximis

139. quis censor *Lg* : qui censor *ceteri mss., uulgo, Klotz* || cum id : qui id *Lg, Mueller*; qui cum id *P V* || erat censa : erat enim censa *Lg* ; erat autem censa *coni. Mueller* || quintus annus : quintus inde annus *coni. Kayser* || in te praetorem *editt. recent.*: in te pop. ro. *P V* ; te praetore *ceteri mss., uulgo* || hoc si : hoc etsi *b* || tuus inimicus fecisset *P V, Lg*: tibi tuus inimicus fecisset *r*; tuus inimicus tibi fecisset *ceteri mss., uulgo* || tamen si : tamen etsi *uulgo* || animo aequo : equo animo *P V, b* ; aequo animo *Klotz.*

140. hi iudicent : *in his uerbis desinit P V.*

de la palestre — de restituer ses biens à Héraclius ; il a ordonné aux Bidiniens de restituer à Épicrate les siens, et à A. Claudius de restituer les siens au pupille de Drépane (1) ; et, si Laetilius ne s'était pas hâté de venir en Sicile avec les lettres qu'il portait (2), en moins de trente jours Metellus aurait anéanti ta préture tout entière, qui a duré trois ans.

141 Et, puisque j'ai parlé de cet argent que les censeurs t'ont versé comme contribution pour ta statue, il ne me paraît pas devoir laisser de côté même cette manière de te procurer de l'argent dont tu as usé en en percevant des cités au titre de statues. Je vois, en effet, que c'est une très grosse somme ; elle s'élève à deux millions de sesterces : on arrivera à ce total d'après les témoignages et les registres des cités. Et Verrès le concède ; il ne peut pas dire autrement. Par conséquent, quelle idée ne devons-nous pas nous faire des actes qu'il nie, puisqu'il y a une telle improbité dans ceux qu'il avoue ? Car enfin, Verrès, quelle opinion veux-tu qui s'établisse ? que tout cet argent a été dépensé en statues ? Admettons qu'il en soit ainsi : on ne pourrait néanmoins supporter en aucune manière que tellement d'argent soit enlevé aux alliés, et cela, pour placer la statue du pire des hommes de proie dans toutes les ruelles détournées, par où désormais il semble qu'on puisse à peine passer en sûreté.

LVIII **142** Mais en quels endroits, enfin, pour quelles statues cette si grande somme d'argent a-t-elle été dépensée ? « Elle sera dépensée, » répondras-tu. C'est-à-dire

(1) On ignore quel était ce pupille de Drépane. Ses biens lui avaient été volés par un habitant de Drépane, Apollonius, fils de Nicon, devenu le citoyen romain A. Claudius, grâce à quelque membre de la gens Claudia. Non seulement ce Claudius dut par ordre de Metellus restituer ce qu'il avait pris, mais Verrès, qui avait partagé avec lui les biens volés au pupille, le dépouilla lui-même de toute son argenterie, qui était fort belle (*Verr.*, (II), IV, XVII, 37).

(2) On admet d'ordinaire que ces lettres apportaient de l'argent à Metellus, que c'étaient des lettres de change. Mais si tout dans l'argumentation de Cicéron prouve que Metellus se laissait intimider par les ordres qu'il recevait de sa famille, rien ne permet de supposer qu'on ait essayé de l'acheter et qu'on y ait réussi.

rebus ac plurimis ; nam et Heraclio Syracusanos tuos illos palaestritas bona restituere iussit, et Epicrati Bidinos, et pupillo Drepanitano A. Claudium, et, nisi mature Laetilius in Siciliam cum litteris uenisset, minus xxx diebus Metellus totam trienni praeturam tuam rescidisset.

141 Et quoniam de ea pecunia quam tibi ad statuam censores contulerunt dixi, non mihi praetermittendum uidetur ne illud quidem genus pecuniae conciliatae, quam tu a ciuitatibus statuarum nomine coegisti. Video enim eius pecuniae summam esse pergrandem, ad HS *uiciens:* tantum conficietur ex testimoniis et litteris ciuitatum. Et iste hoc concedit nec potest aliter dicere. Qua re cuius modi putamus esse illa quae negat, cum haec tam improba sint quae fatetur ? Quid enim uis constitui ? consumptam esse istam omnem pecuniam in statuis ? Fac ita esse; tamen hoc ferendum nullo modo est, tantam a sociis pecuniam auferri, ut omnibus in angiportis praedonis improbissimi statua ponatur, qua uix tuto transiri posse uideatur.

LVIII **142** Verum ubi tandem aut in quibus statuis ista tanta pecunia consumpta est ? « Consumetur, »

Syracusanos *Lg*[1] : Syracusano *ceteri mss., uulgo* || cum litteris uenisset : uenisset cum litteris *uulgo*.

141. uiciens : uicies *Garatoni*; tricies *Zumpt*; .XX. LXI *c, Lg*; CXXX *ceteri mss.*; CXX milia *uulgo* || conficietur *c, Lg* : conficitur *ceteri mss., uulgo* || et litteris *Lg*[1] : ac litteris *ceteri mss., uulgo* || improba sint PRISCIANVS : improba sunt *mss., Klotz, Mueller* || fatetur : fateatur PRISCIANVS || istam omnem : omnem istam *b, uulgo, Kayser* || ferendum : ferundum *q, Klotz, Kayser* || a sociis *Lg* : ab sociis *ceteri mss., uulgo, Klotz* || omnibus in : in omnibus *Lg, Kayser, Klotz, Mueller* || statua ponatur *c, Lg*[1] : statuae ponantur *ceteri mss., uulgo* || transiri posse uideatur *c, Lg* : transire posse uideamur *ceteri mss., uet. editt.*

que nous devons attendre la fin de l'espace de cinq ans fixé par la loi ; si, dans cet intervalle, il n'a pas dépensé l'argent, c'est alors enfin que nous déférerons son nom en justice pour concussion, au titre de statues. Verrès est un accusé appelé devant la justice pour des griefs très graves et très nombreux. Du fait de l'espèce seule dont il s'agit, nous voyons qu'il a pris deux millions de sesterces. Si tu es condamné, tu ne t'occuperas pas, je pense, de dépenser pendant cet espace de cinq ans cet argent en statues. Si tu es absous, y aura-t-il un accusateur assez insensé pour aller, alors que tu te seras dégagé d'accusations si nombreuses et si graves, te citer en justice cinq ans après au titre de statues ? Ainsi donc, si cet argent n'a pas été encore dépensé, et il est évident qu'il ne sera point dépensé, il nous est dès à présent permis de nous rendre compte que c'est un moyen découvert par lui de se procurer pour une seule espèce et de prendre deux millions de sesterces ; et que les autres après lui, si cette manière d'agir a votre approbation, pourront, au même titre, prendre d'aussi grandes sommes d'argent qu'ils voudront. Si bien que nous paraîtrons, non pas détourner les magistrats de prendre de l'argent, mais, en couvrant de notre approbation certaines manières de prendre de l'argent, donner des noms honorables aux actes les plus honteux (1). **143** En effet, si C. Verrès avait, par

(1) Dans le principe, on élevait des statues aux citoyens qui avaient bien mérité de la République, en particulier à ceux qui étaient morts pour la patrie : en échange de leur vie,dont ils avaient fait le sacrifice, on leur assurait l'immortalité (*Philipp.*, IX, II, 4). C'est le Sénat qui votait l'érection des statues et qui allouait les crédits nécessaires. Bientôt, des statues que rien ne justifiait envahissaient le Forum en si grand nombre que, l'an 596 / 158, les censeurs P. Cornelius Scipio et M. Popilius firent enlever toutes celles qui n'avaient pas été érigées en vertu d'une décision du peuple ou du Sénat (Pline, *N. H.*, XXXIV, VI, 30). Ces statues durent — comme, près d'un siècle plus tard, celles de Verrès — se réfugier dans les ruelles détournées qu'elles encombraient. Les gouverneurs des provinces se faisaient voter des statues par leurs administrés. Mais on voit que Verrès n'est pas le premier qui ait tenu moins aux statues qu'aux fonds votés pour leur érection, puisque la loi exigeait que le gouverneur justifiât que, dans les cinq ans qui suivaient le vote ,les fonds avaient été réellement employés à des statues.

inquies. Scilicet exspectemus legitimum illud quinquennium; si hoc interuallo non consumpserit, tum denique nomen eius de pecuniis repetundis statuarum nomine deferemus. Reus est maximis plurimisque criminibus in iudicium uocatus : HS *uiciens* ex hoc uno genere captum uidemus. Si condemnatus eris, non, opinor, id ages ut ista pecunia in quinquennio consumatur in statuis; sin absolutus eris, quis erit tam amens qui te ex tot tantisque criminibus elapsum post quinquennium statuarum nomine arcessat ? Ita, si neque adhuc consumpta est ista pecunia et est perspicuum non consumptum iri, licet iam intellegamus inuentam esse rationem qua re et iste HS *uiciens* ex hoc uno genere conciliarit et ceperit, et ceteri — si hoc a uobis erit comprobatum — quam uolent magnas hoc nomine pecunias capere possint ; ut iam uideamur non a pecuniis capiendis homines absterrere, sed, cum genera quaedam pecuniarum capiendarum comprobarimus, honesta nomina turpissimis rebus imponere. **143** Etenim, si C. Verres HS *c milia* populum uerbi gratia Centuripinum poposcisset eamque

142. pecuniis repetundis : repetundis pecuniis *uulgo* || deferemus : deferamus *uulgo* || reus est : reus es *Pluygers* || uiciens : uicies *Garatoni* ; tricies *Zumpt* ; .XX. LXI *c*, *Lg* ; CXXX *ceteri mss.*; CXX milia *uulgo* || captum *Lg*[1] : capta *ceteri mss.*, *uulgo* || in quinquennio : quinquennio *uulgo* || nomine : *in hoc uerbo incipit P V* || arcessat : accersat *P V* || adhuc consumpta : consumpta adhuc *b* || est ista pecunia *P V*, *Lg*[1] : ista pecunia est *ceteri mss.*, *uulgo* || uiciens : uicies *Garatoni* ; tricies *Zumpt* ; .XX. LXI *c*, *Lg* ; CCXX *ceteri mss.* ; CXX milia *uulgo* || ex hoc uno *P V* : uno *ceteri mss.*, *uulgo* || si hoc a uobis : hoc si a uobis *P V*, *Kayser* ; si a uobis hoc *uulgo* || capiendis *P V*, π, *b* : capiundis *ceteri mss.*, *uulgo*, *Mueller* || absterrere : abstinere *c*, *Lg* || capiendarum *P V*, π, *b* : capiundarum *ceteri mss.*, *uulgo*, *Mueller*.

143. H S c milia *Zumpt*, *Kayser*, *Mueller*, *Peterson* : H S CCIƆƆ *P V*, *Klotz* ; H S XX *Lg* ; H S CXX milia π, *b*, *uulgo*

exemple, réclamé cent mille sesterces au peuple de Centuripe, s'il lui avait enlevé cette somme, sans aucun doute, je pense, il aurait été nécessaire, une fois le fait prouvé avec évidence, de le condamner. Eh quoi ? Si au même peuple il a réclamé deux cent mille sesterces, s'il les a perçus et enlevés, sera-t-il absous parce qu'il est inscrit sur les registres que cette somme a été donnée au titre des statues ? Non, je pense ; à moins que par hasard nous n'agissions de manière à paraître, non pas empêcher nos magistrats de recevoir, mais offrir à nos alliés une occasion de donner.

S'il est un homme pour qui les statues ont un tel charme, s'il est un homme qui se laisse séduire par l'honneur ou par la gloire que donnent ces statues, il faut cependant que cet homme se mette dans l'esprit, d'abord qu'on ne trouve pas bon que l'argent de ces statues soit détourné et emporté chez lui ; ensuite, quant à ces statues elles-mêmes, qu'il convient d'y apporter une certaine modération ; enfin, qu'il convient assurément de ne pas en faire payer le prix par les alliés malgré eux.

LIX **144** Et d'abord, pour ce qui est du détournement de fonds, je te pose une question : les cités étaient-elles dans l'usage, pour les statues qu'il y avait à te faire, de passer un marché avec l'adjudicataire qui offrait les meilleures conditions ? — ou bien, de préposer quelque commissaire chargé de présider à la confection de ces statues ? — ou bien, de compter l'argent, soit à toi-même, soit à quelqu'un qui avait reçu de toi mandat de le toucher (1) ? Car, si les statues étaient faites par les soins de ceux qui te rendaient cet honneur, c'est pour moi chose entendue. Mais, si c'est à Timarchide que l'argent était compté, cesse, je te prie, alors que tu es atteint et convaincu du vol le plus manifeste, cesse de faire semblant d'avoir

(1) Dans la première hypothèse, il y avait *locatio operis faciendi* et l'on pouvait compter sur quelque loyauté dans l'adjudication et dans l'exécution de l'entreprise, quoique Verrès eût l'habitude de s'entendre avec le *locator* ; dans la deuxième, la cité devait pouvoir être sûre du commissaire qu'elle chargeait de la surveillance des travaux exécutés en régie ; dans la troisième enfin, on comprend ce que devenaient les sommes comptées à Verrès lui-même ou à quelque personnage de sa *cohors praetoria*.

ab iis pecuniam abstulisset, non, opinor, esset dubium, quin eum, cum id planum fieret, condemnari necesse esset. Quid ? si eundem populum HS cc milia poposcit eaque coegit atque abstulit, num idcirco absoluetur, quod adscriptum est eam pecuniam datam statuarum nomine ? Non, opinor ; nisi forte id agimus, non ut magistratibus nostris moram accipiendi, sed ut sociis causam dandi adferre uideamur.

Quod si quem statuae magno opere delectant, et si quis earum honore aut gloria ducitur, is haec tamen constituat necesse est, primum auerti pecuniam domum non placere, deinde ipsarum statuarum modum quendam esse oportere, deinde illud, certe ab inuitis exigi non oportere.

LIX **144** Ac de auertenda pecunia quaero abs te utrum ipsae ciuitates solitae sint statuas tibi faciundas locare ei, cui possent optima condicione locare, an aliquem procuratorem praeficere qui statuis faciundis praeesset, an tibi, an cui tu imperasses, adnumerare pecuniam ? Nam si per eos statuae fiebant a quibus tibi iste honos habebatur, audio ; sin Timarchidi pecunia numerabatur, desine, quaeso, simulare te, cum in manifestissimo furto teneare, gloriae studiosum ac monumentorum fuisse.

ab iis : ab his *uulgo* || cum id : si tum id *uulgo* || H S cc milia : H S ccc milia *uulgo* || magistratibus nostris : *in his uerbis desinit P V* || accipiendi : accipiundi *Lg, uulgo, Klotz, Mueller.* || adferre : afferre *c, Lg*[1], *Mueller* ; auferre *ceteri mss., uulgo* || aut gloria : et gloria *uulgo* || exigi non oportere : non oportere exigi *b.*

144. ac : age *c, Lg*[1] || faciundas : faciendas *Lg, Klotz, Kayser, Mueller* || condicione locare : condicione *Lg, Klotz, Kayser, Mueller* || an aliquem : et aliquem *Pluygers, Kayser* ; aut aliquem *Mueller* || procuratorem *Lg*[1] : curatorem *ceteri mss., uulgo* || an cui : aut cui *Lambin, Kayser, Mueller* || in manifestissimo *c* : manifestissimo *Lg* ; in manifesto *ceteri mss., uulgo.*

été passionné pour la gloire et pour les monuments.

Mais quoi ? Semble-t-il bon de ne mettre aucune modération dans le nombre des statues ? Il est cependant nécessaire d'en mettre. **145** Réfléchissez, en effet, à ces considérations. La cité de Syracuse — c'est elle que je nomme de préférence — a accordé à Verrès une statue pour lui-même : c'est un honneur qu'il demandait ; elle lui en a accordé une pour son père : manière élégante et lucrative de feindre une prétendue piété filiale ; elle lui en a accordé une pour son fils : c'est supportable, car, à Syracuse, on n'avait pas de haine pour cet enfant. Mais combien de fois et à combien de titres vas-tu extorquer des statues aux Syracusains ? Pour qu'ils en placent dans leur forum, tu leur as pris des fonds ; pour qu'ils en placent dans leur sénat, tu as levé de l'argent ; pour les faire contribuer aux frais de ces statues qu'on devait élever à Rome, tu as usé de ton pouvoir souverain. Tu en as usé encore pour faire payer les mêmes hommes comme cultivateurs des terres arables : ils ont payé ; pour faire porter par les mêmes hommes leur contribution à l'imposition perçue sur la confédération des cités de Sicile : ils ont encore porté leur contribution. Voilà une seule cité, qui, à tant de titres, a porté des contributions en argent ; les autres cités n'ont pas agi autrement. N'y a-t-il pas dans ce fait même un avertissement qui vous donne à penser qu'il est nécessaire d'imposer quelque modération à une pareille cupidité ? Eh quoi ? S'il n'y a aucune cité qui ait agi volontairement, si, toutes, c'est le pouvoir souverain, c'est la crainte, c'est la violence, ce sont les mauvais traitements qui les ont amenées à te porter leur contribution en argent au titre de statues, par les dieux immortels ! pourra-t-il être douteux pour personne que celui-là même qui aurait décidé qu'il est licite de recevoir de l'argent pour les statues déciderait cependant qu'il n'est pas licite d'en prendre de force ? **146** Je commencerai donc par appeler en témoignage sur ce fait la Sicile entière ; elle n'a qu'une seule voix pour me le déclarer : c'est par la force que s'est opérée la perception d'une grande somme d'argent au titre de statues. Car les

Quid uero ? modum statuarum haberi nullum placet ? Atqui habeatur necesse est. **145** Etenim sic considerate. Syracusana ciuitas, ut eam potissimum nominem, dedit ipsi statuam — est honos — et patri — bella haec pietatis et quaestuosa simulatio — et filio — ferri hoc potest, hunc enim puerum non oderant ; uerum quotiens et quot nominibus a Syracusanis statuas auferes ? Vt in foro statuerent, abstulisti, ut in curia, coegisti, ut pecuniam conferrent in eas statuas, quae Romae ponerentur, imperasti ; ut idem darent homines aratorum nomine, dederunt ; ut idem pro parte in commune Siciliae conferrent, etiam id contulerunt. Vna ciuitas cum tot nominibus pecuniam contulerit idemque hoc ciuitates ceterae fecerint, nonne res ipsa uos admonet, ut putetis modum aliquem huic cupiditati constitui oportere ? Quid ? si hoc uoluntate sua nulla ciuitas fecit, si omnes imperio, metu, ui, malo adductae tibi pecuniam statuarum nomine contulerunt, per deos immortales, num cui dubium esse poterit quin, etiam si statuerit accipere ad statuas licere, idem tamen statuat eripere certe non licere ? **146** Primum igitur in hanc rem testem totam Siciliam citabo, quae mihi una uoce statuarum nomine magnam pecuniam per uim coactam esse demonstrat. Nam legationes omnium ciuitatum in postulatis communibus, quae fere omnia ex tuis iniuriis nata sunt,

145. nonne res *Lg* : non res *ceteri mss., uulgo* || ut putetis *om. Lg, secl. Kayser, Mueller* || quid ? si hoc : quod si hoc *uulgo, Klotz* || tibi pecuniam : pecuniam *Lg, Mueller* ; [tibi] pecuniam *Kayser, Klotz* || etiam si : etiam si quis *uulgo.*

146. magnam pecuniam : pecuniam *Lg* ; [magnam] pecuniam *Klotz, Kayser* || demonstrat : demonstret *Lg, Mueller.*

délégations de toutes les cités, dans les requêtes qu'elles ont présentées en commun et qui ont presque toutes pour origine tes injustices, ont précisément demandé QU'ON NE PROMIT DE STATUES A AUCUN MAGISTRAT A MOINS QUE CE MAGISTRAT NE FUT SORTI DE LA PROVINCE.

LX Il y a eu tant de préteurs en Sicile ; tant de fois, du temps de nos ancêtres, les Siciliens se sont adressés au Sénat ; ils l'ont fait tant de fois de nos jours : et, cependant, ta préture a amené le commencement de ce genre nouveau de requêtes. **147** Quoi, en effet, de plus nouveau, non seulement par le sujet, mais par le genre même de la requête ? Car, si les autres faits mentionnés dans les mêmes requêtes à propos de tes injustices sont nouveaux, ce n'est pas d'une manière nouvelle que les requêtes sont rédigées. Les Siciliens demandent aux Pères Conscrits, ils les en supplient : que désormais nos magistrats adjugent la ferme de la dîme conformément à la loi de Hiéron : tu es le premier qui l'ait adjugée contrairement à cette loi, c'est chose entendue ; — que la valeur du froment réquisitionné pour le grenier privé du préteur ne soit pas estimée en argent : c'est à cause de ton estimation à trois deniers par boisseau (1) que cette requête, elle aussi, est faite pour la première fois, mais ce genre lui-même de requête n'est pas nouveau ; — qu'une dénonciation contre un absent ne soit pas déclarée recevable : cette requête a pour origine le malheur de Sthenius et ton injustice. Les autres, je n'en ferai pas le recueil. Toutes les requêtes des Siciliens sont telles que cette collection de griefs ne semble concerner d'autre accusé que toi ; si toutes réclament contre des injustices d'un genre nouveau, les formes des réclamations n'ont cependant rien d'inusité. **148** Quant à la requête relative aux statues, elle peut prêter à rire, si on n'en pénètre pas le fond et le sens. Ils requièrent, en effet, non qu'on ne les force pas à prendre une décision... Que requièrent-ils donc ? qu'on ne leur permette pas de la prendre. Qu'est-ce à dire ? Tu me demandes qu'il ne te soit pas permis de faire ce qu'il est en ton

(1) Voir *Diu.*, x, 30.

etiam hoc ediderunt, VT STATVAS NE CVI, NISI CVM IS DE PROVINCIA DECESSISSET, POLLICERENTVR.

LX Tot praetores in Sicilia fuerunt, totiens apud maiores nostros Siculi senatum adierunt, totiens hac memoria : tamen huiusce noui postulati genus atque principium tua praetura attulit. **147** Quid enim tam nouum non solum re, sed genere ipso postulandi ? nam cetera quae sunt in isdem postulatis de iniuriis tuis sunt noua, sed tamen non nouo modo postulantur. Rogant et orant Siculi patres conscriptos ut nostri magistratus posthac decumas lege Hieronica uendant. Tu primus contra uendideras. Audio. Ne, in cellam quod imperatur, aestiment. Hoc quoque propter tuos ternos denarios nunc primum postulatur, sed genus ipsum postulandi non est nouum. Ne absentis nomen recipiatur. Ex Stheni calamitate et tua natum est iniuria. Cetera non colligam. Sunt omnia Siculorum postulata eius modi ut crimina collecta in unum reum te esse uideantur, quae tamen omnia nouas iniurias habent, sed postulationum formulas usitatas ; **148** hoc postulatum de statuis ridiculum esse uideatur ei qui rem sententiamque non perspiciat. Postulant enim, non uti ne cogantur statuere ; quid igitur ? ut ipsis ne liceat. Quid est hoc ? petis a me, quod in tua potestate est, ut id tibi facere ne liceat ; pete potius, ne quis te inuitum polliceri aut facere cogat. « Nihil egero, » inquit ; « negabunt enim omnes se coe-

147. non nouo modo : non modo *Lg* ; nouo modo π, *b* || Siculorum postulata *secl. Kayser* || unum reum te : unum te reum *uulgo*; unum reum [te] *Kayser* || quae tamen *secl. Kayser.*

148. uideatur ei qui : uideatur qui *Lg*[1] || non uti ne *c*, *Lg* : non ut ne *ceteri mss.*, *uulgo* || egero π, *k* : rogo *c* ; ego rogo *Lg*[1] ; ergo

pouvoir de faire ; demande plutôt que personne ne te force de promettre ou d'exécuter ta promesse malgré toi. « Je n'y aurai rien gagné, me répond-il. Car ils déclareront tous qu'ils n'ont pas usé de contrainte. Si tu veux que je reste hors de toute atteinte, fais-moi cette violence, empêche absolument qu'il me soit permis de rien promettre. » C'est de ta préture que ce genre de requête tire sa première origine. Quand ils la font, ils signifient, ils montrent aussi clairement que possible que c'est contraints par la crainte et par les mauvais traitements qu'ils ont, bien malgré eux, porté leur contribution pour tes statues. **149** Eh quoi ? S'ils ne le déclaraient pas, toi-même ne te faudrait-il pas en convenir ? Vois, examine quel moyen de défense tu vas employer : tu ne tarderas pas à te rendre compte que, pour le fait des statues, il te faudra en convenir.

LXI Voici, on me l'annonce en effet, comment tes patrons, qui sont gens d'esprit, établissent les moyens de ta cause et comment tu les instruis et tu leur fais la leçon : toutes les fois qu'un homme appartenant à la province de Sicile, homme distingué par son importance et par son honorabilité, aura montré quelque énergie dans sa déposition, comme l'ont déjà fait de nombreux personnages du premier mérite dans de nombreuses dépositions, tu diras aussitôt à tes défenseurs : « Cet homme est mon ennemi, parce que c'est un cultivateur des terres arables. » Et c'est ainsi, grâce à ce seul genre d'affirmation, je pense, que vous avez l'intention de forclore du procès (1) cette classe des cultivateurs des terres arables, parce que, dites-vous, ils se sont présentés en justice avec des dispositions hostiles et ennemies, à cause de la trop grande énergie dont Verrès a fait preuve au sujet des dîmes. Donc, les cultivateurs des terres arables sont tous tes ennemis et tes adversaires : aucun d'eux qui ne désire ta perte ! Tu obtiens ainsi un résultat tout à fait remarquable : cet ordre, cette classe d'hommes, qui est la meilleure et la plus honorable, qui est, à elle seule, le plus grand soutien

(1) *Circumscribere* signifie exactement « tracer autour d'une personne des limites d'où elle ne peut sortir ».

gisse ; si me saluum esse uis, mihi impone istam uim ut omnino mihi ne liceat polliceri. » Ex tua praetura primum haec est nata postulatio ; qua cum utuntur, hoc significant atque adeo aperte ostendunt, sese ad statuas tuas pecuniam metu ac malo coactos inuitissimos contulisse. **149** Quid ? si hoc non dicant, tibi non necesse sit ipsi id confiteri ? Vide et perspice qua defensione sis usurus : iam intelleges hoc tibi de statuis confitendum esse.

LXI Mihi enim renuntiatur ita constitui a tuis patronis, hominibus ingeniosis, causam tuam, et ita eos abs te institui et doceri, ut quisque ex prouincia Sicilia grauior homo atque honestior testimonium uehementius dixerit, sicuti multi primarii uiri multa dixerunt, te statim hoc istis tuis defensoribus dicere : « Inimicus est propterea quod arator est.» Itaque uno genere, opinor, circumscribere habetis in animo genus hoc aratorum, quod eos infenso animo atque inimico uenisse dicatis, quia fuerit in decumis iste uehementior. Ergo aratores inimici omnes et aduersarii sunt : nemo est eorum quin perisse te cupiat ? Omnino praeclare te habes cum is ordo atque id hominum genus, quod optimum atque honestissimum est, a quo uno et summa res publica et

b, *δ*, *uulgo* || ne liceat : non liceat *uulgo* || haec est nata : nata est haec *uulgo* || statuas tuas *c*, *Lg* : statuas *ceteri mss.*

149. iam intelleges : nam intelliges *uulgo* || hoc tibi : hoc *Lg*[1] ; hoc [tibi] *Mueller* || ita eos abs te : eos abs te ita *Lg*, *Mueller* ; eos ita abs te, *Kayser*, *Klotz* || sicuti multi *Lg* : sicuti Siculi multi *ceteri mss.*, *uulgo*, *Klotz* ; sicuti [Siculi] multi *Pluygers*, *Kayser*, *Mueller* || aduersarii sunt : aduersarii *π*, *b*, *k* || est eorum *Lg*, *π*, *b* : eorum est *ceteri mss.*, *uulgo*, *Klotz*, *Kayser* || quin perisse : qui non perisse (*cf.* § 88 : qui non mori) *Lg*, *Klotz*, *Kayser*, *Mueller* || id hominum genus : id genus hominum *uulgo* || a quo uno : [a] quo

de l'ensemble des intérêts de l'État et de ceux de cette province en particulier, voilà ton plus grand ennemi ! **150** Mais soit ; quelles sont les dispositions des cultivateurs des terres arables, quelles injustices ils ont souffertes, je m'en occuperai ailleurs ; pour le moment, c'est ce que tu me donnes que j'accepte : ce sont tes plus grands ennemis. Sans doute, tu dis pourquoi : à cause des dîmes. Je te fais cette concession : je ne cherche pas à savoir si c'est à tort ou à raison qu'ils sont tes ennemis. Mais qu'est-ce à dire ? Que signifient ces statues équestres dorées, qui blessent les yeux et les sentiments du peuple romain, ces statues près du temple de Vulcain (1) ? Car je vois par l'inscription que l'une de ces statues est le don des cultivateurs des terres arables. Si c'est par marque d'honneur qu'ils t'ont donné cette statue, ils ne sont pas tes ennemis ; croyons-en les témoins : alors, en effet, ils s'inquiétaient de te rendre honneur, maintenant c'est de respecter la religion de leur parole qu'ils s'inquiètent. Mais, si c'est la crainte qui les a forcés à faire ce don, il faut que tu en conviennes : dans ta province, tu as levé par la violence et par la crainte de l'argent au titre de statues. Des deux hypothèses, choisis celle qui t'est avantageuse.

LXII **151** Pour moi, c'est bien volontiers que j'abandonnerai dès à présent ce chef d'accusation qui concerne les statues, pourvu que tu me fasses cette concession, qui n'a rien pour toi que de très honorable : c'est dans l'intention de te rendre honneur, c'est volontairement que les cultivateurs des terres arables t'ont porté cette contribution pour ta statue. Accorde-moi cela, et tu te seras aussitôt enlevé une très grande partie de tes moyens de défense ; car tu ne pourras plus dire que les cultivateurs des terres arables sont irrités contre toi, qu'ils sont tes ennemis. Quelle cause singulière ! Quelle défense misérable et désespérée ! Un accusé — et un accusé qui a été préteur en Sicile — ne pas vouloir accepter de son accusateur cet avantage que les cultivateurs des terres arables lui ont volontairement élevé une statue, que les cultivateurs

(1) Le temple de Vulcain était dans le Champ de Mars, probablement non loin du cirque Flaminius.

illa prouincia maxime continetur, tibi est inimicissimum. **150** Verum esto ; alio loco de aratorum animo et iniuriis uidero ; nunc, quod mihi abs te datur, id accipio, eos tibi esse inimicissimos. Nempe ita dicis : propter decumas. Concedo : non quaero, iure an iniuria sint inimici. Quid ergo ? illae quid sibi statuae equestres inauratae uolunt, quae populi Romani oculos animosque maxime offendunt, propter aedem Volcani ? nam inscriptum esse uideo quandam ex his statuis aratores dedisse. Si honoris causa statuam dederunt, inimici non sunt ; credamus testibus ; tum enim honori tuo, nunc iam religioni suae consulunt. Sin autem metu coacti dederunt, confiteare necesse est te in prouincia pecunias statuarum nomine per uim ac metum coegisse. Vtrum tibi commodum est elige.

LXII **151** Equidem libenter hoc iam crimen de statuis relinquam, ut mihi tu illud concedas, quod tibi honestissimum est, aratores tibi ad statuam honoris tui causa uoluntate sua contulisse. Da mihi hoc ; iam tibi maximam partem defensionis praecideris ; non enim poteris aratores tibi iratos esse atque inimicos dicere. O causam singularem ! o defensionem miseram ac perditam ! nolle hoc accipere reum ab accusatore, et eum reum qui praetor in Sicilia fuerit, aratores ei statuam sua uoluntate statuisse, aratores de eo bene existimare amicos esse, saluum cupere ! Metuit ne hoc uos existimetis ; obruitur

uno *Kayser* ‖ summa respublica : summa rei publicae *Lg, b, uulgo, Mueller*.

150. illae quid *c, Lg, Peterson* : illae *ceteri mss. et editt.* ‖ Volcani : Vulcani *uulgo, Klotz* ‖ inscriptum *c, Lg* : scriptum *ceteri mss., uet. editt.* ‖ statuis *Lg* : statuam *ceteri mss., uulgo, Kayser, Klotz* ‖ pecunias *Lg* : *om. p, q, k* ; pecuniam *ceteri mss., uulgo*.

151. saluum cupere *Lg* : saluum esse cupere *Lg in marg. man*

des terres arables ont pour lui de l'estime, qu'ils sont ses amis, qu'ils désirent son salut ! Il craint que vous ne puissiez le penser ; car il est accablé par les témoignages des cultivateurs des terres arables. **152** J'userai de ce qui m'est accordé. Il est certain que vous devez juger que ceux qui sont ses plus grands ennemis, comme il veut lui-même qu'on le pense, n'ont pas volontairement contribué de leur argent à lui rendre des honneurs et à lui élever des monuments. Et, pour qu'on puisse se rendre compte le plus facilement du monde de cette question tout entière, choisis celui que tu voudras parmi les témoins que j'aurai produits, des témoins qui appartiennent à la Sicile, que ce soit un citoyen revêtu de la toge (1) ou un Sicilien ; interroge celui qui te paraîtra être ton plus grand ennemi, qui déclarera avoir été, de ta part, victime de spoliations : cet homme a-t-il, en son propre nom, porté quelque contribution pour ta statue ? Tu ne trouveras personne qui déclare ne pas l'avoir fait ; car tout le monde a donné. **153**. Penses-tu que personne hésitera à croire que c'est contraint par la violence et par ton pouvoir souverain que l'homme qui doit être ton plus grand ennemi, qui a éprouvé de toi les injustices les plus graves, a donné de l'argent au titre de ta statue, et que ce n'est pas par un sentiment officieux et volontairement qu'il a agi ? Cette somme d'argent, juges, qui est d'une importance considérable, qui a été levée avec la plus grande impudence sur ces hommes, malgré eux, je n'en ai pas fait, je n'ai pas pu en faire le calcul : combien a-t-il été levé sur les cultivateurs des terres arables ? combien sur les négociants qui exercent leur négoce, soit à Syracuse, soit à Agrigente, soit à Panhorme, soit à Lilybée ? Mais, cette somme, il va lui-même, par ses aveux, vous faire comprendre qu'elle a été levée sur eux, bien malgré eux.

(1) La toge est le signe distinctif du citoyen romain, en possession de tous ses droits, quand même il les abdique devant Chrysogonus (*Pro Sex. Roscio*, XLVI, 135). *Togatus* désigne hors de Rome le Romain par opposition aux Grecs (*Verr.*, (II), I, XXXIX, 73, 74) ou aux Siciliens ; *unus e togatorum numero* (*De Orat.*, I, XXIV, 111), un Romain lettré par contraste avec un Grec érudit, *Graeculus eruditus*.

enim aratorum testimoniis. **152** Vtar eo quod datur. Certe hoc uobis ita iudicandum est, eos qui isti inimicissimi sunt, ut ipse existimari uult, ad istius honores atque monumenta pecunias uoluntate sua non contulisse. Atque ut hoc totum facillime intellegi possit, quem uoles eorum testium quos produxero, qui ex Sicilia testes sunt, siue togatum siue Siculum, rogato, et eum qui tibi inimicissimus esse uidebitur, qui se spoliatum abs te esse dicet, ecquid suo nomine in tuam statuam contulerit ; neminem reperies qui neget ; etenim omnes dederunt. **153** Quemquam igitur putas dubitaturum quin is quem tibi inimicissimum esse oporteat, qui abs te grauissimas iniurias acceperit, pecuniam statuae nomine dederit ui atque imperio adductus, non officio ac uoluntate ? Huius ego pecuniae, iudices, quae permagna est impudentissimeque coacta ab inuitis, non habui rationem neque habere potui, — quantum ab aratoribus, quantum ab negotiatoribus qui Syracusis, qui Agrigenti, qui Panhormi, qui Lilybaei negotiantur esset coactum : *eam* iam intellegitis ipsius quoque confessione ab inuitissimis coactam esse.

pr., *b*, *alii mss.*, *uulgo* (*cf.* § 15 : saluum esse cupiunt) ; saluum [esse[cupere *Mueller*.

152. hoc uobis ita : hoc ita uobis *uulgo* || inimicissimi sunt : inimicissimi sint *p*, *q* || pecunias : pecuniam *uulgo* || uoluntate sua non : non uoluntate sua *uulgo* || uoles eorum : *in his uerbis incipit P V* || ex Sicilia *c*, *Lg* : e Sicilia *P V*, *Klotz* ; in Sicilia *p*, *b*, *δ*, *uet. editt.* || testes sunt *P V*, *Lg* : testes sint *celeri mss.*, *uulgo* || togatum *c*, *ms. Cujas* : rogatum *Lg*[1] ; ciuem romanum *P V*, *p*, *celeri mss.*, *Klotz* ; togatum uelis *uulgo* || spoliatum abs te : spoliatum *P V* ; spoliatum a te *uulgo* || esse dicet : dicet *p*, *q*, *b*, *uulgo*.

153. tibi inimicissimum : inimicissimum tibi *uulgo* || huius ego *P V*, *Lambin in marg.*: et huius ego *ceteri mss.*, *uulgo*, *Mueller* || impudentissimeque : impudentissime [que] *Mueller* || eam iam *Peterson* : ut iam *Lg* ; quoniam *ceteri mss.*, *uulgo* ; quam iam *R.*

LXIII **154** J'arrive maintenant aux cités de Sicile ; il est très facile d'apprécier quels étaient leurs sentiments. Est-ce malgré eux que les Siciliens ont porté leur contribution ? Cela n'est pas probable. Car c'est un fait constant que, dans l'exercice de ses fonctions de préteur en Sicile, comme il lui était impossible de donner satisfaction à la fois aux Siciliens et aux citoyens qui portent la toge, C. Verrès s'est plutôt inquiété de remplir ses devoirs envers les alliés que de rechercher la faveur des citoyens romains. C'est pourquoi il n'est pas seulement le PATRON de cette île ; il en est même le SOTER : c'est sur des inscriptions que je l'ai vu à Syracuse. Grand est le sens de ce mot, SOTER ! Si grand qu'en latin on ne peut le rendre par un seul mot. Rien d'étonnant : le SOTER est celui qui a assuré le salut (1). On célèbre encore des jours de fête, qui portent son nom, ces belles *Verries* (2), qui n'ont pas été instituées sur le modèle des *Marcellies*, mais à leur place : par son ordre, on a supprimé les fêtes en l'honneur de Marcellus. Il a, sur le forum de Syracuse, son arc triomphal (3). Le fils de Verrès s'y tient debout, tout nu ; et Verrès lui-même, du haut de son cheval, contemple la province qu'il a mise à nu. Il y a de lui, en tous lieux, des statues qui semblent démontrer qu'il n'en a pas, peu s'en faut, érigé à Syracuse moins qu'il n'en a enlevé. C'est à lui encore qu'ont été élevées à Rome des statues où nous voyons gravé sur le piédestal, en lettres très grandes : DONNÉES PAR LA CONFÉDÉRATION DES CITÉS DE SICILE. **155** A cause de tous ces faits, comment prouver à qui que ce soit que de si grands honneurs aient été rendus par les donateurs malgré eux ?

(1) C'est le titre de Zeus Sauveur (Pindare, *Olymp.*, V, str. 3), d'Apollon (Eschyle, *Agam.*, v. 512), d'Hermès (Eschyle, *Choeph.*, v. 2), des dieux olympiens en général (Eschyle, *Suppl.*, v. 981-982). L'adulation des Grecs de Syrie et celle des Grecs d'Égypte avaient décerné l'épithète de Sauveur à Démétrius, qui régna de 592 / 162 à 604 / 150, et à deux des Ptolémées, le fondateur de la dynastie des Lagides et l'un de ses obscurs successeurs.

(2) Voir XXI, 52.

(3) *Fornix*, qui signifie parfois l'arc de triomphe (*cf.* I, VII, 19 : *fornicem Fabianum*), désigne spécialement l'arc, le monument élevé en l'honneur d'un homme illustre, mais qui n'a pas obtenu les honneurs du triomphe.

LXIII **154** Venio nunc ad ciuitates Siciliae, de quibus facillime iudicium fieri uoluntatis potest. An etiam Siculi inuiti contulerunt ? Non est probabile. Etenim sic C. Verrem praeturam in Sicilia gessisse constat ut, cum utrisque satis facere non posset, et Siculis et togatis, offici potius in socios quam ambitionis in ciues rationem duxerit. Itaque eum non solum PATRONVM illius insulae, sed etiam ΣΩΤΗΡΑ inscriptum uidi Syracusis. Hoc quantum est ! Ita magnum ut Latine uno uerbo exprimi non possit. Is est nimirum ΣΩΤΗΡ qui salutem dedit. Huius nomine etiam dies festi agitantur, pulchra illa Verria, non quasi Marcellia, sed pro Marcelliis, quae illi istius iussu sustulerunt; huius fornix in foro Syracusis est, in quo nudus filius stat, ipse autem ex equo nudatam ab se prouinciam prospicit ; huius statuae locis omnibus, quae hoc demonstrare uideantur, prope modum non minus multas statuas istum posuisse Syracusis quam abstulisse ; huic etiam Romae uidemus in basi statuarum maximis litteris incisum, A COMMVNI SICILIAE DATAS. **155** Quam ob rem qui hoc probare potes cuiquam, tantos honores habitos esse ab inuitis ?

Schöll ; et iam *Mueller* ; (quoniam... esse, uenio nunc *Madvig, Klotz, Kayser*). || coactam esse : coactum esse *Lg*.

154. iudicium fieri : fieri iudicium *Lg, Kayser* || illius insulae *P V, Lg*[1] : istius insulae *ceteri mss., uulgo* || ΣΩΤΗΡΑ *scripsi* ; *nam uocabulum Graecum Graecis litterarum notis M. Tullius* « inscriptum uidit Syracusis » : sotera *mss. et editt.* || inscriptum uidi : inscriptum esse uidi *P V* (?), *Klotz, Kayser* || magnum : magnum est *P V* (?), *Klotz* || latine : latino *uulgo* || ΣΩΤΗΡ *scripsi* : soter *mss. et editt.* || Verria : Verrea *uulgo* (*cf.* § 52) || Marcellia... Marcelliis : Marcellea... Marcelleis *uulgo* (*cf.* § 51) || locis omnibus : omnibus locis *c, uulgo* ; omnibus *b, δ* || uideantur : uidentur *uulgo* || a communi Siciliae (*cf.* §§ 114, 168 : a communi Siciliae ; § 145 : in commune Siciliae) : a communi Sicilia *P V, δ, uet. editt.*

155. probare potes *P V* : probare potest *Lg* ; probari potest *p*,

LXIV Ici, Verrès, c'est avec beaucoup plus d'attention que tout à l'heure, alors qu'il s'agissait des cultivateurs des terres arables, que tu dois voir et examiner ce que tu veux soutenir. La question est d'importance. Les Siciliens, à titre public et à titre privé, veux-tu qu'on les regarde comme tes amis ou comme tes ennemis ? Comme tes ennemis ? Alors, que deviendras-tu ? Où sera ton refuge ? Où trouveras-tu un appui ? Tu viens de te rendre étranger le plus grand nombre des cultivateurs des terres arables, qui sont les plus honorables et les plus riches aussi bien des Siciliens que des citoyens romains : maintenant, que vas-tu faire à propos des cités de Sicile ? Diras-tu que les Siciliens sont tes amis ? Comment le pourras-tu ? Ce qu'ils n'avaient jamais fait jusqu'à présent à l'endroit d'un magistrat : porter témoignage contre lui à titre public — et cependant bon nombre de préteurs venant de cette province ont été condamnés ; deux seuls ont été absous (1), — ils le font aujourd'hui, ils viennent avec des documents, ils viennent avec des instructions, ils viennent avec des témoignages publics des cités. S'ils venaient te porter des éloges à titre public, ils sembleraient agir ainsi plutôt suivant leur coutume qu'en raison de tes mérites. Mais, quand, à propos de tes actes, ils portent plainte à titre public, n'est-ce pas une indication donnée par eux ? Si grandes sont les injustices dont ils ont été victimes, qu'ils jugent bien préférable de s'écarter de leur coutume que de se taire sur ta conduite. **156** Il te faut donc nécessairement l'avouer : les Siciliens sont tes ennemis, eux qui ont présenté contre toi aux consuls les requêtes les plus graves (2), eux qui m'ont supplié au nom des dieux de me

(1) Cicéron a déjà dit (III, 8) que les Siciliens ont supporté sans se plaindre les plus détestables gouverneurs. Ce n'est donc pas sur les plaintes de leurs administrés mais à la suite d'accusations intentées par des *pueri nobiles* (voir tome II, pp. 39-40) que de très nombreux propréteurs de Sicile avaient été traduits en justice. Quels sont les nombreux condamnés, nous l'ignorons ; on connaît l'un des deux qui furent absous, M. Aemilius Lepidus (voir *Notice*, p. 7).

(2) Les *postulata* (IV, 10 ; XLII, 103 ; LIX, 146) sont les « cahiers de doléances » que les provinces présentaient aux consuls et que le Sénat étudiait pendant ses séances du mois de février (*Verr.*, (II), I, XXXV, 90).

LXIV Hic tibi etiam multo magis quam paulo ante in aratoribus uidendum et considerandum est quid uelis. Magna res est utrum tibi Siculos publice priuatimque amicos an inimicos existimari uelis. Si inimicos, quid te futurum est ? quo confugies ? ubi nitere ? Modo aratorum, honestissimorum hominum ac locupletissimorum et Siculorum et ciuium Romanorum, maximum numerum abs te abalienasti : nunc de Siculis ciuitatibus quid ages ? Dices tibi Siculos esse amicos ? qui poteris ? qui, quod nullo in homine antea fecerant, ut in eum publice testimonium dicerent, — cum praesertim ex ea prouincia condemnati sint complures qui ibi praetores fuerunt, duo soli absoluti, — hi nunc ueniunt cum litteris, ueniunt cum mandatis, ueniunt cum testimoniis publicis ; qui, si te publice laudarent, tamen id more potius suo quam merito tuo facere uiderentur, hi cum de tuis factis publice conqueruntur, nonne hoc indicant, tantas esse iniurias ut multo maluerint de suo more decedere quam de tuis moribus non dicere ? **156** Confitendum igitur est tibi necessario Siculos inimicos esse, qui quidem et in te grauissima postulata consulibus ediderint, et me ut hanc causam salutisque suae

b, uulgo || paulo ante : ante *uulgo* || existimari uelis *P V, Lg*[1] : existimari uis *ceteri mss., uulgo* || hominum ac locupletissimorum et *om. p, alii mss.* || fecerant *P V, Lg* : fecerunt *ceteri mss., uulgo, Kayser* || ut... dicerent *secl. Bake, Pluygers, Kayser* || qui... fuerunt *secl. Bake, Pluygers, Kayser* || fuerunt : fuerint *Lg, Mueller* || hi nunc ueniunt : ii nunc ueniunt *P V, Klotz* ; hi cum ueniunt *Pluygers* || publice laudarent : laudarent publice *P V, Klotz, Kayser* || hi cum : ii cum *P V, Klotz* ; ei cum *Kayser, Mueller* ; et cum (*cf.* § 86 : et se) *Lg.*

156. igitur est *P V, p* : est igitur *ceteri mss., uulgo, Mueller* || tibi necessario : necessario tibi *Lg, Kayser, Mueller* || et in te : in te *P V, Lg* ; [et] in te *Mueller, Peterson* || ediderint *c, Lg* : edide-

charger de leur cause, de prendre leur défense pour les sauver ; eux qui, malgré les prohibitions prononcées par le préteur, malgré les empêchements mis par quatre questeurs (1), ont estimé que les menaces de tous et que tous les dangers étaient de peu d'importance, quand il s'agissait de leur salut ; eux qui, dans la première action, ont prononcé leurs témoignages avec une telle force, avec une telle énergie que Q. Hortensius déclarait qu'Artémon de Centuripe, qui était délégué par ses concitoyens et qui portait témoignage officiellement en leur nom, était un accusateur et non un témoin. Certes, en effet, c'est son mérite et sa loyauté qui l'avaient fait déléguer par ses concitoyens avec Andron (2), homme très honorable et très sûr, mais c'est aussi son éloquence qui l'avait fait choisir, pour qu'il pût vous expliquer de la manière la plus claire et la plus nette les nombreuses injustices de tout ordre commises par Verrès.

LXV Ont fait des déclarations : les habitants d'Halèse, de Catane, de Tyndaris, d'Henna, d'Herbita, d'Agyrium, de Netum, de Ségeste (3) : il n'est pas nécessaire d'énumérer tous ceux qui en ont fait. Vous savez combien nombreux ont été ceux qui en ont fait dans la première action et combien nombreuses ont été leurs déclarations. Maintenant ils vont déposer, eux et ceux qui ne l'ont pas encore fait. **157** Tout le monde, enfin, se rendra compte de ce qu'est, dans cette cause, l'état d'esprit des Siciliens : si l'on ne sévit pas contre Verrès, ils estiment qu'il leur faut abandonner leurs maisons et leurs demeures, sortir de la Sicile, en un mot, s'enfuir. Et ce sont ces hommes, tu nous le persuaderas, qui, pour ton honneur, pour la grandeur de ta gloire, ont porté volontairement une si grande contribution en argent ? Je le crois volontiers : ils ne supporteraient pas de te savoir sain et sauf dans ta propre cité,

(1) Voir IV, 12.

(2) Il est encore question d'Artémon et d'Andron, (II), III, XLV, 108 ; XLVIII, 114.

(3) Catane (Catina), au pied de l'Etna ; *sacrarium Cereris* (*Verr.*, (II), IV, XLV). — Tyndaris (S. Maria di Tindaro), colonie de Messène sur la côte nord de l'île. — Henna (Castrogiovanni), au centre de la Sicile, demeure légendaire de Cérès et de Proserpine (*Verr.*,

defensionem susciperem obsecrarint ; qui cum a praetore prohiberentur, a quattuor quaestoribus impedirentur, omnium minas atque omnia pericula prae salute sua leuia duxerint ; qui priore actione ita testimonia grauiter uehementerque dixerint ut Artemonem Centuripinum legatum et publice testem Q. Hortensius accusatorem, non testem esse diceret. Etenim ille cum propter uirtutem et fidem cum Androne, homine honestissimo et certissimo, tum etiam propter eloquentiam legatus a suis ciuibus electus est, ut posset multas istius et uarias iniurias quam apertissime uobis planissimeque explicare.

LXV Dixerunt Halaesini, Catinenses, Tyndaritani, Hennenses, Herbitenses, Agyrinenses, Netini, Segestani : enumerare omnes non est necesse. Scitis quam multi et quam multa priore actione dixerint : nunc et illi et reliqui dicent. **157** Omnes denique hoc in hac causa intellegent, hoc animo esse Siculos ut, si in istum animaduersum non sit, sibi relinquendas domos ac sedes suas et ex Sicilia decedendum atque adeo fugiendum esse arbitrentur. Hos homines tu persuadebis ad honorem atque amplitudinem tuam pecunias maximas uoluntate sua contulisse ? Credo, qui te in tua ciuitate incolumem esse

runt *ceteri mss., uulgo, Klotz, Kayser* || obsecrarint *c, Lg, P V* (?) : obsecrarunt *ceteri mss., uulgo, Klotz, Kayser* || duxerint *c, k*: duxerunt *P V, ceteri mss., uulgo, Klotz, Kayser* || dixerint *c, k* : dixerunt *P V, ceteri mss., uulgo, Klotz, Kayser* || Q. Hortensius : Hortensius *P V* ||ille cum : cum *uulgo* || apertissime uobis : *in his uerbis desinit P V* || Netini (*cf.* (II), V, § 56 : Netinis... Netini ; § 133 : Netinorum) *Lg* : Netinenses *ceteri mss., uulgo, Kayser* || enumerare *Lg* : et numerare *c*; numerare *ceteri mss., uulgo* || quam multi et *om. c, Lg*[1].

157. ad honorem : ad honores *uulgo*.

et ils désiraient avoir dans leurs cités des monuments rappelant ta personne et ton nom. Les faits déclareront à quel point ils l'ont désiré. Car voilà bien longtemps, ce me semble, que je fais un recueil de preuves sans importance de ce qu'étaient les sentiments des Siciliens à ton égard, pour établir si c'est volontairement ou contraints par la force qu'ils t'ont élevé des statues.

158 A-t-on jamais entendu dire qu'il soit arrivé à un magistrat ce qui t'est arrivé ? En sa propre province, ses statues, qui se trouvaient soit dans des endroits publics, soit même dans des édifices sacrés, c'est la violence, c'est le concours unanime de la multitude qui les renverse ! Combien n'y a-t-il pas eu de magistrats coupables en Asie, combien en Afrique, combien en Espagne, en Gaule, en Sardaigne, combien dans la Sicile elle-même ! En est-il un à propos duquel vous ayez jamais appris qu'un fait semblable se soit produit ? C'est une nouveauté, juges, et vraiment, de la part des Siciliens, comme de tous les Grecs, cette nouveauté tient du prodige. Je ne croirais pas qu'on ait pu traiter ainsi des statues, si je ne les avais vues gisant à terre, arrachées de leur piédestal ; je ne le croirais pas, car c'est l'usage chez tous les Grecs de considérer que l'honneur rendu aux hommes dans des monuments de ce genre reçoit, en quelque sorte, la consécration du culte religieux que reçoivent les dieux. **159** C'est ainsi que les Rhodiens, qui, presque seuls ont fait avec nous la première guerre contre le roi Mithridate (1), eux dont les fortifications, les rivages et les flottes ont eu à soutenir l'attaque la plus violente de toutes ses troupes, les Rhodiens, qui, plus que tous les autres peuples, étaient les ennemis de ce roi, ne touchèrent pas cependant à sa statue qu'ils avaient chez eux dans l'endroit le plus fréquenté de leur ville, pas même au moment où leur ville

(II), IV, XLIX). — Herbita, ville dont l'emplacement est inconnu. — Netum (Noto), ville voisine de Syracuse. — Égeste, ville entre Panhorme et Drépane, qui se prétendait fondée par Énée et les Troyens (*Verr.*, (II), IV, XXXIII), nommée Ségeste par les Romains auxquels elle s'allia dès la première guerre Punique.

(1) Voir Th. Reinach, *Mithridate Eupator*, Paris, 1890, p. 144 et suiv.

nollent, hi monumenta tuae formae ac nominis in suis ciuitatibus esse cupiebant. Res declarabit ut cupierint. Iam dudum enim mihi nimium tenuiter Siculorum erga te uoluntatis argumenta colligere uideor, utrum statuas uoluerint tibi statuere an coacti sint.

158 De quo hoc homine auditum est umquam, quod tibi accidit, ut eius in prouincia statuae in locis publicis positae, partim etiam in aedibus sacris, per uim et per uniuersam multitudinem deicerentur ? Tot homines in Asia nocentes, tot in Africa, tot in Hispania, Gallia, Sardinia, tot in ipsa Sicilia fuerunt : ecquo de homine hoc umquam audiuistis ? Nouum est, iudices, in Siculis quidem et in omnibus Graecis monstri simile. Non crederem hoc de statuis nisi iacentes reuulsasque uidissem, propterea quod apud omnes Graecos hic mos est, ut honorem hominibus habitum in monumentis eius modi non nulla religione deorum consecrari arbitrentur. **159** Itaque Rhodii, qui prope soli bellum illud superius cum Mithridate rege gesserint, omnesque eius copias acerrimumque impetum moenibus, litoribus classibusque suis exceperint, tamen, cum ei regi inimici praeter ceteros essent, statuam eius, quae erat apud ipsos in celeberrimo urbis loco, ne tum quidem in ipsis urbis periculis atti-

hi monumenta : ii monumenta *uel. editt., Klotz* || declarabit *c, Lg*: declarauit *ceteri mss., uulgo* || iam dudum : *in his uerbis incipit C* || utrum... coacti sint *secl. Pluygers, Kayser, Mueller.*

158. hoc homine *C, Lg*: homine *ceteri mss.*; homine hoc *uulgo* || et per uniuersam : per uniuersam *uulgo* || audiuistis *C, Lg*[1]: audiimus *uel* audiuimus *ceteri mss., uulgo* || omnibus Graecis : hominibus Graecis *Gulielmius* || eius modi : huius modi *uulgo.*

159. qui prope *C, Lg* : cum prope *ceteri mss., uulgo* || gesserint : gesserunt *Lg, Klotz, Kayser, Mueller* || exceperint : exceperunt *Zumpt, Klotz, Kayser, Mueller* || tamen cum : cum *uulgo* || ei regi : et regis *uulgo* || apud ipsos : apud istos *C, Lg*[1].

elle-même se trouvait en danger. Peut-être, alors qu'ils désiraient la perte de l'homme lui-même, semblait-il qu'il y eût de leur part quelque inconséquence à respecter son effigie, la statue faite à sa ressemblance ; cependant, je voyais par moi-même, pendant le séjour que j'ai fait dans leur ville (1), qu'ils avaient en cette matière une tradition religieuse qui leur venait de leurs ancêtres et que leur raisonnement était celui-ci : pour la statue, ils avaient eu égard au temps où elle avait été élevée ; pour l'homme, au temps où il dirigeait la guerre contre eux et où il était leur ennemi.

LXVI Vous le voyez donc : la coutume et la religion des Grecs, qui sont, au milieu même de la guerre, une défense pour les monuments élevés aux ennemis, n'ont pu, dans la paix la plus profonde, être une protection pour les statues du préteur du peuple romain. **160** Les habitants de Tauromenium (2), qui est une cité fédérée, sont des gens très paisibles ; les garanties de leur traité de fédération les avaient accoutumés à demeurer à l'abri des injustices de nos magistrats : ils n'ont pas hésité, cependant, à renverser la statue de Verrès ; une fois qu'elle eut été jetée à terre, ils voulurent en laisser subsister le piédestal dans leur forum, parce qu'ils pensaient que ce serait un affront plus grave pour Verrès, si l'on savait que sa statue avait été renversée par les habitants de Tauromenium que si l'on croyait qu'ils ne lui en avaient jamais élevé aucune. Les habitants de Tyndaris ont jeté bas la statue de Verrès, qui était dans leur forum, et, pour la même raison, ils ont laissé le cheval sans cavalier. Les habitants de Leontium (3), cité misérable où il n'y a rien, possédaient cependant une statue de Verrès dans leur gymnase : elle a été jetée bas. Quant aux Syracusains, pourquoi en parler ? Leur acte ne leur appartient pas en propre ; il leur est

(1) Cicéron était allé à Rhodes en 676 / 78, pour y suivre les leçons du rhéteur Molon dont il avait déjà été l'auditeur à Rome. Voir *Brutus*, XCI, 316.

(2) Tauromenium (Taormina), ville fondée aux environs de Messine, en 358 / 396, par les habitants de Naxos.

(3) Leontium (Lentini), près de Syracuse, patrie du rhéteur Gorgias qui incita les Athéniens à l'expédition de Sicile.

gerunt. Ac forsitan uix conuenire uideretur, quem ipsum hominem cuperent euertere, eius effigiem simulacrumque seruare ; sed tamen uidebam, apud eos cum essem, et religionem esse quandam in his rebus a maioribus traditam, et hoc disputari, cum statua se eius habuisse temporis rationem quo posita esset, cum homine eius quo gereret bellum atque hostis esset.

LXVI Videtis igitur consuetudinem religionemque Graecorum, quae monumenta hostium in bello ipso soleat defendere, eam summa in pace praetoris populi Romani statuis praesidio non fuisse. **160** Tauromenitani, quorum est ciuitas foederata, homines quietissimi, qui maxime ab iniuriis nostrorum magistratuum remoti consuerant esse praesidio foederis, — hi tamen istius euertere statuam non dubitarunt ; qua abiecta basim tamen in foro manere uoluerunt, quod grauius in istum fore putabant si scirent homines statuam eius a Tauromenitanis esse deiectam, quam si nullam umquam positam esse arbitrarentur. Tyndaritani deiecerunt in foro et eadem de causa equum inanem reliquerunt. Leontinis, misera in ciuitate atque inani, tamen istius in gymnasio statua deiecta est. Nam quid ego de Syracusanis loquar ? quod non est proprium Syracusanorum,

ac forsitan *C, Lg*[1] : forsitan *ceteri mss., uulgo* || hominem *secl. Bake* || disputari *C, Lg*[1] : disputare *ceteri mss., uulgo* || eius quo *C Lg* : non quo *p* ; uero quo *ceteri mss., uulgo* || praetoris populi Romani : P. R. *C* ; pop. Rom. *Lg* ; p̄tores p. r. *p, b*.

160. Tauromenitani : Taurominitani *uulgo* || consuerant *C, Lg* : consueuerant *ceteri mss.* || hi tamen : ei tamen *Halm, Kayser* ; ii tamen *Klotz* || dubitarunt *C, p, b* : dubitauerunt *ceteri mss., uulgo, Klotz, Kayser, Mueller* || abiecta : ablata *uulgo* || Tauromenitanis : Taurominitanis *uulgo* || positam esse : positam *uulgo* || de causa : causa *p, q, b* || quod non est : quod est *C, Lg*.

commun avec les citoyens de la circonscription judiciaire de Syracuse et avec ceux de presque toute la province. Quelle multitude, disait-on, quelle foule accourue de toutes parts à Syracuse, lorsque les statues de Verrès furent jetées bas et renversées ! Mais où se trouvaient-elles ? Dans l'endroit le plus fréquenté, dans l'endroit que la religion consacrait entre tous, en face de Sérapis lui-même, tout à l'entrée et dans le vestibule de son temple (1). Si Metellus n'avait pris des mesures rigoureuses, s'il n'avait usé de son pouvoir souverain, s'il n'avait fait un édit pour réprimer ces manifestations, il ne serait resté dans la Sicile tout entière aucune trace des statues de Verrès.

161 Et je ne crains pas qu'on s'imagine qu'aucun de ces mouvements populaires se soit produit à mon instigation ou même à mon arrivée. Tout cela avait eu lieu, non seulement avant que j'eusse touché en Sicile, mais même avant que Verrès eût touché en Italie. Pendant mon séjour en Sicile, aucune statue n'a été jetée bas. Ce qui s'est passé après mon départ, apprenez-le.

LXVII A Centuripe, le sénat décréta et le peuple ordonna que, tout ce qu'il y avait dans la ville de statues de Verrès lui-même, de son père et de son fils, les questeurs (2) passeraient un marché pour les faire démolir ; et, pendant qu'on procéderait à cette démolition, trente sénateurs au moins devaient être présents. Voyez combien était sérieuse et digne la conduite de cette cité. Ils ne voulaient pas voir demeurer dans leur ville ces statues que la violence et le pouvoir souverain leur avaient fait offrir malgré eux, les statues d'un homme contre lequel ils avaient envoyé à Rome — fait qui ne s'était jamais produit auparavant — des délégués avec des instructions et les témoignages les plus graves rendus à titre public. Ils pensaient que leur acte aurait un caractère plus sérieux

(1) Le dieu alexandrin Sérapis s'était rapidement identifié avec Pluton. Il est naturel qu'il ait un temple dans la capitale de l'île où Pluton enleva Proserpine.

(2) Ainsi que Ségeste, Halèse, Halycie et Panhorme (III, vi, 13), Centuripe est une cité *sine foedere immunis ac libera* (IV, ix, 20). Elle a des questeurs dont les fonctions sont celles des questeurs de Rome.

sed et illorum et commune conuentus illius ac prope totius prouinciae. Quanta illuc multitudo, quanta uis hominum conuenisse dicebatur tum cum statuae sunt illius deiectae et euersae ! At quo loco ! Celeberrimo ac religiosissimo, ante ipsum Serapim, in primo aditu uestibuloque templi. Quod nisi Metellus hoc tam grauiter egisset atque illam rem imperio edictoque prohibuisset, uestigium statuarum istius in tota Sicilia nullum esset relictum.

161 Atque ego hoc non uereor, ne quid horum non modo impulsu uerum omnino aduentu meo factum esse uideatur. Omnia ista ante facta sunt non modo quam ego Siciliam, uerum etiam quam iste Italiam attigit. Dum ego in Sicilia sum, nulla statua deiecta est : postea quam illinc decessi, quae sint gesta cognoscite.

LXVII Centuripinorum senatus decreuit populusque iussit ut, quae statuae Verris ipsius et patris eius et fili essent, eas quaestores demoliendas locarent, dumque ea demolitio fieret, senatores ne minus triginta adessent. Videte grauitatem ciuitatis ac dignitatem. Neque eas in urbe sua statuas esse uoluerunt quas inuiti per uim atque imperium dedissent, neque eius hominis in quem ipsi cum grauissimo testimonio publice, quod numquam antea, Romam mandata lega-

et commune *C, Lg* : commune *ceteri mss.* ; commune et *uulgo* || illuc : illic *Lg*[1], *Klotz, Kayser, Mueller* || sunt illius : sunt istius *Kayser, Mueller* || et euersae : atque euersae *uulgo.*

161. decessi *C, Peterson* : discessi *ceteri mss. et editt.* || quae sint gesta *C* : quae sunt gesta *ceteri mss., uulgo, Klotz, Kayser* || Verris *C, Peterson*: C. Verris *ceteri mss. et editt.* || patris eius *C, Lg*[1] : patris *ceteri mss., uulgo* || demolitio : molitio *C, Lg*[1] || ne minus triginta *C, Lg, q* : xxx non minus *b* ; xxx ne minus *p, k* ; ne xxx minus *uulgo* || ac dignitatem : et dignitatem *uulqo* || esse uoluerunt :

s'il était le résultat d'une délibération du conseil public de la cité (1) que s'il paraissait être un effet de la violence de la multitude. **162** En vertu de cette délibération, les habitants de Centuripe avaient officiellement fait disparaître les statues. Metellus l'apprend ; il en est péniblement affecté ; il convoque le magistrat de Centuripe et les dix premiers citoyens de l'ordre sénatorial (2) : si les statues n'étaient pas rétablies, il fait de violentes menaces. Ceux-ci font leur rapport au sénat. Les statues, qui ne pouvaient être d'aucune utilité à la cause de Verrès, sont remises en place ; les décrets, qui avaient été pris par les habitants de Centuripe au sujet des statues, ne sont pas annulés. Quant à moi, je fais volontiers telle concession à celui-ci, telle autre à celui-là : mais Metellus est un homme de bon sens ; par conséquent, je ne peux lui pardonner, s'il fait une sottise. Eh quoi? Pense-t-il que ce serait donner un sujet d'accusation contre Verrès que de laisser ses statues renversées ? Mais il arrive très fréquemment que des statues sont renversées par un coup de vent ou par quelque autre accident. Il n'y avait en cela rien qui pût incriminer Verrès, rien qui pût être l'indice d'un blâme à son égard. Quelle est donc l'origine de l'incrimination et de l'accusation ? C'est l'opinion, ce sont les sentiments du public.

LXVIII **163** Quant à moi, si Metellus n'avait pas contraint les habitants de Centuripe à remettre en place les statues, voici ce que je dirais : « Voyez, juges, combien est grande et cruelle la douleur dont les injustices de cet homme ont pénétré les cœurs de nos alliés et de nos amis ! La cité de Centuripe, qui a pour nous une telle amitié et une telle fidélité, qui est unie au peuple romain par tellement de bons offices que ce n'est pas seulement notre

(1) Le *consilium publicum*, qui signifie « décision publique » (v, 13), désigne ici le sénat, capable de prendre cette décision.

(2) Les *decem primi* sont les dix premiers de l'ordre sénatorial d'un municipe : leur sénat les envoie en mission auprès de l'autorité supérieure (*Pro Sex. Roscio*, IX, 25). En Sicile l'autorité supérieure, en l'espèce le propréteur, convoque, en même temps que le *magistratus Siculus* (voir p. 25, note 4), les *decem primi* ou, pour certaines cités (*Verr.*, (II), III, XXVIII, 68), les *quinque primi*.

tosque misissent; et id grauius esse putarunt si publico consilio, quam si per uim multitudinis factum esse uideretur. **162** Cum hoc consilio statuas Centuripini publice sustulissent, audit Metellus ; grauiter fert; euocat ad se Centuripinum magistratum et decem primos ; nisi restituissent statuas, uehementer minatur. Illi ad senatum renuntiant: statuae, quae istius causae nihil prodessent, reponuntur; decreta Centuripinorum, quae de statuis erant facta, non tolluntur. Hic ego aliud alii concedo : Metello, homini sapienti, prorsus non possum ignoscere si quid stulte facit. Quid ? ille hoc putabat Verri criminosum fore, si statuae eius essent deiectae, quod saepe uento aut aliquo casu fieri solet ? Non erat in hoc neque crimen ullum neque reprehensio. Ex quo igitur crimen atque accusatio nascitur ? Ex hominum iudicio et uoluntate.

LXVIII **163** Ego, si Metellus statuas Centuripinos reponere non coegisset, haec dicerem : « Videte, iudices, quantum et quam acerbum dolorem sociorum atque amicorum animis inusserint istius iniuriae, cum Centuripinorum amicissima ac fidelissima ciuitas, quae tantis officiis cum populo Romano coniuncta est ut non solum

esse uoluerant *uulgo* || eius hominis : hominis π || id grauius : grauius *C, Lg* || putarunt : putauerunt *uulgo* || esse uideretur *C, Lg* : uideretur *ceteri mss., uulgo.*

162. Centuripinum magistratum : Centuripinorum magistratus *C, Lg, Klotz, Kayser, Mueller, Peterson* ; *perperam* : *his enim uerbis significatur ille* « magistratus Siculus » (II, III, XLIX, 117), *de quo J. Carcopino* (pp. 27-34) *luculenter disseruit* || minatur : his minatur π; iis minatur *uulgo* || decreta... tolluntur *C, Lg* : *om. ceteri mss., uet. editt.* || statuae eius *C, Lg* : eius statuae *ceteri mss., uulgo.*

163. Centuripinos reponere *C, Lg* : reponere Centuripinos *ceteri mss., uulgo* || haec dicerem : hoc dicerem *Lg, b, Mueller* || ac fidelissima *p, q, b* : fidelissima *C, Lg* ; et fidelissima *uulgo, Klotz, Kay-*

République, mais le nom romain lui-même qu'elle a toujours chéri dans n'importe quel homme privé, la voilà, cette cité, qui, par une délibération et une décision publiques, a jugé qu'il ne devait pas y avoir de statues de Verrès dans sa ville... » Je lirais les décrets des citoyens de Centuripe; je ferais l'éloge de cette cité, et je pourrais le faire en toute vérité (1); je rappellerais qu'à Centuripe il y a dix mille citoyens, qui sont des alliés très courageux et très fidèles, et qu'ils ont tous décidé que, dans leur ville, il ne devait se trouver aucun monument de cet homme.
164 Voilà ce que je dirais, si Metellus n'avait pas fait remettre en place les statues; je voudrais maintenant poser une question à Metellus lui-même : sa violence, son acte d'autorité enlève-t-il rien au discours que je prononce ? Les mêmes arguments, je pense, conservent tous l'importance qui convient. En effet, quand bien même les statues seraient restées renversées, je ne pourrais vous les montrer gisant à terre ; je n'userais que de cet argument : une cité, dont le caractère est si sérieux, a jugé qu'il fallait démolir les statues de Verrès. Cet argument, Metellus ne me l'a pas arraché ; il m'a même fourni de plus ceux-ci : je pourrais me plaindre, si je le jugeais à propos, que le pouvoir souverain usât avec nos alliés et nos amis d'un droit assez peu équitable pour ne pas leur laisser leur liberté d'appréciation dans l'attribution de leurs bienfaits ; je pourrais vous prier de conjecturer quelle aurait été, à votre idée, la conduite de L. Metellus envers moi dans les questions où il aurait eu le pouvoir de me faire obstacle, puisqu'il a montré si visiblement sa passion dans cette

(1) Centuripe (Centorbi), voisine de Catane, était au temps de la domination romaine la plus grande et la plus riche des cités de Sicile (*Verr.*, (II), IV, XXIII, 50). Elle s'était dès le principe déclarée pour Rome contre Carthage ; en récompense, elle avait reçu de la République le *commercium* et, par suite, le droit de posséder des immeubles sur tous les marchés de la Sicile (*Verr.*, (II), V, XXVII, 70 ; XXXII, 84). Cicéron fait encore, III, XLV, 108, l'éloge des citoyens de Centuripe, qui ne s'occupaient que de cultiver leurs champs. Dans la guerre de Sex. Pompeius, fils du grand Pompée, contre Octave (718 / 36), ils prirent courageusement parti contre Sextus et contribuèrent à sa défaite. Octave fit rebâtir leur ville détruite par les Pompéiens.

rem publicam nostram, sed etiam in quouis homine priuato nomen ipsum Romanum semper dilexerit, ea publico consilio atque auctoritate iudicarit C. Verris statuas esse in urbe sua non oportere. » Recitarem decreta Centuripinorum ; laudarem illam ciuitatem, id quod uerissime possem ; commemorarem decem milia ciuium esse Centuripinorum, fortissimorum fidelissimorumque sociorum ; eos omnes hoc statuisse, monumentum istius in sua ciuitate nullum esse oportere. **164** Haec tum dicerem, si statuas Metellus non reposuisset : uelim quaerere nunc ex ipso Metello, quidnam sua ui et auctoritate mihi ex hac oratione praeciderit. Eadem opinor omnia conuenire. Neque enim, si maxime statuae deiectae essent, ego eas uobis possem iacentes ostendere ; hoc uno uterer, ciuitatem tam grauem iudicasse statuas C. Verris demoliendas. Hoc mihi Metellus non eripuit ; haec etiam addidit, ut quererer, si mihi uideretur, tam iniquo iure sociis atque amicis imperari ut iis ne in suis quidem beneficiis libero iudicio uti liceret, uos rogarem ut coniecturam faceretis qualem in his rebus in me L. Metellum fuisse putaretis, in quibus rebus obesse mihi posset, cum in hac re tam aperta cupi-

ser || Romanum *C, Lg* : Romanorum *ceteri mss., uulgo* || laudarem illam ciuitatem : laudarem illa decreta ciuitatem *C, Lg*[1] ; laudarem illa decreta, laudarem illam ciuitatem *coni. Peterson* || ciuium esse Centuripinorum *C, Lg* : esse ciuium Centuripinorum π ; ciuium Centuripinorum *b, δ, uulgo* || hoc statuisse : statuisse *uulgo* || in sua ciuitate : in ciuitate sua *Bake.*

164. ego eas *C, Lg* : eas ego *ceteri mss., uulgo, Klotz, Kayser* || iudicasse statuas : statuas iudicasse *b, uulgo, Klotz, Kayser* || haec etiam : hoc etiam *Lg, b, uulgo, Klotz, Kayser, Mueller* || uos rogarem *C, Lg* : ut uos rogarem *ceteri mss., uulgo, Klotz, Kayser, Mueller* ; et ut uos rogarem *coni. Kayser* || in his rebus : in iis rebus *uet. editt., Mueller* ; in eis rebus *Kayser* || in quibus rebus : in quibus

question où il ne m'a fait obstacle en rien. Mais, quant à moi, je ne me mets pas en colère contre Metellus et je le laisse répéter à tout le monde qu'il est exempt de toute faute et essayer de paraître n'avoir rien fait avec de mauvaises intentions, rien à dessein.

LXIX **165** Voici donc déjà un fait évident. Verrès, tu ne peux affirmer que personne t'ait volontairement donné aucune statue et qu'aucun argent, au titre des statues, ait été fourni, qui n'ait été levé par la pression et par la violence. Certes, dans ce chef d'accusation, je ne veux pas seulement faire comprendre que, pour les statues, tu as levé deux millions de sesterces, mais — et ceci est bien plus grave, et ceci a été démontré en même temps, — je veux faire comprendre quelle est et quelle a été contre toi la haine des cultivateurs des terres arables et la haine de tous les Siciliens. Ici, comment vous défendrez-vous, mes conjectures ne me permettent pas de le deviner. **166** « Les Siciliens me haïssent, parce que j'ai beaucoup fait dans l'intérêt des citoyens qui portent la toge. » Mais, certes, ce sont ceux-là qui sont tes ennemis les plus violents. « J'ai pour ennemis les citoyens romains, parce que ce sont les privilèges et les droits des alliés que j'ai défendus. » Mais les alliés se plaignent d'avoir été mis par toi au nombre des peuples en état d'hostilité avec nous. « Les cultivateurs des terres arables sont mes ennemis à cause des dîmes. » Eh quoi ? Les propriétaires dont les terres arables sont exemptes de charges et libres d'impôts, pourquoi te haïssent-ils (1) ? Pourquoi la haine des habitants d'Halèse, de ceux de Centuripe, de ceux de Ségeste, de ceux d'Halycie ? Dans quelle classe, dans quel rang, dans quel ordre puis-je citer quelqu'un qui ne te haïsse, soit parmi les citoyens romains, soit parmi les Siciliens ? Quand même

(1) Cette immunité n'est que relative. Les cinq cités d'Halèse, de Centuripe, de Ségeste, d'Halycie, que Cicéron nomme ici, et de Panhorme (Palerme) — vieille colonie phénicienne dont les Romains s'étaient emparés dès l'an 500/254 — que Cicéron nommera, III, VI, 13, étaient bien des *ciuitates sine foedere immunes ac liberae* : elles étaient exemptes de charges et libres d'impôts ; elles n'avaient pas à payer la dîme du froment. Mais aucun traité (*foedus*) ne garantissait cette liberté et cette exemption. Alors

ditate fuerit, in qua nihil obfuit. Sed ego Metello non irascor neque ei suam uacationem eripio, qua ille apud omnes utitur, ut nihil malitiose neque consulto fecisse uideatur.

LXIX **165** Iam igitur est ita perspicuum ut negare non possis nullam tibi statuam uoluntate cuiusquam datam, nullam pecuniam statuarum nomine, nisi ui expressam et coactam. Quo quidem in crimine non illud solum intellegi uolo, te ad statuas HS *uiciens* coegisse, sed multo etiam illud magis, quod simul demonstratum est, quantum odium in te aratorum, quantum omnium Siculorum sit et fuerit. In quo quae uestra defensio futura sit coniectura adsequi non queo. **166** « Oderunt Siculi ; togatorum enim causa multa feci. » At hi quidem acerrimi inimici sunt. « Inimicos habeo ciues Romanos, quod sociorum commoda ac iura defendi. » At socii in hostium numero sese abs te habitos queruntur. « Aratores inimici sunt propter decumas. » Quid ? qui agros immunes liberosque arant, cur oderunt ? cur Halaesini, cur Centuripini, cur Segestani, cur Halicyenses ? Quod genus hominum, quem numerum, quem ordinem proferre possum qui te non oderit, siue ciuium Romanorum siue

C, Lg ; in quibus [rebus] *Peterson* || uacationem *C, Lg* : uagationem *ceteri mss.*; purgationem *ed. Ald.* 1519, *uulgo* ; orationem *Klotz.*

165. uiciens : uicies *Garatoni* ; tricies *Zumpt* ; ∞ ∞ *C*; .XX. LXI *Lg* ;CXX milia *p*, *uulgo* ; CXXX milia *ceteri mss.* || demonstratum *C, Lg* : demonstrandum *ceteri mss., uulgo* || est quantum : *om. C, Lg*[1] || in te *om. p, b, secl. Kayser.*

166. causa multa : *in his uerbis incipit P V* || at hi : at hii *C* ; ali *P V* ; at ii *Halm, Klotz*; at ei *Kayser* || inimici *C, Lg* : inimicissimique *ceteri mss., uulgo, Klotz, Kayser* ; inimici [ssimique] *Mueller* || numero sese abs *C, Lg* : numero se abs *b, uulgo, Klotz* ; numeros se abs *P V* ; numero abs *π, k* || arant : erant *P V, Lg* || proferre possum : proferre possis *b, δ, uulgo.*

je ne pourrais dire les causes de leur haine, je pense cependant que je dois dire que celui qui est l'objet de la haine de tout le monde, celui-là, il faut que vous aussi vous le haïssiez. **167** Auras-tu l'audace de faire cette déclaration : que les cultivateurs des terres arables enfin que les Siciliens tous ensemble aient de toi une bonne opinion, l'opinion, quelle qu'elle soit qu'ils peuvent avoir de toi, cela n'importe en rien à l'affaire ? Non, tu n'oseras pas faire cette déclaration ; en aurais-tu le désir, cela ne te sera pas permis. Elles t'enlèvent le droit de tenir un pareil langage, de parler du mépris que tu dois avoir pour les Siciliens et les cultivateurs des terres arables, elles te l'enlèvent ces statues équestres que, peu de temps avant ton retour à Rome, tu as fait ériger, où tu as fait graver des inscriptions, dans le but de ralentir l'activité des sentiments de tes ennemis et de tes accusateurs. **168** Qui oserait, en effet, te créer des difficultés, qui oserait t'appeler en justice, quand on peut voir les statues que les négociants, que les cultivateurs des terres arables, que la confédération des cités de Sicile t'a élevées ? Y a-t-il dans cette province quelque autre classe d'hommes ? Non, il n'y en a pas. Donc, c'est la province dans son ensemble, c'est en particulier chacune des classes de toute la province qui non seulement le chérit, mais qui le comble encore d'honneurs. Qui oserait toucher à sa personne ? Peux-tu donc déclarer que tu ne dois trouver aucun obstacle dans les témoignages des cultivateurs des terres arables, des négociants et de tous les Siciliens, parce que,

même que les citoyens de ces cinq cités jouissaient du privilège qu'ils ne possédaient qu'à titre précaire — et Cicéron n'indique pas que Verrès ait jamais troublé leur jouissance — ils n'étaient exempts de la dîme que pour les parties du territoire de leur cité qu'ils cultivaient eux-mêmes ou qu'ils faisaient cultiver par des hommes appartenant à la cité : les champs cultivés par des hommes appartenant à d'autres cités étaient soumis à la dîme. Les citoyens des cités libres payaient la dîme pour les champs qu'ils cultivaient sur le territoire des autres cités ; et les exactions dont ils étaient victimes, en ce cas, du fait des agents du propréteur excitaient leur haine contre Verrès. Les citoyens romains établis cultivateurs en Sicile devaient payer la dîme, puisqu'ils n'étaient pas citoyens des cités libres : victimes eux aussi des iniquités des dîmeurs, ils avaient à l'endroit de Verrès une haine non moins grande que les Siciliens. — Voir J. Carcopino, pp. 212 et 279.

Siculorum ? ut, etiam si causas cur te oderint non possim dicere, tamen illud dicendum putem, quem omnes mortales oderint, eum uobis quoque odio esse oportere. **167** An hoc dicere audebis, utrum de te aratores, utrum denique Siculi uniuersi bene existiment, a*ut* quo modo existiment, ad rem id non pertinere ? Neque tu hoc dicere audebis, nec si cupias licebit ; eripiunt enim tibi istam orationem contemnendorum Siculorum atque aratorum statuae illae equestres, quas tu paulo ante quam ad urbem uenires poni inscribique iussisti, ut omnium inimicorum tuorum animos accusatorumque tardares. **168** Quis enim tibi molestus esset aut quis appellare te auderet, cum uideret statuas ab negotiatoribus, ab aratoribus, a communi Siciliae positas ? Quod est aliud in illa prouincia genus hominum ? Nullum. Ergo ab uniuersa prouincia, generatimque a singulis eius partibus, non solum diligitur, sed etiam ornatur. Quis hunc attingere audeat ? Potes igitur dicere nihil tibi obesse oportere aratorum, negotiatorum, Siculorumque omnium testi-

causas cur *P V, C, Lg* : causa cur *p* ; causam cur *ceteri mss., uulgo* || non possim : non possum *P V, Klotz, Kayser* || uobis quoque : quoque uobis *P V, b, uulgo* ; nobis quoque *Klotz* ; his quoque *Cobet, Bake, Kayser.*

167. aratores : utrum negotiatores *add. Garatoni, Schütz, Kayser* || aut quo modo existiment : an quo modo existiment *C, Lg* ; *om. ceteri mss., secl. Kayser, Klotz* || nec si : neque si *uulgo* || cupias *C, Lg* : cupies *P V, ceteri mss., Klotz* || eripiunt enim *C, Lg* : eripiunt *P V, ceteri mss., Klotz* || contemnendorum... aratorum *del. Gruter, Schütz, alii, secl. Mueller* || omnium inimicorum tuorum : omnium iniquorum tuorum (*cf.* (II), V, § 177 : omnibus iniquissimis meis) *C, Lg, Mueller* ; omnium inimicorum *uulgo.*

168. appellare te *P V* : appellaret *C* ; appellare *ceteri mss., uulgo, Mueller* || ab negotiatoribus : a negotiatoribus *P V, b, Klotz, Kayser* || ab aratoribus *om. C, Lg, q* || a communi Siciliae (*cf.* §§ 114, 145, 154) : a communi Sicilia *P V, C, Lg* || positas *P V* : *om, ceteri mss., uulgo* || a singulis : ab singulis *P V, q, r, Klotz, Kayser* || potes : potest *P V, C* || Siculorumque : Siculorum *P V, Kayser.*

en exposant leurs noms gravés dans les inscriptions des statues, tu as espéré pouvoir éteindre la haine dont tu es l'objet et ton infamie ? Tu as essayé de donner par l'autorité de leur nom un caractère honorable à tes statues ; et moi, l'estime dont ils sont dignes ne me pourra-t-elle pas fournir des preuves à l'appui de mon accusation ?

Verrès et les publicains

169 Tu as été en faveur auprès des publicains : peut-être trouves-tu dans cette faveur quelque espérance qui te console ; mais cette faveur ne pourra t'être d'aucune utilité ; j'ai mis mes soins les plus diligents à l'empêcher. Elle devra même te faire obstacle ; à cela, par ta sage conduite, tu y as pourvu.

LXX En effet, juges, cette question dans tous ses détails je vais, en peu de mots, vous la faire connaître. La ferme de l'impôt du pacage de la Sicile (1) a pour sous-directeur un certain L.Carpinatius.En vue de ses propres profits, peut-être aussi pensait-il que tel était l'intérêt de la société dont il faisait partie, ce personnage s'engagea à fond dans l'intimité de Verrès. Il suivait le préteur dans toutes ses tournées judiciaires, il ne se séparait jamais de lui : c'est ainsi qu'il en était venu à avoir avec lui des relations si intimes pour la vente des décrets et des jugements et les transactions dans les affaires qu'on le regardait presque comme un autre Timarchide. **170** Son importance, plus encore que celle de Timarchide, était capitale,parce qu'il prêtait de l'argent à usure à ceux qui faisaient quelque marché avec Verrès. Cette usure, juges, s'exerçait de telle manière que le bénéfice même qui en provenait passait à Verrès ; car les sommes qu'il portait comme payées aux emprunteurs, il les reportait sur ses registres comme reçues au compte du scribe administratif du préteur, ou au compte de Timarchide, ou au compte de

(1) L'impôt du pacage levé, par tête de bétail, sur les troupeaux qui étaient admis à paître dans les *pascua publica* s'appelait *scriptura,* parce que le nombre des animaux était inscrit sur les registres tenus par les employés (*scripturarii* ou *pecuarii*) de la société de publicains fermière de cet impôt.

monia, cum eorum nominibus in statuarum inscriptione oppositis omnem te speraris inuidiam atque infamiam tuam posse exstinguere ? an, quorum tu auctoritate statuas cohonestare tuas conatus es, eorum ego dignitate accusationem meam comprobare non potero ?

169 Nisi forte quod apud publicanos gratiosus fuisti, in ea re spes te aliqua consolatur. Quae gratia ne quid tibi prodesse posset ego mea diligentia perfeci ; ut etiam obesse deberet tu tua sapientia curasti.

LXX Etenim rem totam, iudices, breuiter cognoscite. In scriptura Siciliae pro magistro est quidam L. Carpinatius, qui et sui quaestus causa, et fortasse quod sociorum interesse arbitrabatur, bene penitus in istius familiaritatem sese dedit. Is cum praetorem circum omnia fora sectaretur neque ab eo umquam discederet, in eam iam uenerat familiaritatem consuetudinemque in uendendis istius decretis et iudiciis transigendisque negotiis, ut prope alter Timarchides numeraretur ; **170** hoc erat etiam capitalior, quod idem pecunias iis qui ab isto aliquid mercabantur faenori dabat. Ea autem faeneratio erat eius modi, iudices, ut etiam is quaestus huic cederet ; nam quas pecunias ferebat iis expensas quibuscum contrahebat, eas aut scribae istius aut Timarchidi aut

Klotz ‖ oppositis : positis *uulgo* ‖ speraris *P V, C, Lg* : sperabis *ceteri mss.* ‖ tu auctoritate *P V, C, Lg* : auctoritate tu *ceteri mss., uul.*

169. prodesse posset : prodesse potest (*in his uerbis desinit*) *P V* ‖ eam *om. C, Lg* ‖ iam *secl. Kayser* ‖ familiaritatem consuetudinemque : consuetudinem *C, Lg* ; [familiaritatem] consuetudinem *Kayser* ; [familiaritatem] consuetudinem [que] *Mueller, Peterson* ‖ in uendendis : uendendis *C, Lg.*

170. pecunias : pecuniam *uulgo* ‖ iis qui : his qui *C, Lg, p, b* ‖ eius modi : huius modi *C, b, uulgo* ‖ is quaestus huic : hic quaestus huic *uulgo* ; hic quaestus isti *malit Bake* ‖ ferebat iis expensas *p* : ferebat

Verrès lui-même. En outre, il prêtait à usure en son propre nom des sommes très importantes qui appartenaient à Verrès et dont l'inscription n'avait pas été faite à son rang sur les registres (1).

171 Tout d'abord, alors qu'il n'était pas encore entré si avant dans l'intimité de Verrès, ce Carpinatius avait envoyé quelquefois à sa société des lettres où il se plaignait de ses injustices. D'autre part, Canuleius, qui était employé dans le port, à Syracuse, avait envoyé à la société la liste de très nombreux objets volés par Verrès — il les désignait nommément, — qui avaient été exportés du port de Syracuse sans acquitter les droits de douane ; le port, en effet, et l'impôt du pacage étaient affermés à la même société de publicains. C'est ainsi que les lettres adressées à la société nous permettraient d'articuler et de produire un grand nombre de faits contre cet homme.
172 Mais il arriva que Carpinatius, alors qu'il était déjà avec Verrès dans d'excellentes relations d'amitié et qu'il se trouvait, de plus, dans une communauté d'affaires et d'intérêts avec lui, envoya dans la suite à la société de nombreuses lettres où il parlait des éminents bons offices rendus par Verrès aux intérêts communs des associés et de ses bienfaits. En effet, le préteur ne manquait pas, dans ses actes et dans ses décisions, de satisfaire à toutes les demandes de Carpinatius ; celui-ci, de son côté, envoyait lettres sur lettres à la société afin de détruire, si c'était possible, l'impression produite par ce qu'il avait écrit antérieurement. Au dernier moment, alors que Verrès allait quitter la province, il écrivit en ce sens : qu'on vînt en nombre à sa rencontre, qu'on lui adressât des remerciements, qu'on lui promît de faire avec empressement ce qu'il pourrait ordonner. Les associés agirent en conséquence ; ils se conformaient ainsi aux vieilles institutions des publicains : ils ne jugeaient cet homme digne d'aucun honneur, mais ils pensaient qu'il était

(1) Les *pecuniae extraordinariae* (*Pro Q. Roscio com.*, I, 4 ; *Verr.*, (II), I, XXXIX, 101, 102), qu'on n'inscrit pas à leur rang sur le livre de recettes, ont par cela même une origine suspecte : ex sordidis lucris et furtis uidentur adiectae, dit Asconius.

etiam isti ipsi referebat acceptas. Idem praeterea pecunias istius extraordinarias grandes suo nomine faenerabatur.

171 Hic primo Carpinatius, ante quam in istius familiaritatem tantam peruenisset, aliquotiens ad socios litteras de istius iniuriis miserat ; Canuleius uero, qui in portu Syracusis operas dabat, furta quoque istius permulta nominatim ad socios perscripserat, ea quae sine portorio Syracusis erant exportata ; portum autem et scripturam eadem societas habebat. Ita factum est ut essent permulta quae ex societatis litteris dicere in istum et proferre possemus. **172** Verum accidit ut Carpinatius, qui iam cum isto summa consuetudine, praeterea re ac ratione coniunctus esset, crebras postea litteras ad socios de istius summis officiis in rem communem beneficiisque mitteret. Etenim cum iste omnia quaecumque Carpinatius postulabat facere ac decernere solebat, tum ille etiam plura scribebat ad socios, ut, si posset, quae antea scripserat, ea plane exstingueret. Ad extremum uero, cum iste iam decedebat, eius modi litteras ad eos misit : ut huic frequentes obuiam prodirent, gratias agerent, facturos se si quid imperasset studiose pollicerentur. Itaque socii fecerunt uetere instituto publicanorum, non

is expensas *C, b* ; ferebat his expensas *Lg* ; iis ferebat expensas *uulgo* || eas aut *C* : aea aut *Lg* ; aut *ceteri mss., uulgo* || isti ipsi *C, Lg, b* : ipsi isti *ceteri mss., uulgo*.

171. primo *om. C, Lg, secl. Mueller* || Carpinatius *secl. Bake, Kayser* || familiaritatem tantam *C, Lg* : tantam familiaritatem *ceteri mss., uulgo, Klotz, Kayser* || peruenisset : perueniret π || portum autem : portorium autem *Cobet* || scripturam : scripturas *uulgo* || et proferre : ac proferre *uulgo*.

172. accidit : accedit *C, Lg*[1] || ille etiam : etiam ille *p, r, Klotz, Kayser* || quae : ea quae *C, Lg, Klotz, Kayser, Mueller* || antea : ante *C* || ea plane : plane *Klotz, Kayser, Mueller* || gratias *C, Lg*[1] : gratiasque *ceteri mss., uulgo* || facturos se *C, Lg* : facturos esse *ceteri mss., uet. editt.* || non quo : non quod *uulgo*.

de leur intérêt que Verrès vît en eux des hommes qui avaient de la mémoire et de la reconnaissance. Ils lui adressèrent donc des remerciements et lui déclarèrent que Carpinatius leur avait souvent envoyé des lettres où il parlait de ses bons offices.

LXXI **173** Verrès leur répond que c'est bien volontiers qu'il les a obligés ; il donne les plus grands éloges aux soins empressés de Carpinatius. Après cela, il charge un de ses amis, qui était alors directeur de la société, de prendre toutes les précautions nécessaires, de faire un examen attentif pour que, dans la correspondance de la société, il ne se trouvât rien qui fût capable de porter tort à sa personnalité civile ou à sa considération. Laissant à l'écart la multitude des membres de la société, celui-ci convoque alors les fermiers de la dîme, il leur communique la demande de Verrès. Ils arrêtent alors et ils décident que l'on retirera de la correspondance les lettres qui pourraient porter atteinte à la considération de C. Verrès et que l'on s'arrangera pour que cette affaire ne cause aucun préjudice à C. Verrès. **174** Si je montre que cette décision a été prise par les fermiers, si je fais voir que, par suite de cette décision, on a retiré les lettres, qu'attendez-vous de plus ? Puis-je vous apporter une affaire où l'on trouve mieux le caractère de la chose jugée ? Puis-je traduire en justice un accusé qui soit plus condamné ? Et quels sont les hommes qui le condamnent ! Mais, sans nul doute, ce sont ceux par qui les citoyens qui regrettent qu'il n'y ait pas assez de sévérité dans les actions judiciaires estiment que les affaires doivent être jugées, c'est le jugement des publicains qui le condamne. Ce sont les hommes qu'aujourd'hui, on peut le voir, le peuple réclame pour juges ; ce sont les hommes au sujet desquels, pour que nous les ayons comme juges, nous voyons qu'un magistrat qui n'est pas de notre classe, qui ne provient pas de l'ordre équestre, mais de l'ordre le plus noble, a promulgué une loi (1). **175** Les fermiers de la dîme,

(1) La loi que le préteur L. Aurelius Cotta avait promulguée, c'est-à-dire dont il avait porté la proposition devant le peuple, mais qui n'avait pas encore été votée au moment où Cicéron est

quo istum ullo honore dignum arbitrarentur, sed quod sua interesse putabant se memores gratosque existimari : gratias isti egerunt, Carpinatium saepe ad se de eius officiis litteras misisse dixerunt.

LXXI **173** Iste cum respondisset ea se libenter fecisse operasque Carpinati magno opere laudasset, dat amico suo cuidam negotium, qui tum magister erat eius societatis, ut diligenter caueret atque prospiceret ne quid esset in litteris sociorum quod contra caput suum aut existimationem ualere posset. Itaque ille multitudine sociorum remota decumanos conuocat, rem defert. Statuunt illi atque decernunt ut eae litterae quibus existimatio C. Verris laederetur remouerentur, operaque daretur ne ea res C. Verri fraudi esse posset. **174** Si ostendo hoc decreuisse decumanos, si planum facio hoc decreto remotas esse litteras, quid exspectatis amplius ? possumne magis rem iudicatam adferre, magis reum condemnatum in iudicium adducere ? At quorum iudicio condemnatum ! Nempe eorum quos ii qui seueriora iudicia desiderant arbitrantur res iudicare oportere, publicanorum iudicio ; quos uidelicet nunc populus iudices poscit, de quibus, ut eos iudices habeamus, legem ab homine non nostri generis, non ex equestri loco profecto, sed nobilissimo promulgatam uidemus ;

173. ea se : se ea *uulgo* || magno opere *C* : magnopere *ceteri mss., uulgo, Mueller* || caput suum aut existimationem *C*, *Lg*[1] : suum caput atque existimationem *ceteri mss., uulgo* || eae litterae *C* : he litterae *Lg, p, q, b.*

174. decreuisse *C, Lg, b* : decresse *π* , *k, Klotz* || magis rem : rem magis *b, uulgo, Klotz, Kayser* || arbitrantur res iudicare *C, Lg* : arbitrarentur res iudicari *b* ; arbitrentur res iudicari *ceteri mss.*; arbitrentur reos iudicare *uet. editt.* || publicanorum iudicio *secl. Bake, Kayser, Mueller, Peterson* || ut... habeamus *secl. Mueller.*

c'est-à-dire les premiers des publicains, ceux qui en constituent en quelque sorte le sénat, ont été d'avis que les lettres devaient disparaître. J'ai parmi les fermiers qui assistaient à cette réunion — et je peux les produire, je peux les appeler en garantie de ce que j'avance, — les hommes les plus honorables et les plus riches ; ce sont précisément les premiers de l'ordre équestre, ceux dont l'éclatante distinction est le plus ferme appui de la parole et des motifs du magistrat qui a promulgué la loi. Ils viendront au milieu de vous, ils diront ce qu'ils ont arrêté ; assurément, si je les connais bien, ils ne mentiront pas. Ils ont pu faire disparaître des lettres adressées à l'ensemble de leur société ; mais que leur loyauté et leur religion disparaissent, ils ne le peuvent pas. Ainsi donc, les chevaliers romains, qui t'ont condamné par leur propre jugement, ont désiré ne pas te voir condamner par le jugement des juges. A vous maintenant de considérer ce que vous préférez, vous conformer à leur jugement ou à leur désir (1).

LXXII **176** Mais, vois un peu : l'empressement de tes amis, tes propres desseins, les désirs de la société des publicains, quelle aide y trouves-tu ? Je vais m'expliquer un peu plus clairement ; car, maintenant, je n'ai pas à craindre que l'on me reproche d'avoir parlé en accusateur plutôt qu'en homme libre. Si les directeurs n'avaient pas fait disparaître ces lettres en vertu d'une décision des fermiers de la dîme, je ne pourrais énoncer de faits contre toi qu'autant que j'en aurais trouvé dans ces lettres. Maintenant que cette décision a été prise et que ces lettres ont disparu, il m'est loisible de dire tout ce qu'il est en mon pouvoir de dire, il est permis au juge de soupçonner tout autant qu'il le voudra. Je déclare que, par ton fait, de très fortes charges d'or, d'argent, d'ivoire, de pourpre, des quantités d'étoffes de Malte, des quantités de tapis, beaucoup de vaisselle en airain de Délos, des quantités de

censé prononcer les discours de la seconde action. Voir tome II, p. 86, note 1.

(1) On a vu (*Notice*, p. 38) ce qu'il convient de penser de toute cette argumentation d'avocat.

175 decumani, hoc est principes et quasi senatores publicanorum, remouendas de medio litteras censuerunt. Habeo ex iis qui adfuerunt quos producam, quibus hoc committam, homines honestissimos ac locupletissimos, istos ipsos principes equestris ordinis, quorum splendore uel maxime istius qui legem promulgauit oratio et causa nititur. Venient in medium, dicent quid statuerint ; profecto, si recte homines noui, non mentientur ; litteras enim communes de medio remouere potuerunt, fidem suam et religionem remouere non possunt. Ergo equites Romani, qui te suo iudicio condemnarunt, horum iudicio condemnari noluerunt : uos nunc utrum illorum iudicium an uoluntatem sequi malitis, considerate.

LXXII **176** At uide quid te amicorum tuorum studium, quid tuum consilium, quid sociorum uoluntas adiuuet. Dicam paulo promptius ; neque enim iam uereor ne quis hoc me magis accusatorie quam libere dixisse arbitretur. Si istas litteras non decreto decumanorum magistri remouissent, tantum possem in te dicere quantum in litteris inuenissem : nunc decreto isto facto litterisque remotis tantum mihi licet dicere quantum possum, tantum iudici suspicari quantum uelit. Dico te maximum pondus auri, argenti, eboris, purpurae, plurimam uestem Melitensem, plurimam stragulam,

175. ex iis : ex his *C, Lg, b* || istos ipsos *C,Lg* : istos *ceteri mss.*; [istos] ipsos *Mueller* || istius : illius *Schütz, Kayser, Mueller* || nititur *C, Lg*: nitetur *ceteri mss.*; nitatur *uel. editt.* || uenient *editt.*: ueniant *Lg, b* ; ueniunt *ceteri mss.* || Romani... condemnari *C, Lg*[1]: Romani te suo iudicio condemnari *ceteri mss., uet. editt.* || uos nunc : nunc *C, Lg.*

176. at uide : ac uide *Lg, b, Klotz, Kayser* || promptius *C, Lg* : amplius *ceteri mss., uet. editt.* || quantum possum : quantum possim *Ernesti.*

vases de Corinthe, du blé en grand nombre, du miel en abondance ont été exportés de Syracuse ; que, les droits de douane pour tous ces articles n'ayant pas été acquittés, des lettres ont été envoyées à la société par L. Canuleius, qui était employé au port (1).

177 Ce chef d'accusation ne semble-t-il pas assez grave? Je ne crois pas qu'il y en ait de plus grave. Quel sera le moyen de défense d'Hortensius ? Réclamera-t-il que je produise les lettres de Canuleius ? Déclarera-t-il qu'un chef d'accusation de cet ordre n'est qu'une vaine affirmation, s'il n'est pas confirmé par des lettres ? Je m'écrierai que les lettres ont été supprimées, que c'est la décision de la société qui m'a arraché les signes apparents du fait, les preuves écrites des vols de cet homme. Il faudra, de deux choses l'une, ou qu'il prétende que le fait n'a jamais eu lieu, ou qu'il reçoive tous les coups que je lui porterai. Nies-tu le fait ? Cette manière de te défendre me plaît ; je descends dans l'arène ; c'est une lutte où les forces sont égales, c'est un combat à forces égales qu'on me propose. Je produirai des témoins, et j'en produirai plusieurs à la fois ; quand le fait a eu lieu, ils étaient ensemble ; maintenant aussi, qu'ils soient ensemble. Quand ils seront interrogés, qu'ils trouvent une obligation qui les engage, non seulement dans le risque auquel sont exposés leur serment et leur considération, mais aussi dans la connaissance des faits qui leur est commune. **178** S'il devient évident que le fait a eu lieu de la manière que je dis, pourras-tu dire, Hortensius, que dans les lettres il n'y avait rien qui pût nuire à Verrès ? Non seulement tu ne le diras pas, mais il ne te sera même pas permis de dire qu'elles ne contenaient pas tout ce que je dirais, moi, qui s'y trouvait.

(1) L. Canuleius, « chef du bureau des douanes de Syracuse » (J. Carcopino, p. 97), est le subordonné du *pro magistro* Carpinatius, fondé de pouvoirs en Sicile du *magister* ou président de la société de publicains fermière à la fois de la *scriptura* et du *portorium*, impôt qui correspond à notre douane, à nos péages et même à nos octrois. Mais cette société n'avait pas la ferme des dîmes frumentaires de Sicile, interdite aux publicains qui, à Rome, ont seuls qualité pour se rendre adjudicataires des impôts du peuple romain. Voir J. Carcopino, p. 89.

multam Deliacam supellectilem, plurima uasa Corinthia, magnum numerum frumenti, uim mellis maximam Syracusis exportasse; his pro rebus quod portorium non esset datum, litteras ad socios misisse L. Canuleium, qui in portu operas daret.

177 Satisne magnum crimen hoc uidetur ? Nullum, opinor, maius. Qui defendet Hortensius ? Postulabit ut litteras Canulei proferam ? crimen eius modi nisi litteris confirmetur inane esse dicet ? Clamabo litteras remotas esse de medio, decreto sociorum erepta mihi esse istius indicia ac monumenta furtorum. Aut hoc contendat numquam esse factum, aut omnia tela excipiat necesse est. Negas esse factum ? Placet ista mihi defensio, descendo ; aequa enim contentio, aequum certamen proponitur. Producam testes, et producam plures eodem tempore ; quoniam tum cum actum est una fuerunt, nunc quoque una sint ; cum interrogabuntur, obligentur non solum iuris iurandi atque existimationis periculo, sed etiam communi inter se conscientia. **178** Si planum fit hoc ita quem ad modum dico esse factum, num poteris dicere, Hortensi, nihil in istis fuisse litteris quod Verrem laederet ? Non modo id non dices, sed ne illud quidem tibi dicere licebit, tantum quantum ego dicam

177. crimen hoc *C, Lg*: hoc crimen *ceteri mss., uulgo* || qui defendet *C, Lg* : quid defendit *ceteri mss.*; quid defendet *uulgo* ; qui id defendet *Klotz, Kayser, Mueller* || eius modi : huius modi *uulgo* || omnia tela : omnium tela *C, Lg, Kayser* ; omnia mea tela *H. A. Koch* || ista mihi *C, p* : mihi ista *ceteri mss., uulgo, Klotz, Kayser, Mueller* || contentio *C, Lg, p* : conditio *ceteri mss., uulgo* || eodem tempore : eo tempore *C, Lg* || una sint : una adsint *Lg*[1], *Klotz, Kayser, Mueller* ; una sunt *uulgo.*

178. num poteris *C, p* : unum poteris *Lg*[1] ; non poteris *ceteri mss., uet. editt.*

Donc, par la décision que vous avez prise, par les bonnes dispositions dont vous avez fait preuve, vous êtes arrivés, comme je l'ai dit tout à l'heure, à ce double résultat : me donner les plus grandes facilités pour accuser, donner au juge libre pouvoir d'ajouter foi à l'accusation.

LXXIII **179** Telle est la situation ; je ne vais cependant rien imaginer. Je me souviendrai que je n'ai pas assumé une accusation, mais que j'ai accepté de me charger d'une défense (1) ; qu'il convient que vous m'entendiez plaider non pas une cause que j'aurais moi-même mise en avant, mais une cause qui m'a été remise ; que je donnerai satisfaction aux Siciliens en exposant avec un soin diligent les faits dont j'ai eu connaissance en Sicile, les faits qu'ils m'ont appris eux-mêmes, — au peuple romain, en ne redoutant la violence de personne, la puissance de personne, — à vous, en vous mettant par ma loyauté, par mon soin diligent, en mesure de juger conformément à la vérité et à l'honnêteté, — à moi-même, en ne m'écartant pas, si peu que ce soit, des principes que je me suis toujours proposé de suivre dans la carrière de toute ma vie. **180** Aussi, tu n'as rien à craindre : je n'imaginerai rien contre toi ; tu as même lieu de te réjouir. Il y a, en effet, bien des actes que tu as commis, je le sais : mais, comme ces actes sont trop honteux ou trop peu croyables, je les laisserai de côté. La seule question dont je m'occuperai, c'est l'ensemble de ce qui concerne cette affaire de la société des publicains. Pour que, dès à présent, tu saches à quoi t'en tenir, je chercherai d'abord si une décision a été prise. Quand j'aurai découvert que ce fait est exact, je chercherai si l'on a supprimé les lettres. Quand ce second fait aura été constaté lui aussi, voici ce dont vous vous rendrez compte, sans que j'aie besoin de rien dire : si ces chevaliers romains, qui ont pris cette décision dans son intérêt, étaient aujourd'hui ses juges, ils n'auraient aucune hésitation à condamner cet

(1) Cicéron a la constante préoccupation de rappeler aux lecteurs des *Verrines* qu'il s'est chargé, non d'accuser Verrès, mais de présenter la défense des Siciliens, qui l'en suppliaient (*Diu.*, I, 2 ; III, 9 : *Verr.*, I, XII, 34 ; (II), II, I, 1 ; XLVII, 117).

non fuisse. Ergo hoc uestro consilio et gratia perfecistis, ut, quem ad modum paulo ante dixi, et mihi summa facultas ad accusandum daretur, et iudici libera potestas ad credendum.

LXXIII **179** Quod cum ita sit, nihil fingam tamen. Meminero me non sumpsisse quem accusarem, sed recepisse quos defenderem ; uos ex me causam non a me prolatam, sed ad me delatam audire oportere ; me Siculis satis esse facturum si quae cognoui in Sicilia, quae accepi ab ipsis, diligenter exposuero, populo Romano si nullius uim, nullius potentiam pertimuero, uobis si facultatem uere atque honeste iudicandi fide et diligentia mea fecero, mihimet si ne minimum quidem de meo curriculo uitae, quod mihi semper propositum fuit, decessero. **180** Quapropter nihil est quod metuas ne quid in te confingam : etiam quod laetere habes. Multa enim quae scio a te esse commissa, quod aut nimium turpia aut parum credibilia sunt, praetermittam. Tantum agam de hoc toto nomine societatis. Vt iam scire possis, quaeram decretumne sit. Cum id inuenero, quaeram remotaene sint litterae. Cum id quoque constabit, uos iam hoc me tacito intellegetis : si illi qui hoc istius causa decreuerunt equites Romani nunc idem in eum iudices essent, istum sine

et mihi : mihi *Lg*[1], *Klotz, Kayser, Mueller* || et iudici : iudici *C, Lg, Klotz, Kayser, Mueller* ; et iudicibus *uulgo* || ad credendum : ad cernendum *C, Lg*[1], *Lambin in marg.*

179. quos defenderem *C, Lg* : quod defenderem *ceteri mss.* || nullius uim nullius potentiam : nullius potentiam *C, Lg* || mihimet si *C, Lg, p, q* : mihi in eo si *ceteri mss., uet. editt.* || de meo : de eo *uulgo.*

180. a te esse *C, Lg* : abs te esse *ceteri mss., uulgo* || nomine : crimine *Bake, Cobet* || ut iam scire possis *C, Lg* : ut eam scire possitis *ceteri mss.*; ut uerum scire possitis *uet. editt.* ; [ut iam scire possis] *Kayser* || uos iam hoc me *π* : uos iam me *b, uulgo* ; uos me iam hoc *C, Lg, Klotz* || equites Romani *secl. Bake, Kayser, Mueller* || iudices

homme, puisqu'ils connaîtraient l'existence de ces lettres, dénonçant ses vols, qui leur ont été envoyées et que leur décision a fait disparaître. Cet homme, donc, que ces chevaliers romains qui lui veulent tout le bien possible, qui ont été traités par lui avec la plus grande bienveillance, devraient nécessairement condamner, cet homme, juges, y a-t-il des voies et moyens qui vous permettent, à vous, de l'absoudre ?

181 Et quant à ces pièces qu'on a fait disparaître, qu'on nous a arrachées, il ne faut pas s'imaginer qu'elles aient été assez bien enfermées, assez bien éloignées de nos regards, pour rester cachées, et que ce soin diligent que, je pense, vous attendez surtout de moi n'ait pas réussi à en suivre la piste et à en rien atteindre dans sa poursuite. Tout ce qui pouvait être découvert grâce à quelque méthode, à quelque plan de recherches, juges, tout cela a été découvert : c'est de faits manifestes, vous le verrez, qu'il est atteint et convaincu. Voilà, en effet, bien des années de ma vie que je m'occupe assidûment à défendre les causes des publicains, que je fais preuve de la plus grande déférence pour leur ordre : il me semble donc que mes relations avec eux et le maniement de leurs affaires m'ont donné une connaissance assez exacte de leurs usages (1).

LXXIV **182** C'est pourquoi, dès que j'eus découvert que la correspondance de la société avait disparu, je fis le compte des années pendant lesquelles Verrès était resté en Sicile ; ensuite, une enquête me permit facilement de découvrir quels avaient été pendant ces années les directeurs de la société chez qui les registres étaient déposés. Car je connaissais l'habitude des directeurs, qui avaient

(1) On connaît les rapports d'intimité que Cicéron entretint avec les publicains postérieurement à l'époque où il rédigeait les *Verrines* (*Notice*, pp. 36-37). Mais on ignore quels avaient été ces rapports avant l'an 684 / 70. Cicéron avait quitté vers 659 / 95 la maison paternelle d'Arpinum pour aller faire ses études à Rome chez le beau-frère de sa mère, le jurisconsulte C. Furius Aculeo, qui était chevalier (*De Orat.*, I, XLIII, 191 ; II, I, 1). Les publicains, chevaliers eux aussi, fréquentaient sans doute chez Aculeo ; et, quand le neveu de leur ami fit ses débuts au barreau, ils confièrent au jeune avocat, qu'ils avaient vu si déférent pour leur ordre, quelques causes dont nous ne savons rien.

dubio condemnarent, de quo litteras eas quae istius furta indicarent et ad se missas et suo decreto remotas scirent esse. Quem igitur ab iis equitibus Romanis, qui istius causa cupiunt omnia, qui ab eo benignissime tractati sunt, condemnari necesse esset, is a uobis, iudices, ulla uia aut ratione absolui potest ?

181 Ac ne forte ea, quae remota de medio atque erepta nobis sunt, omnia ita condita fuisse atque ita abdita latuisse uideantur ut haec diligentia, quam ego a me exspectari maxime puto, nihil eorum inuestigare, nihil adsequi potuerit, — quae consilio aliquo aut ratione inueniri potuerunt inuenta sunt, iudices : manifestis in rebus hominem iam teneri uidebitis. Nam quod in publicanorum causis uel plurimum aetatis meae uersor uehementerque illum ordinem obseruo, satis commode mihi uideor eorum consuetudinem usu tractandoque cognosse.

LXXIV **182** Itaque ut hoc comperi remotas esse litteras societatis, habui rationem eorum annorum per quos iste in Sicilia fuisset ; dein quaesiui, quod erat inuentu facillimum, qui per eos annos magistri illius societatis fuissent, apud quos tabulae fuissent. Sciebam

essent : iudices si essent *Bake, Kayser* || et ad se : <et> ad se *Kayser* || missas et suo : missas esse suo *C, Lg* || equitibus Romanis *secl. Bake, Kayser, Mueller* || ulla uia *C, p, q* : ulla ui *ceteri mss., uulgo, Kayser* || potest : potuit *C, Lg* ; poterit *Halm, Mueller.*

181. nobis : uobis *uulgo* || abdita : abdite *C, b, δ, uulgo* || haec diligentia *C, Lg* : hac diligentia *ceteri mss., uulgo* || nihil eorum : nihil horum *uulgo* || inuestigare : inuestigari *C, b, uulgo* || teneri uidebitis : uidebitis teneri *C, Lg, Mueller.*

182. eorum annorum : annorum *uulgo* || dein quaesiui *C* : domi quaesiui *Lg* ; deinde quaesiui *ceteri mss., uulgo, Klotz, Kayser, Mueller* || eos annos *C, Lg* : eosdem annos *ceteri mss., uulgo* || illius societatis : istius societatis *uulgo* || apud quos *C, Lg*: et apud quos *ceteri mss., Klotz.*

les registres entre leurs mains : quand ils les remettaient à un nouveau directeur, ils n'étaient pas fâchés de conserver par devers soi copie de la correspondance. Or, je trouvais que L. Vibius, chevalier romain, homme du premier mérite, avait été directeur l'année précisément sur laquelle devait surtout porter mon enquête ; c'est donc chez lui que je fis ma première visite. Il ne s'y attendait certes pas ; c'est à l'improviste que je tombai chez lui. J'ai fouillé tout ce que j'ai pu, j'ai cherché partout, et je n'ai découvert que deux mémoires que L. Canuleius avait envoyés du port de Syracuse à la société : on y trouvait consigné l'état des exportations qui, pendant plusieurs mois, avaient été faites au nom de Verrès sans acquit des droits de douane. Aussi m'empressai-je de mettre le scellé sur ces pièces. **183** Ce n'était pas précisément le genre de celles que je désirais avant tout découvrir dans la correspondance de la société (1) ; mais j'en ai trouvé assez, juges, pour pouvoir le produire devant vous à titre d'exemple. Cependant, ce qu'il y aura dans ces mémoires, quelque minime que l'on en juge l'importance, sera, du moins, d'une évidence certaine ; et par cela vous devrez conjecturer du reste. Qu'on donne lecture, je vous prie, du premier mémoire, puis de l'autre.

MÉMOIRES DE CANULEIUS.

Je ne fais pas une enquête pour savoir d'où tu as eu ces quatre cents amphores de miel, cette quantité d'étoffes de Malte, ces cinquante lits de salle à manger, tant de can-

(1) Ce n'est pas précisément le genre de documents que Cicéron désirait se procurer, puisque ce n'est que la copie du rapport de Canuleius, et non le texte authentique du rapport, qu'il découvre chez Vibius où son droit d'accusateur constitué lui permet de pénétrer, comme il a pénétré chez Verrès (*Verr.*, (II), I, XIX, 50 ; XXIII, 61), de procéder à toutes perquisitions et de se faire remettre les pièces utiles à sa cause, comme il s'est fait remettre les livres de comptes de Verrès et de son père (*Verr.*, (II), I, XXII, 60). Cette copie ne contient d'ailleurs que le relevé des exportations faites pendant les quelques mois où Carpinatius ne s'était pas encore mis d'accord avec Verrès et où la direction de la société à Rome n'avait pas encore notifié à Canuleius qu'il était inutile de continuer l'envoi de ses rapports. Enfin, Cicéron n'a rien trouvé au sujet des exportations faites par Verrès d'autres ports que Syracuse, de Messine en particulier.

enim hanc magistrorum qui tabulas haberent consuetudinem esse, ut, cum tabulas nouo magistro traderent, exempla litterarum ipsi habere non nollent. Itaque ad L. Vibium, equitem Romanum, uirum primarium, quem reperiebam magistrum fuisse eo ipso anno qui mihi maxime quaerendus erat, primum ueni. Sane homini praeter opinionem improuiso incidi. Scrutatus sum quae potui et quaesiui omnia : inueni duos solos libellos a L. Canuleio missos sociis ex portu Syracusis, in quibus erat scripta ratio mensium complurium rerum exportatarum istius nomine sine portorio : itaque obsignaui statim **183** *Non* erat haec ex eodem genere quod ego maxime genus ex sociorum litteris reperire cupiebam ; uerum tantum inueni, iudices, quod apud uos quasi exempli causa proferre possem. Sed tamen quicquid erit in his libellis, quantulumcumque uidebitur esse, hoc quidem certe manifestum erit : de ceteris ex hoc coniecturam facere debebitis. Recita mihi, quaeso, hunc primum libellum, deinde illum alterum. LIBELLI CANVLEIANI.

Non quaero unde CCCC amphoras mellis habueris, unde tantum Melitensium, unde L tricliniorum lectos, unde

magistrum : magistratum *C, Lg* || a L. Canuleio : ab L. Canuleio *uulgo* || scripta ratio : ratio scripta *b, uulgo, Kayser* || mensium : mensum *C, p, Lambin* ; mensuum *q, k, Mueller, Peterson.*

183. non erat haec ex eodem genere *Peterson* : erat ex eodem genere *Lg* ; erant haec ex eo genere *b, uulgo, Klotz* ; erant haec ex eodem genere *celeri mss.*; nec erant ex eo genere *Hotman* ; erant ex eo quidem genere *Halm*; erant ex eo [haec] genere *Kayser* ; † erant [haec] ex eodem genere *Mueller, qui desiderat tale quid* : non multa inerant ex eo genere || quantulumcumque : quantulum *C, Lg*[1] ; quantulumque *π, k* || certe manifestum : *in his uerbis desinit C* || Canuleiani : Canuleii *uulgo* || non quaero : iam non quaero *uulgo* || tantum Melitensium *c, Lg* tantam Melitensem ues-

délabres ; non, dis-je, ce n'est pas encore à ce sujet que je fais mon enquête : pourquoi avais-tu besoin de tout cela, voilà ce que je demande. Je laisse le miel de côté ; mais tant d'étoffes de Malte (1) ! Était-ce pour vêtir les femmes de tes amis ? Tant de lits ! Était-ce pour garnir les maisons de plaisance de tous ces gens-là ?

LXXV **184** Et, comme il ne s'agit que de peu de mois dans l'état fourni par ces mémoires, faites en sorte que cet espace de trois années entières se présente à votre esprit. Ce que je soutiens, c'est que ces courts mémoires, découverts chez un seul directeur de la société, vous permettent dès à présent d'établir par vos conjectures ce qu'a été un pareil homme de proie dans cette province, combien nombreuses, combien diverses, combien démesurées ont été ses passions cupides, quelles sommes d'argent non seulement en numéraire, mais en articles de ce genre, il a réunies. Tout cela vous sera ailleurs plus clairement expliqué. **185** Pour le moment, faites attention à ceci : du fait des exportations dont on vient de lire la liste, Canuleius écrit que la société a perdu soixante mille sesterces sur l'impôt du vingtième que la douane perçoit à Syracuse. C'est donc en très peu de mois que — ces tout petits mémoires, si dédaignés, l'indiquent — d'une place, d'une seule place, il a été exporté pour une valeur d'un million deux cent mille sesterces d'objets volés par le préteur. Réfléchissez maintenant, — car il s'agit de la Sicile, c'est-à-dire d'une île qui a de tous côtés des issues sur la mer, — réfléchissez à ce que, d'après vos calculs, il a dû exporter des autres places, et d'Agrigente et de Lilybée, et de Panhorme, et de Thermes, et d'Halèse et de Catane, ce qu'il a dû exporter des autres

(1) Malte appartient administrativement à la Sicile dont elle est séparée par une mer vaste et dangereuse (*Verr.*, (II), IV, XLVI, 103). Verrès fait main basse sur tout ce que la province produit : d'abord, comme il est naturel, le blé (plus haut, LXXII, 176), puis le miel de Sicile, et enfin les tissus de Malte dont on vantait la finesse et la douceur (*Verr.*, (II), V, XI, 27). L'or, l'argent, l'ivoire, la pourpre, les vases en bronze de Délos ou de Corinthe (cf. *Pro Sex. Roscio*, XLVI, 133), les lits de salle à manger et les candélabres proviennent des vols faits dans les maisons des riches Siciliens amateurs, comme Sthenius, d'objets d'art.

tot candelabra ; non, inquam, iam quaero unde haec habueris, sed quo tantum tibi opus fuerit, id quaero. Omitto de melle, sed tantumne Melitensium, quasi etiam amicorum uxores, tantum lectorum, quasi omnium istorum uillas ornaturus esses ?

LXXV **184** Et cum haec paucorum mensium ratio in his libellis sit, facite ut uobis trienni totius ueniat in mentem. Sic contendo, ex his paruis libellis apud unum magistrum societatis repertis uos iam coniectura adsequi posse cuius modi praedo iste in illa prouincia fuerit, quam multas cupiditates, quam uarias, quam infinitas habuerit, quantam pecuniam non solum numeratam, uerum etiam in huiusce modi rebus positam confecerit ; quae uobis alio loco planius explicabuntur. **185** Nunc hoc attendite. His exportationibus quae recitatae sunt scribit HS $\overline{LX}$ socios perdidisse ex uicesima portori Syracusis. Pauculis igitur mensibus, ut hi pusilli et contempti libelli indicant, furta praetoris, quae essent HS $\overline{\infty CC}$, ex uno oppido solo exportata sunt. Cogitate nunc, — cum illa Sicilia sit, hoc est insula quae undique exitus maritimos habeat, — quid ex ceteris locis exportatum putetis, quid Agrigento, quid Lilybaeo, quid Panhormo, quid Thermis, quid Halaesa, quid Catina, quid ex cete-

tem *celeri mss., uulgo* || tantum tibi : tibi tantum *uulgo* || omitto *Lg*[1], *q* : mitto *celeri mss., uulgo* || tantumne Melitensium : tantum Melitensium *Lg, Klotz, Kayser* || omnium : etiam omnium *uulgo.*

184. et cum *Lg*[1] : cum *celeri mss., uulgo* || mensium : mensum *c, Beck. Schütz* ; mensuum *Mueller, Peterson* || paruis libellis : libellis paruis *Lg, Mueller* || in huiusce modi rebus *p* : in eiusce modi rebus *Lg* ; in huius modi rebus *q, r* ; huius modi in rebus *uulgo* ; huiusce modi in rebus *Klotz, Kayser.*

185. HS $\overline{LX}$: HS DC *c, Lg*[1] || uicesima : uicensima *q, Mueller, Peterson* || HS $\overline{\infty CC}$: HS.∞. CC. *c, Lg* ; HS duodecies *celeri mss., uulgo, Kayser* || illa Sicilia sit hoc est insula : illa sit haec insula *uulgo*

places et, en particulier, de Messine, qu'il regardait comme son lieu de sûreté par excellence, où il avait toujours l'esprit libre, dégagé de toute inquiétude,parce qu'il avait fait choix des Mamertins pour porter chez eux en dépôt tout ce dont la conservation réclamait plus de soin ou l'exportation plus de secret. Ces mémoires, une fois découverts, on a fait disparaître les autres et on a mis encore plus de soin à les cacher. Quant à nous, pour bien faire comprendre à tout le monde que ce n'était pas la passion qui nous faisait agir, nous nous sommes contentés de ces seuls mémoires.

LXXVI **186** C'est maintenant aux livres de recettes et de dépenses de la société que nous allons revenir : pour pouvoir les faire disparaître, on n'avait aucun moyen honnête; nous reviendrons aussi à ton ami Carpinatius. Nous faisions à Syracuse l'inspection des registres de la société tenus par Carpinatius ; on y voyait la preuve de nombreux virements de créances, de sommes empruntées à Carpinatius pour être remises à Verrès. Le fait, juges, vous paraîtra plus clair que le jour, quand je vous aurai produit les emprunteurs eux-mêmes qui ont remis de l'argent à Verrès. Vous vous rendrez compte, en effet, que les dates où, se trouvant dans une position critique, ils se sont rachetés à prix d'argent concordent parfaitement avec les registres de la société, non seulement pour les noms des consuls (1), mais même pour les noms des mois.

187 Au moment précis où nous prenions connaissance de ces faits, où nous tenions en mains les registres, voici que tout à coup nous apercevons certaines ratures qui avaient tout à fait l'air de blessures qui auraient été faites récemment aux registres. Un soupçon nous frappe aussitôt ; c'est sur ces noms mêmes que se portent nos yeux et notre attention. Les sommes reçues étaient au compte de C. Verrucius, fils de Caius (2) ; mais ce nom

(1) On sait que les années sont désignées par les noms des consuls.

(2) Le *praenomen* de Verrès, comme celui du père de Verrès, est également Caius.

ris oppidis, quid uero Messana, quem iste sibi locum maxime tutum esse arbitrabatur, ubi animo semper soluto liberoque erat, quod sibi iste Mamertinos delegerat ad quos omnia quae aut diligentius seruanda aut occultius exportanda erant deportaret. His inuentis libellis ceteri remoti et diligentius sunt reconditi ; nos tamen, ut omnes intellegant hoc nos sine cupiditate agere, his ipsis libellis contenti sumus.

LXXVI **186** Nunc ad sociorum tabulas accepti et expensi, quas remouere honeste nullo modo potuerunt, et ad amicum tuum Carpinatium reuertemur. Inspiciebamus Syracusis a Carpinatio confectas tabulas societatis, quae significabant multis nominibus eos homines uersuram a Carpinatio fecisse, qui pecunias Verri dedissent; quod erit uobis luce clarius, iudices, tum cum eos ipsos produxero, qui dederunt ; intellegetis enim illa tempora per quae, cum essent in periculo, pretio sese redemerunt, cum societatis tabulis non solum consulibus, uerum etiam mensibus conuenire.

187 Cum haec maxime cognosceremus et in manibus tabulas haberemus, repente adspicimus lituras eius modi quasi quaedam uulnera tabularum recentia. Statim suspicione offensi ad ea ipsa nomina oculos animumque transtulimus. Erant acceptae pecuniae C. VERRVCIO C. F., sic tamen ut usque ad alterum R litterae constarent

|| tutum esse *Lg* : tutum *ceteri mss., uulgo.*

186. quod erit *c*, *Lg*[1] : erit *ceteri mss., uulgo* || iudices tum cum : iudices cum δ, *uulgo.*

187. haec maxime : hoc maxime *Lg, Mueller* || et in *Lg, p, q* : et iam in *ceteri mss., uulgo, Klotz, Kayser* ; et [iam] in *Mueller* || eius modi *secl. Ernesti, Schütz, Kayser* || tabularum : tabellarum *uulgo* || C. Verrucio *Lg* : a C. Verrucio *ceteri mss., uulgo* || C. f. *c Lg* : *om. ceteri mss., uel. editt.*

était écrit de telle manière que jusqu'au secondr les lettres étaient intactes ; la place de toutes les autres était barbouillée de ratures. Puis, voici un autre titre de créance, un troisième, un quatrième, beaucoup d'autres encore où l'écriture du même nom subit les mêmes altérations. Dans ces ratures des registres se trouvait une certitude manifeste du fait ; c'était un acte d'une insigne turpitude. Nous entreprenons une enquête pour savoir de Carpinatius qui était ce Verrucius avec lequel il était en compte pour des sommes si importantes. Voici un homme qui hésite, qui se tourne de côté et d'autre, qui rougit. Comme il est interdit en vertu d'une exception légale de transporter à Rome les registres des publicains, pour que le fait apparaisse avec toute la clarté possible, pour qu'il puisse être absolument prouvé par les témoins, j'appelle en justice Carpinatius devant Metellus et je porte les registres de la société au siège de la circonscription judiciaire (1). De toutes parts on accourt en foule ; et, comme il était notoire qu'une asociation avait été formée entre Carpinatius et ce préteur et qu'ils prêtaient à intérêts, c'était une attente générale : tout le monde était impatient de connaître le contenu des registres.

LXXVII **188** Je fais mon rapport à Metellus ; je déclare que j'ai examiné les registres de la société ; que, dans ces registres, au titre de nombreuses créances le nom de C. Verrucius se trouve inscrit pour des sommes importantes ; que mon examen me permet de constater par les noms des consuls et par les noms des mois qu'avant l'arrivée et après le départ de C. Verrès ce Verrucius n'a été pour rien en compte avec Carpinatius ; je réclame qu'il me réponde quel est ce Verrucius : est-ce un marchand ou un grand négociant, ou un cultivateur des terres arables, ou un éleveur de bétail ? se trouve-t-il en Sicile ou en est-

(1) Avant de partir pour son enquête en Sicile, Cicéron, constitué accusateur de Verrès, avait fait chez L. Vibius les perquisitions qui lui avaient procuré quelques copies. Ce sont les registres eux-mêmes, qui ne peuvent sortir de la province, dont il va faire exécuter, en présence du propréteur siégeant en son tribunal de Syracuse, des copies authentiques qui auront autorité devant la *quaestio de repetundis*.

integrae, reliquae omnes essent in litura ; alterum, tertium, quartum, permulta erant eiusdem modi nomina. Cum manifesto res flagitiosa litura tabularum atque insignis turpitudo teneretur, quaerere incipimus de Carpinatio quisnam is esset Verrucius quicum tantae pecuniae rationem haberet. Haerere homo, uersari, rubere. Quod lege excipiuntur tabulae publicanorum quo minus Romam deportentur, ut res quam maxime clara et testata esse posset, in ius ad Metellum Carpinatium uoco tabulasque societatis in forum defero. Fit maximus concursus hominum, et, quod erat Carpinati nota cum isto praetore societas ac faeneratio, summe exspectabant omnes quidnam in tabulis teneretur.

LXXVII **188** Rem ad Metellum defero, me tabulas perspexisse sociorum; in his tabulis magnam rationem C. Verruci permultis nominibus esse, meque hoc perspicere ex consulum mensiumque ratione, hunc Verrucium neque ante aduentum C. Verris neque post decessionem quicquam cum Carpinatio rationis habuisse ; postulo ut mihi respondeat qui sit is Verrucius, mercator an negotiator an arator an pecuarius, in Sicilia sit an iam de-

eiusdem modi nomina *c, Lg*: nomina *ceteri mss.* || manifesto res *Peterson* : manifesta res *mss. et editt.* ; manifesta re *Wyttenbach* || flagitiosa *Lg*: tum flagitiosa *ceteri mss., uulgo* ; cum flagitiosa *Hotman* ; tam flagitiosa *Wyttenbach* || litura *C, Lg*: *om. ceteri mss., uulgo*; *Mueller malit* cum manifesto flagitiosa litura *aut* cum manifesto res flagitiosa atque insignis turpitudo teneretur || incipimus Incepimus *Lg, uulgo, Klotz, Kayser* || is esset: esset is *uulgo* || uersari *c Lg*[1]: auersari *uel* aduersari *ceteri mss.* || et testata *Lg* : ac testata, *ceteri mss., uulgo, Klotz, Kayser* || defero : defert *c, Lg*[1] ; adfero *Kayser* || quidnam *c, Lg*: quid *ceteri mss.*

188. mensiumque : mensumque *c, Beck, Schütz* ; mensuumque *Mueller, Peterson* || ut mihi : mihi *uulgo* || is Verrucius *Lg,* π: iste Verrucius *ceteri mss., uulgo, Klotz, Kayser* || an negotiator *c, Lg* : *om. ceteri mss., uet. editt.* || pecuarius : *in hoc uerbo incipit P V* ||

il déjà parti ? C'est un cri général de toute l'assemblée des citoyens de la circonscription : en Sicile, il n'y a jamais eu aucun Verrucius . J'insiste : qu'il me répondît qui était Verrucius, où était Verrucius, d'où était Verrucius ; qu'il m'expliquât pourquoi l'esclave de la société, chargé de tenir les registres (1), avait toujours en écrivant le nom de Verrucius commis une faute à un endroit déterminé. **189** Et, si je faisais cette réclamation, ce n'était pas qu'il me parût nécessaire qu'il me répondît malgré lui à ce sujet, mais c'était pour que les vols de Verrès, l'action déshonorante de Carpinatius, leur audace à tous les deux, pussent être manifestes pour tout le monde. Quant à lui, la crainte et la conscience de sa faute lui ont fait perdre la parole et le souffle ; à peine s'il vit encore ; c'est en cet état que je laisse devant la justice. Au siège même du tribunal, en présence d'un grand nombre d'assistants, je prends copie des registres ; les hommes les plus éminents de la circonscription judiciaire s'emploient aux écritures ; un fac-simile très exact de toutes les lettres et ratures est fidèlement reporté des registres sur la copie. **190** Le tout est revisé et collationné avec le plus grand soin et la plus grande attention, puis scellé par des hommes de la plus grande honorabilité.

Si Carpinatius n'a pas voulu me répondre alors, réponds-moi maintenant, toi, Verrès : qui est ce Verrucius que tu dois presque regarder comme un membre de ta famille ? Il ne peut pas se faire que cet homme, qui, je le vois, a résidé en Sicile pendant ta préture, qui, les comptes mêmes me le font comprendre, était un homme riche, il ne se peut pas que, dans ta province, il t'ait été inconnu (2). Enfin, pour qu'il ne puisse y avoir ici ni longueur, ni obscurité,

(1) La société des publicains a un *magister*, à Rome ; un *pro magistro*, Carpinatius, en Sicile ; des chefs de bureau, comme Canuleius ; des employés aux écritures, affranchis ou esclaves.

(2) Au commencement de son réquisitoire contre le propréteur (VII, 18), Cicéron a dit qu'avant de partir pour sa province, à Rome même, Verrès avait fait son enquête sur les noms des Siciliens et des Romains établis en Sicile, qu'il pourrait voler avec le plus de certitude de succès : si le riche Verrucius avait résidé en Sicile, Verrès l'aurait connu.

cesserit. Clamare omnes ex conuentu neminem umquam in Sicilia fuisse Verrucium. Ego instare, ut mihi responderet quis esset, ubi esset, unde esset; cur seruus societatis qui tabulas conficeret semper in Verruci nomine certo ex loco mendosus esset. **189** Atque haec postulabam, non quo illum cogi putarem oportere ut ad ea mihi responderet inuitus, sed ut omnibus istius furta, illius flagitium, utriusque audacia perspicua esse posset. Itaque illum in iure metu conscientiaque peccati mutum atque exanimatum ac uix uiuum relinquo, tabulas in foro summa hominum frequentia exscribo ; adhibentur in scribendo ex conuentu uiri primarii, litterae lituraeque omnes adsimulatae et expressae de tabulis in libros transferuntur. **190** Haec omnia summa cura et diligentia recognita et collata et ab hominibus honestissimis obsignata sunt.

Si Carpinatius mihi tum respondere noluit, responde tu mihi nunc, Verres, quem esse hunc tuum paene gentilem Verrucium putes. Fieri non potest ut, quem uideo te praetore in Sicilia fuisse et quem ex ipsa ratione intellego locupletem fuisse, eum tu in tua prouincia non cognoueris. Atque adeo, ne hoc aut longius aut obscurius

in Sicilia fuisse *P V, c, Lg*[1] : ex Sicil a fuisse *ceteri mss., uulgo* || quis esset ubi esset *P V, c* : qui esset ubi esset *Lg, Mueller* ; ubi esset quis esset *ceteri mss., uet. editt.* || conficeret *Lg*[1] : confecerit *ceteri mss., uulgo* || semper *om. P V.*

189. haec : hoc *Lg, Mueller* || ut ad ea *P V* : ut ea *ceteri mss., uulgo* || in iure : iniuriae *uet. editt.* || in scribendo *P V* : in exscribendo *ceteri mss., uulgo, Klotz* || ex conuentu *P V* : et conuentu *Lg* ; de conuentu *ceteri mss., uulgo, Klotz, Kayser* || et expressae *P V* : expressae *ceteri mss., uulgo.*

190. mihi tum : tum mihi *uulgo* || tu mihi nunc *Lg* : mihi nunc *P V* ; mihi nunc tu *p, b, uulgo, Klotz, Kayser* ; nunc tu mihi *r* || cognoueris *Lg*[1] cognoris *P V, ceteri mss., uulgo, Klotz* || ne hoc

avancez-vous au milieu de cette enceinte, déployez la représentation écrite, le fac-simile des registres, que tout le monde puisse voir non plus les traces, mais la bauge elle-même de son avidité. Qu'on déploie le volume.

LXXVIII **191** Voyez-vous « Verrucius » ? Voyez-vous la dernière partie du nom, cette queue du Verrès, qui s'abîme, comme dans un bourbier, dans l'endroit barbouillé par les ratures (1) ? Les registres, juges, ont exactement ce que vous voyez dans la copie. Qu'attendez-vous ? vous faut-il un plus ample informé ? Et toi-même, Verrès, pourquoi rester assis, pourquoi tarder ? Car il est nécessaire, ou que tu nous fasses l'exhibition de Verrucius ou que tu confesses que tu es toi-même Verrucius.

Péroraison

On loue les orateurs d'autrefois, ces Crassus et ces Antoine (2), de la clarté qu'ils mettaient à réfuter les accusations, de l'abondance avec laquelle ils avaient coutume de défendre les accusés. Qu'on ne s'étonne pas : ce n'est pas seulement à leur génie qu'ils durent leur supériorité sur les défenseurs d'aujourd'hui, mais c'est aussi au bonheur des temps. Car personne alors ne se rendait si coupable qu'il ne restât aucun moyen pour la défense ; personne ne menait une telle vie qu'il n'y en eût aucune partie exempte de la dernière turpitude ; personne n'était atteint et convaincu d'un crime si manifeste que l'impudence de l'acte commis parût encore

(1) J'ai essayé de rendre par *bourbier, barbouillé* l'allitération *luto, litura*. On remarque toujours les mêmes plaisanteries sur la *bauge*, la *queue* de Verrès, le *verrat*. Le nom Verrucius qui a un air de parenté avec Verrès est plus proche parent de *uerruca, verrue*, ce qui permet ailleurs (IV, LXI, 137) un autre jeu de mots aussi médiocre.

(2) L. Licinius Crassus et M. Antonius, les deux principaux interlocuteurs du *De Oratore*, sont pour Cicéron le type de la perfection oratoire (*Pro P. Quinctio*, XXXV, 80) et de l'honnêteté professionnelle. En affirmant qu'ils se présentaient devant les juges l'esprit libre et dégagé de toute inquiétude, — ce qui n'était pas le cas d'Hortensius — l'accusateur fait allusion aux objets d'art que l'avocat de Verrès avait reçus (voir tome II, *Notice*, p. 116), et qui faisaient l'ornement de ses maisons de campagne, ou qui avaient servi à la décoration du Forum et du Comice pendant son édilité (*Verr.*, (II), I, XX, 54 ; XXII, 58).

esse possit, procedite in medium atque explicate descriptionem imaginemque tabularum, ut omnes mortales istius auaritiae non iam uestigia sed ipsa cubilia uidere possint. Liber explicetur.

LXXVIII **191** Videtis Verrucium ? uidetis primas litteras integras ? uidetis extremam partem nominis, caudam illam Verr*i*nam tanquam in luto demersam esse in litura ? Sic habent se tabulae, iudices, ut uidetis. Quid exspectatis, quid quaeritis amplius ? Tu ipse, Verres, quid sedes, quid moraris ? Nam aut exhibeas nobis Verrucium necesse est aut te Verrucium esse fateare.

Laudantur oratores ueteres, Crassi illi et Antonii, quod crimina diluere dilucide, quod copiose reorum causas defendere solerent : nimirum illi non ingenio solum his patronis, sed fortuna etiam praestiterunt. Nemo enim tum ita peccabat ut defensioni locum non relinqueret ; nemo ita uiuebat ut nulla eius uitae pars summae turpitudinis esset expers ; nemo ita in manifesto peccato tenebatur ut, cum impudens fuisset in facto, tum impu-

aut *P V, c, Lg, p* : hoc ne *ceteri mss.* || atque explicate *P V, c, Lg* : explicate *ceteri mss., uulgo* || omnes mortales : omnes *P V* || liber explicetur *c, Lambin, Peterson* : liber explicatur *p, q* ; *om. P V, ceteri mss., uulgo, Klotz, Kayser, Mueller.*

191. primas litteras : litteras primas *P V, Klotz, Kayser* || extremam partem nominis *del. Hartmann* || caudam : codam *P V, c, p, editt. recent.*; quodam *Lg, b* || Verrinam *A. Mai* : Verrisnam *P V* ; Verris *ceteri mss., uulgo* || demersam esse : demersam *P V, Kayser* || te Verrucium esse : te esse Verrucium *uulgo* || laudantur : laudentur *P V* ; laudabantur *Ernesti, Schütz, recte ut opinatur Mueller* || || dilucide quod : *in his uerbis desinit P V* || solerent *c, Lg* : solebant *ceteri mss., uulgo* || tum ita : ita tum *Lg, Klotz, Kayser Mueller* ; tum *b* ; tunc ita *uulgo* || peccato : peccatu A. GELL. (XIII, XXI, 17, *in uno atque altero antiquissimae fidei libro Tironiano*), *uulgo, Klotz, Kayser*.

aggravée par l'impudence de nier cet acte. **192** Mais aujourd'hui, que peut faire Hortensius ? Pourra-t-il demander grâce pour l'avidité de son client, en faisant l'éloge de la simplicité de ses mœurs ? Mais c'est le plus immoral, le plus débauché, le plus dépravé des hommes qu'il défend. Pourra-t-il détourner vos esprits de son infamie et de sa dépravation vers une autre idée, en vous rappelant ses traits de courage ? Mais on ne peut montrer un homme qui ait moins d'activité, moins de cœur, qui fasse davantage preuve de virilité au milieu des femmes et qui se montre mieux femelle impure au milieu des mâles. Mais il est de manières faciles. Y a-t-il jamais eu quelqu'un de plus hautain, de plus grossier, de plus orgueilleux ? Mais ces vices n'ont fait de mal à personne. Y a-t-il jamais eu quelqu'un de plus méchant, de plus perfide, de plus cruel ? Pour un tel homme, pour une telle cause, que pourraient-ils faire tous les Crassus et tous les Antoine ? Ceci seulement, je pense, Hortensius : ils ne se seraient pas chargés de la cause ; ils auraient évité que l'impudence d'autrui leur fît perdre leur réputation de pudeur. C'est, en effet, l'esprit libre et dégagé de toute inquiétude qu'ils venaient plaider et ils ne s'exposaient pas, s'ils avaient refusé de faire preuve d'impudence en se chargeant de la défense, à se montrer ingrats en l'abandonnant (1).

(1) Cicéron constate (*Orat.*, XXXVII, 129) qu'Hortensius préféra se montrer ingrat en abandonnant la défense d'un client qui était son ami intime : Nobis pro familiari suo summus orator non respondit Hortensius.

dentior uideretur si negaret. **192** Nunc uero quid faciat Hortensius ? auaritiaene crimina frugalitatis laudibus deprecetur ? At hominem flagitiosissimum, libidinosissimum nequissimumque defendit. An ab hac eius infamia *ac* nequitia uestros animos in aliam partem fortitudinis commemoratione traducat ? At homo inertior, ignauior, magis uir inter mulieres, impura inter uiros muliercula proferri non potest. At mores commodi. Quis contumacior, quis inhumanior, quis superbior ? At haec sine cuiusquam malo. Quis acerbior, quis insidiosior, quis crudelior umquam fuit ? In hoc homine atque in eius modi causa quid facerent omnes Crassi et Antonii ? Tantum, opinor, Hortensi : ad causam non accederent neque in alterius impudentia sui pudoris existimationem amitterent. Liberi enim ad causas solutique ueniebant, neque committebant ut, si impudentes in defendendo esse noluissent, ingrati in deserendo existimarentur.

192. Hortensius (*cf.* A. GELL., VII, XVI, 13): Hortensius patronus *Lg* ; Hortensius [patronus] *Kayser, Klotz, Mueller* || eius : illius *Lg*[1], *Klotz, Kayser* ; istius *Mueller* || infamia ac nequitia *Mueller* : infamia nequissima *k* ; infamia nequitia *ceteri mss., uulgo, Klotz, Peterson* ; infami nequitia *Gulielmius* ; infamia nequitiae *Hotman* ; infamia * nequitia *Kayser, qui monet uirum doctum in Mnem.* III, 230 *proposuisse* infamia, libidine, nequitia || uestros animos : nostros animos *Lg* || ad causam : *c*, *Lg*[1] : ad hanc causam *ceteri mss., uulgo* || neque in : ne in *uulgo* || noluissent : uoluissent *c*, *Lg*, *q*, *uel. editt.*

Ce volume,
de la Collection des Universités de France,
publié aux Éditions Les Belles Lettres,
a été achevé d'imprimer
en novembre 2002
sur presse rotative numérique
de Jouve
11, bd de Sébastopol, 75001 Paris

N° d'édition : 4386
Dépôt légal : décembre 2002

Imprimé en France